劉少奇與晉綏土改

智效民◎著

引 言

　　近年來，筆者的主要興趣是研究並介紹以胡適為代表的中國第一代自由知識分子，其間也夾雜一些其他類型的人物。2001年初，筆者在太原市工人文化宮舊書攤上買到一本關於劉少白的紀念冊。劉少白與李鼎銘一樣，被毛澤東稱為開明紳士，是《毛澤東選集》中被肯定的少數人之一。陝甘寧邊區的李鼎銘因為提出精兵簡政，幾乎家喻戶曉，婦孺皆知；但是晉綏邊區的劉少白卻知之者甚少。上世紀五十年代初，劉少白擔任山西省政協副主席時，在機關大院有一套宿舍。筆者小時候雖然與劉少白算是鄰居，但因為他長期住在北京，也只是見過幾面。兒時的記憶讓筆者對他有一種神秘感，這本紀念冊又使筆者產生寫作的衝動，於是根據這本小冊子和其他資料，以〈開明紳士劉少白〉為題寫了一篇近萬字的長文。

　　不久，這篇文章在《南方週末》「往事」版發表，引起不少人注意。由於我在文章中談到土改的時候，晉綏邊區的另一位開明紳士牛友蘭被兒子牽著「牛鼻子」遊街的事，便招來一些人的不滿。他們通過文章或書信與筆者商榷，讓筆者心存感激；但也有一位曾經在哈佛大學和牛津大學受過教育的牛氏後人，用羅織罪名等手段向有關單位告筆者的狀。鄙夷之餘，也促使筆者不得不進一步瞭解「鬥牛事件」的真相。

　　後來，筆者又在書攤上買到一本《牛蔭冠紀念集》。牛蔭冠就是那位在「鬥牛大會」上牽父親鼻子的當事人。書中有他在晉綏黨史座談會上的一個發言，題目是〈我們應從晉綏土改的「左」傾錯誤教訓中總結歷史經驗〉，其中一段話讓筆者深感震驚。他說：

我記得我們晉綏黨校搬家時，從興縣搬到寧武縣，沿途發現被打死的區鄉幹部不少，其中有一個區長（名字記不清了）被綁在樹上，用樹皮刮他的肉，滿身流血，刮到骨頭，最後刮死。聽說，這個區長過去的工作是非常好的，抗日工作很積極，對人民非常熱愛，對上級黨的指示積極執行。可是，在這次運動中被活活刮死了。（《牛蔭冠紀念集》，第321頁，中國商業出版社，1996年版）

牛蔭冠早年在清華大學讀書時就加入中國共產黨，曾任清華大學黨支部書記。「一二九」運動以後，他放棄學業回到山西，參加了犧牲救國同盟會（簡稱「犧盟會」，會長是閻錫山），並成為犧盟總會的主要負責人。1939年晉西事變後，他脫離閻錫山，返回老家興縣蔡家崖，擔任晉西北邊區行署副主任兼黨組書記，後來還擔任過邊區貿易局局長。

1949年以後，他歷任江西省財政廳廳長、省政府副主席以及商業部副部長等職，是新中國商業財貿領域的主要負責人之一。此外，他還在擔任過湖南湘江機械廠（331廠）廠長和遼寧松陵機械廠（112廠）廠長。這是兩個兵工廠，他在任職期間，為研製航空發動機、國產殲擊機和地對空導彈立下了汗馬功勞。文革期間，他是商業部「走資派」和「薄一波叛徒集團」主要成員，並因此受盡折磨。

牛蔭冠是1992年去世的，上面那段話是他在1987年講的。人之將死，其言也善。何況他在土改和文革中，都經受了常人難以想像的污辱與折磨。因此，從這一令人髮指的敘述中，我們既可以看出所謂「牽牛鼻子」不是一個孤立事件，也可以發現牛蔭冠晚年對晉綏土改是有所反思的。這就是說，他也和許多早年天真地投身於革命、晚年又真誠地進行反思的老前輩一樣，在思想上

具有「兩頭真」的傾向。在這方面，其後人的思想覺悟和認識水平，顯然不能與他相提並論。

那麼，當年的土改為什麼會發展到這種地步呢？為了探討這個問題，筆者查閱了一些公開出版的相關資料發現，晉綏邊區是土改的試點地區，當時毛澤東雖然派康生、陳伯達等人到那裏蹲點，但是負責全國土改的是劉少奇。劉少奇是在抗戰勝利以後全力以赴投入土改工作的。他秉承毛澤東旨意，不僅在1946年制定了關於土改的「五四指示」，還在第二年批評晉綏土改，推廣晉冀魯豫經驗，召開全國土地會議，頒佈《中國土地法大綱》，致使晉綏乃至全國各地在土改中掀起了大規模打人、殺人之風，釀成一系列駭人聽聞、慘絕人寰的事件。

筆者看到，在全國土地會議之後，晉綏邊區為了再次掀起土改高潮，還成立農會並發表〈告農民書〉，其言辭之激烈、氣氛之恐怖，比文化大革命的紅衛兵運動有過之無不及。我還發現，土改與文革的最大不同，是當時的農會和貧農團有隨意處死人的權力，而紅衛兵至少在理論上沒有這種特權。這就使晉綏地區遭受前所未有的災難，被鬥死、餓死的人無法計算。與全國土改相比，晉綏地區不過是一個縮影而已。

如今，大家都對劉少奇在文革中遭受的迫害深表同情。殊不知在土改、「四清」和文革初期，由於他的存在，慘遭迫害的人真是不計其數。這就提醒我們：一個暴虐時代的形成，還有許多無恥的幫兇，這固然是他們自己的可悲之處，也是我們民族災難深重的主要原因。

重要的是，1949年以後，晉綏地區的農民和全國農民一樣，經過互助組、合作化和人民公社運動，又喪失了支配和使用土地的權利，再加上糧食統購統銷政策和城鄉二元結構的戶口制度，便完全淪為面朝黃土背朝天的國有制農奴。文化大革命結束以

後，中國推行改革開放政策，在農村廢除了人民公社，實行責任到田，包產到戶，使農民略微獲得一點喘息的機會。但由於未能真正解決土地的所有權和使用權問題，大陸農民在進城打工的時候，不可能像臺灣或日本、韓國的農民那樣，把土改中分到的那份屬於自己的土地賣掉，變成投資就業的資本或買房就學的資金，而是成為赤手空拳的城市賤民。至於如今惡性炒作的房地產開發和居高不下的房價，更是暴力土改的一大後遺症。因此研究「劉少奇與晉綏土改」，對於澄清這段歷史和認識中國的現實問題，都具有非常重要的意義。

按照傳統分類，中國自由知識分子和共產主義知識分子分別屬於相互對抗的兩大陣營，奉行不同的思想路線，主張走截然相反的人生道路。探討中國自由知識分子的價值觀念、人格風範以及中國共產主義知識分子的悲劇命運，是研究中國近現代史不可或缺的兩個方面。因此，這個選題對筆者來說雖然比較困難，也相當費勁，但由於興趣所在，我還是願意盡最大努力把它完成。

● 目 次

劉少奇 與 晉綏 土改

一、

中共建黨初期的農民運動

1、全國第一個農民協會

要研究中共領導的土地改革，首先應該瞭解一下與此相關的農民運動。

長期以來，中共把它領導的農民運動納入新民主主義革命範疇。新民主主義革命的說法是由「舊民主主義」而來的，而舊民主主義革命是指孫中山領導的革命運動。那麼孫中山對土地和農民的看法如何呢？早在1906年孫中山就指出：

> 歐美為甚不能解決社會問題？因為沒有解決土地問題。（《孫中山文集》，第27頁，團結出版社，1997年版）

基於這一認識，他開始要用「定地價」的辦法來實現「耕者有其田」的理想。後來，他又提出「平均地權」的主張，希望改變少數人壟斷財富的社會弊病。

相比之下，中國共產黨在成立之初，卻沒有過多地注意農民問題，而是將主要精力投入到工人運動方面。當時的情況是，由於共產黨人的介入，全國各地紛紛成立了工會或工人俱樂部，並組織了聲勢浩大的罷工運動。僅僅在1922年，就爆發了由香港海員、上海海員、京漢鐵路工人、粵漢鐵路工人、開灤煤礦礦工、上海人力車夫、上海華界電車工人、上海絲廠女工、漢陽鐵廠工人、安源煤礦工人參加的大規模罷工運動。劉少奇在《安源路礦工人俱樂部略史》中說：

　　　　　　這可以證明中國勞工解放運動發達之速，勢力之大。

但是隨著1923年年初「二七慘案」的發生，許多人逃之夭夭，各地工會也由公開轉入地下，工人運動隨之衰落。中共工人運動領導人鄧中夏認為，這是中國工人運動的「失敗時期——亦可稱為退守時期」。

　　當然，在中共成立之初，也有個別共產主義者深入農村，希望通過自己的努力改變農民的命運。比如1921年前後，曾經擔任過浙江省議會議長的沈定一（字玄廬）就邀集其兒媳楊之華和學生宣中華等人，在家鄉浙江蕭山興辦農村教育。後來，他們又在當地成立農民協會，組織農民向縣公署提出減租減息的要求，結果被縣知事以「過激主義」為由，讓軍警驅散。為此，沈定一與其他議員向省長提出嚴厲質詢。時任《民國日報》主筆的邵力子也在該報《覺悟》副刊發表文章予以揭露。這次農民運動被黨史專家稱為「全國農民運動的最先發軔者」，茅盾在《我走過的道路》中也說，這是「全國第一個『農民協會』」。有意思的是，沈定一本來是上海共產主義小組發起人之一，後來卻被中共開除出黨。據茅盾回憶，開除沈定一的原因，主要是因為他給陳獨秀寫信說：開始發起共產主義小組時，約定凡參加共產黨的必須是品行高潔，有獻身精神者；但是在建黨以後，卻濫收黨員，不僅流氓、拆白黨紛紛加入，而且還拐走了他的兒媳婦。這樣的黨，他是再也不願意參加了。（《衙前農民運動》，第78頁，中共黨史資料出版社，1987年版）。

2、列寧對中國社會的分析

　　中國共產黨成立的第二年，共產國際在莫斯科召開「遠東各國共產黨及民族革命團體第一次代表大會」（簡稱「東方民族大

會」）。召開這次會議的目的，是要對抗西方九國的華盛頓會議。因為共產國際認為，日、美、英、法等國召開華盛頓會議的目的，是要搶奪四億中國人民的財富，是要「以中國人民的血和淚來造成他們生活的甜適。這些強盜們並不將被壓伏的民族當人類看待。他們所圖謀的利益，只是黃鐺鐺的金子」，至於四億中國人的生命，「在他們眼睛裏，真不值什麼」。基於這樣一種邏輯，東方民族大會在決議中提出：中國和其他殖民地半殖民地國家的革命任務，就是要對中國軍閥宣戰，要對日本武人宣戰，要對美帝國主義和英國投機家宣戰；要「將土地從不勞而食的人們手中收歸，將權力握在我們——工人和農人自己手裏」，不得勝利，誓不甘休。（中國人民解放軍政治學院黨史教研室編，《中共黨史參考資料》第二冊，第466頁）

　　根據當時參加這次大會的柯慶施（後來曾長期擔任中共上海市委第一書記）回憶，中共成立之初隻知道黨的最終目標是建立共產主義社會，但是對列寧史達林等人關於殖民地半殖民地的論述並不瞭解，因此這次會議對於當時的中國共產黨人說來是非常新鮮的。會議之後，中國共產黨人開始瞭解到，中國是一個半殖民地半封建的社會，要建立共產主義，一定要經過民主革命的階段。民主革命的任務是要反對帝國主義和封建主義，而反對封建主義的主要內容，就是要打倒軍閥，消滅封建的土地制度（同上）。由此可見，這次會議是中共關注土地問題的開始，而後來所謂毛澤東思想，不過是脫胎於此罷了。當時中國國民黨也派代表參加了這次會議，列寧還親自接見了與會代表。大會結束以後，中共代表將會議精神帶回國內，並參加了中共第二次全國代表大會。中共「二大」根據莫斯科的指令，制定了黨的最高綱領和最低綱領，即共產主義綱領和民主革命綱領，並開始謀求與中國國民黨合作。

列寧的殖民地、半殖民地理論以及他對中國社會的基本判斷，可以追溯到辛亥革命的時候。當時他認為中國是一個落後的封建或半封建的農業國，「中國農民這樣或那樣地受土地束縛是他們受封建剝削的根源；這種剝削的政治代表就是以皇帝為政體首腦的全體封建主和各個封建主。」基於這一認識，他一方面肯定孫中山的土地綱領具有進步性和革命性，一方面又指責孫中山是「以其獨特的少女般的天真粉碎了自己反動的民粹主義理論」，是「極其反動的空想」。（《列寧史達林論中國》，第11頁，人民出版社，1963年版）1920年，為了緩解國際社會對蘇俄形成的巨大壓力，列寧又在共產國際第二次代表大會上指出：

> 必須向一切國家、特別是落後國家的最廣大的勞動群眾不斷地說明和揭露帝國主義列強一貫實行的欺騙政策。
>
> 必須特別援助落後國家中反對地主、反對大土地佔有制、反對各種封建主義現象或封建主義殘餘的農民運動，竭力使農民運動具有最大的革命性」。（同上，第48-49頁）

此外，他還為中國共產黨規定了「反帝反封建」的戰略任務和具體步驟。他指出：由於「處於半封建依附地位的農民能夠出色地領會蘇維埃組織的思想，並且在實際中很好地運用它」，所以中國革命首先應該在農村建立蘇維埃政權。（同上，第61頁）到了共產國際召開第四次大會的時候，他又進一步提出：只有以「沒收大地主為宗旨」的農民革命，才能讓大多數農民群眾給反對帝國主義的鬥爭提供強大的助力。由此可見，列寧關於中國革命的理論，完全是建立在反對帝國主義和保衛蘇維埃政權這一戰略目標上的。

3、共產國際的資助

　　為了實現這一戰略目標，蘇俄不僅在思想理論上為中國共產黨提供指導，還花費大量金錢支持中共開展活動。1923年陳獨秀在中共第三次全國代表大會上說：

> 　　黨的經費，幾乎完全是從共產國際領來的，黨員繳納的黨費很少。今年我們從共產國際領到經費約有一萬五千，其中一千六百用在這次代表會議上。這筆經費分給了各個小組，同時還用在中央委員會的工作上，聯絡和發行週刊的工作上。

　　陳獨秀還說：

> 　　去年我們只有二百黨員，今年入黨的大約有二百人，其中有一百三十個工人。
> 　　現在共產黨員四百二十人，其中在國外的有四十四人，工人一百六十四人，婦女三十七人，另外有十個同志還被關在牢獄裏。（中國人民解放軍政治學院黨史教研室編，《中共黨史參考資料》第二冊，第523頁）

這樣看來，能夠使用這筆錢的人很少，平均到使用者手中，應該是一個不小的數字。

　　這一點，可以從《毛澤東鮮為人知的故事》（香港開放出版社，2006年初版）中得到印證。書中說，早在1920年《新青年》介紹列寧和蘇俄的時候，陳獨秀就得到共產國際的贊助（第13頁），到1921年中共召開「一大」時，又向七個地區的代表發放二百銀元充當旅費，作為長沙地區的聯絡人，毛澤東第一次接受莫斯科資助，這二百元相當於他當小學教師兩年的工資（第19

頁）。儘管如此，陳獨秀與毛澤東還是不一樣的。陳在上海任總書記時，「反對對盧布的依賴。他說拿人家的錢就要跟人家走。他主張每人都有獨立的職業，由此去發動革命，而不是以革命為職業。」（第20頁）但是「毛澤東不像陳獨秀，他從來不反對拿俄國人的錢。他很務實，『一大』以後，黨每月寄給他六十到七十銀元，作為湖南黨的活動經費，不久就增加到一百銀元，以後又增加到一百六、七十銀元。這一筆很大的固定收入，從根本上改變了毛澤東的生活（第21頁）。

另據《蘇聯陰謀文證彙編》披露，到了1925年蘇俄對中共的直接開支已經高達383933美元，這還不包括他們在革命中心廣東的巨額資金投資。（《共匪禍國史料彙編》第一冊，第199頁，中華民國開國文獻編纂委員會、國立政治大學國際關係研究中心編印）

正如陳獨秀所說：「拿了人家的錢，當然要跟著人家走。」中共在第二次全國代表大會後正式加入了共產國際，成為其「中國支部」。在加入共產國際的條件中，除了絕對服從的義務之外，還要求各國共產黨「應該到處創造與合法機關平行的違法機關，以便在決定的時候，完成對於革命的職務。」（中國人民解放軍政治學院黨史教研室編，《中共黨史參考資料》第二冊，第497頁）至於那些違法活動會給這個國家帶來什麼後果和怎樣的災難，則完全不顧。

1923年5月，共產國際執委會在「給中共第三次代表大會的指示」中，第一次提出土地革命和工農聯盟的問題。該文件指出：

> 為要發展民族革命與建立反帝戰線，就必須同時發展農民反封建殘餘的土地革命。只有能夠吸引中國農民基本群眾——小農——參加運動，這個革命才能取得勝利。

因此，中國共產黨——中國工人階級的政黨——就應力求
工農聯盟的實現。而達到這一目的之唯一辦法，則就只有
不倦地宣傳和實際上實現土地革命的口號：如沒收地主土
地，沒收寺院廟宇的土地，無代價的交給農民，取消苛
租，取消現行稅制，取消稅卡，取消包稅制，取消官僚制
度，建立農民自治機關，以處理已被沒收之土地等等。
（同上，第519頁）

不久，中共第三次全國代表大會在廣州召開，主要是討論如何執
行上述指示。

4、蘇俄導演下的「國共合作」

　　1924年1月，國共兩黨在蘇俄的導演下實現第一次合作以後，
廣州成為革命的中心，中共領導的農民運動在那裏發展很快。一
年後，中共召開第四次全國代表大會，在「關於農民運動的決
議」中提出反對土豪劣紳、積極領導農民運動等問題。當時已經
擔任國民黨省黨部農民部長的共產黨員彭湃，乘國民革命軍東征
之機，返回家鄉海豐，成立農民運動講習所並組織農民自衛軍，
為以後的暴動打下了基礎。另一個共產黨員周其鑒在廣寧發動農
民暴動，還得到由中共黨員掌控的大元帥府鐵甲車隊的支援。
1925年4月，廣東全省有二十二個縣建立了農會，參加者達到
二十一萬人以上。第二年4月，農民協會已遍佈全省，會員達到
六十二萬人以上。在廣東的影響下，湖南、湖北、江西、河南、
河北、山東、陝西等省也先後爆發農民運動。

　　列寧、孫中山去世以後，史達林對中國問題更加關注。翻
開人民出版社1963年出版的《列寧史達林論中國》，有三分之二
以上的篇幅是他在1925年至1927年關於中國問題的文章和演講，

其中比較多地提到了農民問題。他說：目前中國革命的特點既是反封建的資產階級民主革命，又是反帝的民族解放革命。由於中國的資產階級特別軟弱，而民族問題實質上又是農民問題，因此「中國革命的倡導者和領導者，中國農民的領袖，必不可免地要由中國無產階級及其政黨來擔任。」（見該書第94頁）他還說：「為了喚起中國千百萬農民參加革命……，我認為在當前條件下可以談到的只有三條道路」：一是成立農民委員會，把農民組織起來；二是通過新的革命政權來影響農民，滿足他們的迫切要求；三是通過革命軍隊來影響農民，竭力通過軍隊來幫助農民反對地主（同上，第101-103頁）。這些論述正是毛澤東思想的精髓所在。當然，史達林並不諱言他的最終目的是要實行土地國有化，這一點到後來遭到中共黨史專家批評。比如胡華就說：

> 史達林關於中國革命問題的論述，也有某些意見有不恰當的地方。比如……他強調了農民土地問題的重要性，卻又不恰當地提出不符合中國具體情況和違反農民意願的「土地國有」的主張。（《中國革命史講義》，第203頁，中國人民大學出版社，1979年版）

事實上，無論是中共早期領導的農民運動還是後來的土地革命和土地改革，所謂分田分地不過是引誘千百萬農民參加革命的一種手段罷了。等到革命成功，新政權就會通過各種形式把土地收歸「國有」（其實是少數當權者私有），被拋棄的還是廣大的貧苦農民。

話說回來，由於接受了蘇俄援助並大量吸收中共黨員，當時廣東革命政府領導的農民運動，基本上處於史達林的控制之下。1926年1月，國民黨在第二次全國代表大會通過了「農民運動決議案」，並設立農民運動委員會，毛澤東、林伯渠、肖楚女等九人

擔任委員，毛澤東還擔任了第六屆農民運動講習所所長，而這個講習所也是蘇俄出資興辦的。另外，從廣東農民協會的機關刊物《犁頭》中，可以看出由於農民運動不斷高潮，農民協會和農民自衛軍隨意殺人早已司空見慣。與此同時，他們和當地民團的衝突不斷升級，大規模械鬥此起彼伏，房屋焚毀、田地荒蕪的現象也極為嚴重。僅僅在雷州地區，當時非正常死亡的人數高達四十萬以上。（《犁頭》第9、10期合刊，第30頁）

5、國民革命時期的湖南農民運動

1926年7月，蔣介石誓師北伐，國民革命軍很快進入湖南，該省農民運動隨之高漲。12月1日，湖南第一次農民代表大會和工人代表大會同時舉行。在為期二十六天的農民代表大會上，共通過三十三個決議案。其中僅僅在「剷除貪官污吏土豪劣紳決議案」中，被點名的縣級以上的土豪劣紳（不包括貪官污吏）就高達數十人。該決議案還說：其他土豪劣紳雖屬「細小，一概未錄」，但也「必須全部剷除」。（中國人民解放軍政治學院黨史教研室編，《中共黨史參考資料》第四冊，154頁）大會期間，毛澤東應邀發表演講，他根據史達林的觀點強調指出：

> 國民革命的中心問題，就是農民的問題。（同上，第148頁）

當時的湖南農民運動正如黨史專家胡華所說：

> 在湖南，農村翻天覆地的大革命，真如急風暴雨，順之者存，違之者滅，把幾千年封建地主特權，打得個落花流水。地主的體面威風，掃地以盡，作到了「一切權力歸農會」。湖南農民在中國共產黨的領導下，經過自己的農

會組織，進行了猛烈而堅決的政治上、經濟上和思想上的
鬥爭。

　　在政治鬥爭方面，農民協會完全剝奪了土豪劣紳不法
地主的發言權，並根據他們的罪行的輕重，通過清算、罰
款、捐款、小質問、大示威、遊鄉、關進監獄、驅逐、督
促政府槍斃等方式，在政治地位和社會地位上把地主階級
的權力打下去，樹立起農民的權威。許多土豪劣紳把持的
「都團」（區、鄉政權機關）被推翻了，鄉村政權多由農
民協會取得，或由同情並贊助農民協會的國民黨黨部（一
般是共產黨人和國民黨左派佔優勢）所掌握。（《中國革命
史講義》，第205頁）

　從中共官方的這種歷史敘事中，可以看出當時社會已經陷入
多麼混亂、多麼殘酷的境地！

　緊接著，湖北、江西等地也出現類似的混亂局面。在田中忠
夫所編的《中國農業經濟資料》中可以看到：一開始農民協會鬥
爭土豪劣紳的形式是清查賬目，接著是用麻繩捆綁、戴高帽子遊
街，後來則沒收財產，甚至實行監禁或槍斃。在當時頒佈的《懲
治土豪劣紳暫行條例》中規定，有四種人將被收財產並處以死刑
或無期徒刑：

　　（1）反抗革命，或阻撓革命，或作反革命宣傳者；（2）
反抗或阻撓國民黨所領導的民眾運動者；（3）勾結兵匪而
蹂躪地方黨部或黨部人員者；（4）通匪而坐分贓者（轉引自
中國人民解放軍政治學院黨史教研室編，《中共黨史資料》第四
冊，第139頁）

欲加之罪，何患無詞。從這些條款中可以看出，要想殺一個人，是多麼容易！

對於這種情況，大多數人認為農民運動已經被流氓地痞控制，「糟得很」。就連中共領導人陳獨秀也認為農民運動「過左」了。他希望農民不要有自己的武裝，即使有，也不要超出自衛範圍。然而毛澤東卻不是這樣。據說一開始他的態度還比較曖昧，可是當他在湖南巡視一個多月之後，便在《湖南農民運動考察報告》中不僅為這種混亂的局面叫好，還做出如下判斷：

> 農民在鄉里造反，攪動了紳士們的酣夢。……孫中山先生致力國民革命凡四十年，所要做而沒有做到的事，農民在幾個月內做到了。這是四十年乃至幾千年未曾成就過的奇勳。這是好得很，完全沒有什麼「糟」，完全不是什麼「糟得很」。

他還說：

> 農會權力無上，不許地主說話，把地主的威風掃光。這等於將地主打翻在地，再踏上一隻腳。……每個農村都必須造成一個短時期的恐怖現象，非如此決不能鎮壓農村反革命派的活動。」之所以如此，是因為「革命不是請客吃飯，不是做文章，不是繪畫繡花，不能那樣雅致，那樣從容不迫，文質彬彬，那樣溫良恭儉讓。革命是暴動，是一個階級推翻一個暴烈的行動。（《毛澤東選集》一卷本，第15-17頁，人民出版社，1964年版）

這段話最重要的關鍵字是「恐怖」，這兩個字道出了毛式革命的真諦。後來，這一論述也成了土地革命、土地改革和文化大革命的基本依據。著名華裔女作家張戎認為：從這個報告中可以

看出，毛澤東終於從暴民政治中找到了自我。他喜歡暴力，喜歡大亂，喜歡殘忍，這種野蠻殘暴的局面正是蘇俄社會革命的標準模式。因此毛澤東不是從理論上信仰共產主義，而是從性格上走進了蘇俄革命模式。相比之下，陳獨秀雖然在理論上信仰共產主義，可一聽說暴民打人殺人，就火冒三丈，堅持要制止，因此他不是蘇俄所要的人物。

　　有意思的是，1927年4月蔣介石開始「清黨」之後，史達林仍然把希望寄託在武漢國民政府方面。4月27日，中國共產黨在武漢召開第五次全國代表大會，會議認為「實行急進的土地革命」，是今後的中心任務之一。不久，共產國際開會專門討論了中國問題，並根據史達林的意見，向中共發出奪取土地、建立工農武裝、以工農領袖取代國民黨元老等指示。然而陳獨秀卻認為無法執行這個指示，並當著任弼時的面將其撕毀。這顯然是導致他下臺的直接原因。7月15日，汪精衛在武漢召開「分共會議」，國共兩黨反目成仇，其蜜月宣告結束。

二、

以革命的名義殺人放火

1、土地革命的開始

　　為了挽回敗局，中共根據共產國際的指示，不僅發動「南昌起義」，打響了武裝暴動的第一槍，還在湖南、湖北、廣東、江西四省農村發動「秋收起義」。當時《布爾什維克》刊登的一篇通訊報導說：

> 　　有階級覺悟的海陸豐的農民，……對於豪紳地主及一切反動勢力之盡性搜捕殺戮，……他們完全站在階級觀點上將這批豪紳地主剖腹割頭，無論任何反動分子，都毫不客氣的就地殺戮，……這種情景在海豐方面，尤加倍的徹底。所以在海陸豐境內，可以說差不多沒有一個豪紳地主的蹤影了。（中國人民解放軍政治學院黨史教研室編，《中共黨史參考資料》第五冊，第230頁）

據說，僅僅在兩個月內，當地就殺了一萬多人（《毛澤東鮮為人知的故事》，第47頁）。另外，中共組織的「上海起義」、「武漢起義」和順直（京津唐地區）大暴動也先後失敗。這些起義和暴動的都以「殺人、放火、搶物」為目標，提出了「絕無顧惜的殺盡豪紳」、「對地主實行肉體消滅」、「鼓勵自由殺人」、「獎勵焚燒房屋」等口號。於是，許多商人、小業主和沒有按時交出地契的農民以及執行燒殺政策「不堅定」的幹部，都有可能傾家蕩產、人頭落地。

1927年11月，為了對抗國民黨提出透過減租來實現土改的方案，中共中央在臨時政治局擴大會議通過的〈中國現狀與共產黨的任務決議案〉中提出：

> 土地革命的口號應當是：完全沒收一切地主的土地，由農民代表會議自己支配給貧農耕種。

該決議案表示：

> 本黨堅決反對用減租、沒收大地主、打倒劣紳惡地主等改良主義的口號，來替代上述的革命口號，本黨應當努力使農民暴動有民眾式的性質，極端嚴厲絕無顧惜的殺盡豪紳反革命派，即使在很小的游擊戰爭之中也是如此。（中國人民解放軍政治學院黨史教研室編，《中共黨史參考資料》第五冊，第262-263頁）

1928年6月，中共在莫斯科召開第六次全國代表大會。大會根據共產國際的意圖和史達林的指示，確認中國革命仍然是反帝反封建的性質，提出要實行土地革命，規定黨在農民運動中的任務是沒收地主階級的土地、建立工農紅軍和蘇維埃政權。於是從1928年到1930年，中共先後在江西、湖南、福建、湖北、廣東、廣西、浙江、安徽、河南、甘肅、陝西、四川的偏遠山區，建立了大大小小十五個「革命根據地」，並擁有十三個軍的武裝紅軍，人數達到十萬左右。在此之前，中共並沒有自己的武裝，他們能夠操縱的僅僅是手持梭標的農民自衛隊。毛澤東在秋收起義之後所搞的「三灣改編」，也是仿照「國民革命軍」模式自稱為「工農革命軍」。自從這次大會以後，中共則根據共產國際的指示，開始擁有一支反政府武裝。也就是說，從莫斯科召開的「六大」開始，中共就放棄了陳獨秀等人主張的合法鬥爭形式，走上

了崇尚暴力的武裝奪權之路。不僅如此，這支武裝力量還以「黨指揮槍」的名義，始終被黨的最高領導人控制。

　　眾所周知，自從孫中山提出「平均地權」的主張以後，國民黨就把和平土改作為自己的奮鬥目標。當年擔任過北京大學校長、後來在臺灣主持土地改革的著名學者蔣夢麟說：早在1926年，國民黨全國代表大會就通過議案，決定用「三七五減租」的辦法逐步解決土地問題，並於1929年把這種辦法納入土地法第一七七條，這是後來解決中國土地問題的「立法依據」（《蔣夢麟文化隨筆集》第177頁，中國青年出版社，2001年版）。但是毛澤東到達井岡山地區以後，把「沒收一切地主的土地」的口號，改為「沒收一切土地歸蘇維埃政府所有」，然後以鄉為單位按人口平均分配。根據這個土地政策，所有農民的土地將被無償沒收，然後再平均分配進行耕種。這其實是把自由耕種的農民統統變成失去自由的奴隸。1928年底，這一政策被寫入〈井岡山土地法〉，成為中共頒佈的關於土地問題的第一個法令。

　　第二年4月，大概是在實行中有困難吧，毛澤東在〈興國土地法〉中又把「沒收一切土地」改為「沒收一切公共土地及地主階級的土地」，這顯然是出於策略上的考慮。為了執行這一法令，朱德、毛澤東和陳毅在同年6月聯合簽署的〈紅軍第四軍司令部政治部佈告〉中，除了重申「田地歸農民所有，不再交租」外，還明確提出：

　　　　凡平日壓迫工農或阻礙革命，或經手公款賬目不清的土豪劣紳，農民協會可以把他一概捉起來，按照他們犯罪的輕重，分別處以死刑、監禁、肉刑、罰款、遊行示眾、寫悔過字等刑罰。」此外，他們還要求佈告「出示之後，即刻實行，如有反對的……即是反革命，當用全力剷除這

些惡人。（中國人民解放軍政治學院黨史教研室編，《中共黨
史資料》第五冊，第480頁）

2、殺人放火，用心何在？

說到紅四軍，有一個細節值得注意。1928年7月，中共湖南省
委要求這支部隊前往湖南南部，但是他們卻不願意離開井岡山地
區。於是，中共湘西南特委軍委在一份報告中聲稱：除了其他方
面的考慮外，「從經濟上說，四軍人數如此之多，每日至節儉需
要現洋七百元，湘南各縣焚殺之餘，經濟破產，土豪打盡，朱部
自二月抵耒陽時起即未能籌到一文，僅靠賣煙土吃飯，此刻到湘
南去解決經濟困難，乃是絕對的不能，真正解決目前經濟問題，
只有在湘贛邊才有法想。」（《中共黨史參考資料》第三冊，第
27頁，人民出版社，1979年版）從這段引文中可以看出幾個問
題：第一，要打武裝割據就需要軍隊，而供養軍隊是需要一筆很
大開支的；第二，湘南一帶在土豪分田地的鬥爭中，早已經濟破
產，民不聊生；第三，為了生存，紅四軍曾經依靠「賣煙土吃
飯」。到了抗日戰爭時，在延安開展的大生產運動，就包括大面
積種植鴉片。

1929年初，井岡山地區在「焚殺之餘」也陷入「經濟破產，土
豪打盡」的地步。於是，毛澤東和朱德又帶領紅四軍向福建西南方
面挺進。不久，毛在〈清平樂‧蔣桂戰爭〉中寫道：

> 紅旗躍過汀江，直下龍岩上杭。收拾金甌一片，分田
> 分地真忙。

然而實際情況如何呢？根據〈中共閩西第一次代表大會之政治決
議案〉披露，在龍岩和上杭南面的永定縣溪南裏，在紅軍到來之
前，就已經發生了「大規模的殺戮反動豪紳及其走狗，並燒毀反

動房屋」的暴動。暴動失敗後，群眾中出現了妥協調和思想，於是「黨在此時提出『殺淨一切調和調和妥協分子』的口號」。該決議案認為：

> 這種群眾的肅反行動，是十分對的，但燒了一些不應該燒的房屋，殺了一些不必殺的人（如吃鴉片的及略有嫌疑的），焚燒商人賬簿，沒收豐稔市的商店，則是犯了盲動主義的缺點。（中國人民解放軍政治學院黨史教研室編，《中共黨史資料》第五冊，第486頁）

該決議案為什麼要說「燒了一些不應該燒的房屋，殺了一些不必殺的人」呢？

這與養活一支軍隊需要大量經費有關。在擁有軍隊之前，中共的活動經費主要來自共產國際，因此當時的農民運動只要能夠煽動階級仇恨，能夠殺人放火就算達到目的。但是擁有軍隊之後，開支驟然增加，而蘇俄又不可能提供大量經費。所以這筆開支就需要自己籌措。要解決這個問題，除了販賣鴉片之外，綁票勒索和放火燒房就成了主要的手段。陳毅在〈關於朱毛軍的歷史及其狀況的報告〉中說：朱毛領導的部隊每月至少需要五萬元左右，這筆巨大的款項主要是靠勒索地方豪紳得到的。一開始，他們是通過綁票來實現這一目的，但由於紅軍聲勢浩大，豪紳們往往聞風而逃，所以要想綁票比較困難。然而「跑了和尚跑不了廟」，紅軍捉不到人，便在房子上打主意。他們根據房屋的好壞，貼上「值百罰一」的條子，即價值一萬元罰款一百元，說如果在兩天之內交不來罰款，就燒掉一棟房屋以示懲戒。這樣一來，許多人為了保住房子，只好乖乖地把錢送來。此外，他們還有「挖窖」、「獎勵」等籌款辦法。前者是說紅軍每到一個地方，都要從當地紳士的房子內挖出許多金銀財寶和槍支彈藥，後

者是鼓勵老百姓告密，以便找到隱藏的紳士及其財物。陳毅還說，如果豪紳們把財物藏在地下，他們就想方設法尋找痕跡，實在找不到，就在室內倒一盆水，根據水滲透的快慢來判斷下面土質是否疏鬆，是否動過。這樣做往往能找到許多現款或金銀首飾，因此陳毅在報告中得意地說這種「籌款秘訣」「很有效力，紅軍的經濟大批靠這個方法來解決。」（同上，第502頁）這些做法，到了晉綏地區搞土地改革的時候不僅繼續使用，還有進一步的發揮。

3、鍾情於「平分土地」

1930年6月，共產國際執委政治秘書處做出〈關於中國問題的決議案〉，認為中國革命運動的高漲已經不可避免，中國共產黨最主要的任務，除了建立紅軍之外，就是集中精力解決土地問題。決議案強調，為了對付富農破壞土地革命的陰謀，黨應該「沒收一切地主、教堂寺院以及其他大私有主底土地，並把這些土地交給貧農中農去平均分配，來與富農底企圖」作鬥爭。決議案還要求「黨應該宣傳土地國有這個中心口號」，並在農村組織雇農工會和貧農團（中國人民解放軍政治學院黨史教研室編，《中共黨史資料》第六冊，第131頁）。這些組織形式在後來的土改和四清運動中都被廣泛地使用。順便說一句：中共歷史上所謂「立三路線」，就是這一決議案的產物；但是共產國際卻出爾反爾，把責任推到李立三身上。隨後，中央紅軍前委和閩西特委聯合召開會議專門討論了富農問題，明確提出打擊富農的口號。中國革命軍事委員會也頒佈了〈蘇維埃土地法〉，規定在分配土地時，要以鄉為單位，按照「抽多補少、抽肥補瘦」的原則，不分男女老幼平均分配。之所以規定這一原則，是因為地主富農曾經有隱瞞土地或留下肥田的行為。

　　1931年8月，共產國際執委主席團又在〈關於中國共產黨任務的決議案〉中，再次強調要把沒收的土地，按照平均的原則分給貧農、中農、雇農、苦力和紅軍戰士。被沒收土地的地主不應該得到任何土地（同上，第313頁）。同年11月，中華工農兵蘇維埃第一次全國代表大會在江西瑞金召開，毛澤東擔任了中華蘇維埃共和國臨時中央政府主席。大會通過並由毛澤東等人簽署的〈中華蘇維埃共和國土地法〉，基本上重複了共產國際的上述指示。其中不僅提出「平均分配一切土地，是消滅土地上一切奴役的封建關係及脫離地主私有權的最徹底的辦法」，還規定：

　　　　富農在沒收土地後，如果不參加反革命活動而且用自己勞動耕種這些土地時，可以分得較壞的勞動份地。（同上，第439頁）

這種「地主不分田，富農分壞田」的政策與「經濟上消滅富農，肉體上消滅地主」的作法，以法律的形式在這個「國中之國」確立下來。

　　這一年年底，以毛澤東為首的臨時中央政府還根據共產國際的指示，做出〈關於「平分一切土地」的口號的決議〉。這個決議強調，所謂「平分土地」，就是要「把已經沒收的地主土地和富農土地和中農貧農自己的土地一起拿來平分，使雇農苦力貧農中農分得同樣多同樣好的土地，就是多少分勻，好壞分勻」。該決議還自相矛盾地說：

　　　　在實行平分土地的過程中，中農的土地以不動為原則。對於那些利用平分一切土地的口號去侵犯中農利益的『左』的企圖，必須給以最嚴厲的與堅決的打擊。但是我們不反對而且贊成在『基本農民群眾（自然中農也在內）

願意和直接擁護之下』，去實行平均分配一切土地，因為
這是土地革命最徹底的辦法。

一會兒要把徹底平分土地，一會兒又害怕觸犯中農利益而引起更
大反抗，是中共在土地問題上陷入的怪圈之一。這個怪圈在後來
的土改中再次顯現。另外，這個決議毫不掩飾地說：

> 我們在目前還應該盡量宣傳『土地國有』的口號。
> （同上，第444-445頁）

中華蘇維埃共和國剛剛成立，就迫不急待地提出這樣的口號，說
明所謂土地革命根本不是想讓貧苦農民得到土地，而是要以「國
有」之名，行竊國之實。兩年後，共產國際發現這個口號太露骨
太過分，才提出：

> 只有在蘇維埃革命在國內重要省份中獲得勝利後，只
> 有在農民基本群眾擁護國有土地後，我們才能實行土地國
> 有」的政策。（同上，第509頁）

4、「查田運動」與恐怖升級

按照常人理解，暴風驟雨般的土地革命總要有結束的時候，
總要讓農民從事生產、讓農村恢復平靜。但是在「土豪劣紳」基
本消滅之後，為了進一步籌集錢糧，擴充兵力，崇尚「鬥爭哲
學」的毛澤東等人非但沒有收場之意，反而又出新招，開展了轟
轟烈烈的「查田運動」。這一運動使土地革命造成的恐怖氣氛再
次升級，使當地農村面臨更大的災難。

1933年2月，毛澤東因為在黨內鬥爭中受到排擠，便以「養
病」不由，從福建汀州返回江西瑞金，住在中共中央所在地雲集
區葉坪鄉。據當時擔任雲集區區委書記的朱開銓回憶（參見《革

命回憶錄》（五），第14-30頁，人民出版社，1982年版），在前一年「紅五月」的擴軍運動中，擁有二萬八千人的雲集鄉只有九人參加紅軍，為此這個區連續撤換了四個區委書記。他擔任區委書記之後，認為擴軍任務完不成，是因為土地革命不徹底。當他把這個想法向毛澤東彙報之後，毛便決定在葉坪鄉搞查田運動的試點工作。在毛的支持下，當地成立了貧農團，擁有查封地主房屋財產和隨意捕人的權力。為此，全區共查出九十一家地主，二十三家富農，逮捕六十多人，殺了九名「反動地主」。隨後，在一年一度的「紅五月」擴軍運動中，雲集區一開始表示要承擔四百人的任務，後來又擴大到八百人，最後居然徵兵一千零二十人。毛澤東曾以他們為榜樣，要求其他區多多承擔徵兵任務。此外，毛澤東還由於糧食嚴重短缺，號召家家捐獻，人人出糧，開展了「每人節約三升米」運動。

中國自古有「當兵吃糧」的傳統，因此在糧食極度匱乏的情況下，誰能控制糧食，誰就可以強迫農民參軍。胡適在上世紀五十年代初反思中國命運時曾經說過：

> 共黨的工作人員每到一處村落，最先是徵用所有穀物和其他食品，然後是調查壯丁和健壯的婦女服兵役。他們既能控制所有糧食的供應，自然也可以控制所有的人力。這的確是一種強迫性的徵兵——比其他任何形式的徵兵辦法有效得多。」相比之下，國民政府的「徵兵從未徹底有效。這便是憲政政府的困難，有許多事是沒有辦法做的。他們要求各鄉村徵召壯丁，結果各鄉村交出的人都是不合格的。（《史達林策略下的中國》，第55頁，胡適紀念館，民國六十三年再版）。

這還沒有將在恐怖統治下，誰不服從誰就會有生命危險的威懾作用考慮在內。正是在這種強迫下，紅軍人數迅速擴大，王明在1933年舉行的共產國際執委會上說，當時「紅軍正規部隊有三十五萬人；非正規部隊有六十萬人。」（同上，第18頁）

話說回來，為了推廣雲集區查田運動的經驗，毛澤東在葉坪鄉多次召開大會並發表重要講話。他說，就運動而言，土地革命可分為「沒收分配土地」、「檢查土地」和「土地建設」三個階段；就地區來說，土地革命又分為「鬥爭深入」、「鬥爭落後」和「新發展」等三個區域。他指出：在鬥爭落後區域，地主富農雖然被革命群眾打敗了，但是他們中間的人卻摘下反革命面具，搖身一變成了革命的貧苦農民，並且分到土地。另外，由於這些人會說會寫，他們還可能鑽進革命隊伍。他認為：

> 在蘇維埃群眾團體與地方武裝中間，還依然躲藏著許多階級異己分子。

這種鬥爭已經不是「紅旗子同白旗子的公開的鬥爭了，而是革命農民群眾同戴假面具的地主富農分子的鬥爭。」他強調，這種鬥爭的困難之處，是公開的反革命一眼就能看出來，而暗藏的反革命卻不容易發現，因為這是一批「掛紅帶子稱同志」的人們。在報告的結束時，毛澤東說所謂「鬥爭落後」的地區佔到中央蘇區面積的百分之八十，人口達到二百多萬。他指出：

> 在這個廣大地區內進行普遍的深入的查田運動，在二百萬以上的群眾中燃燒起最高度的階級鬥爭的火焰，……是共產黨與蘇維埃政府一刻不容再緩的任務。（中國人民解放軍政治學院黨史教研室編，《中共黨史資料》第六冊，第610頁）

1933年6月2日，蘇區中央局作出〈關於查田運動的決議〉。該決議認為：由於貧雇農的覺悟不高以及黨和蘇維埃政權執行了一條「抽多補少、抽肥補瘦」和「小地主的土地不沒收」的錯誤路線，因此許多區域的土地問題還沒有徹底解決。有些地區雖然已經分配了土地，但是地主豪紳與富農常常利用各種方法進行破壞，有些人甚至鑽進革命隊伍，竊取濫用黨和蘇維埃的權威，採取散佈謠言和欺騙、收買、暗殺等手段來破壞土地革命。因此黨的各級組織的任務，就是要依靠貧雇農「適時的、無情的揭露、粉碎與鎮壓一切地主殘餘與富農的反抗，以深入階級鬥爭及徹底進行土地革命」（同上，第607頁）。

「抽多補少、抽肥補瘦」的分配方式，曾經被寫入中國革命軍事委員會頒佈的〈蘇維埃土地法〉中。前者是指從地多的農民那裏抽出部分土地，分給地少的農民；但由於土地有肥瘦好壞之分，因此後者是指在「抽多補少」的同時還要注意肥瘦搭配。這種分配方式因為不是「徹底」平分土地，因此受到批判。有人說毛澤東因為支援這種分配方式而受到批判，但是從文獻上看，毛既支援過這種方式，也強調要徹底平均分配土地。因此，關鍵的問題不是他贊成什麼樣的口號，而是什麼口號可以為他所用。同樣的過程到了土改的時候再次上演：一開始「抽多補少、抽肥補瘦」曾被廣泛提倡，但是到了全國土地會議之後，毛澤東又提出要徹底平分土地，從而給正在土改的地區帶來極大的災難。

6月14日，毛澤東在中央蘇區所屬瑞金、會昌、博生（寧都）、雩都、勝利、石城、寧化、長汀等八個縣的動員大會上，把查田運動分為「講階級」、「查階級」、「通過階級」、「沒收分配」等四個階段，其中「講階級」是宣傳動員階段，而「通過階級」則類似於後來在土改中的劃分階級身分。在「沒收分配」的階段，毛澤東不僅要求沒收地主的土地財產，還要把「豬

雞等物，煮起來在群眾大會上使大家吃」（同上，第613頁）。這種做法與打家劫舍的土匪沒有兩樣。另外，他還特別強調雇農工會和貧農團的作用，並要求把這個運動與肅反運動結合起來。隨後，還召開了八縣貧農團骨幹參加的千人大會和數萬名群眾參加的誓師大會。會後，中共中央派出五、六百人的工作團到各縣開展查田運動，其中僅雲集區就抽調了四百多人。

這一年8月，毛澤東對查田運動進行了總結。他說，自從八縣動員大會以後，查田運動進入一個新的階段，而瑞金、博生兩縣因為又查出二千多家地主富農，所以成績最大。其中「最好的例子是瑞金的壬田區，壬田區的查田運動在中央政府工作團幫助之下，五十五天中發動了全區的群眾，徹底消滅了封建殘餘，查出了地主富農三百餘家，槍決了群眾所謂『大老虎』的十二個反革命分子，鎮壓了反革命活動。」另外，該鄉還「檢舉了蘇維埃工作人員中犯了嚴重錯誤的一些分子，清洗了一些混進蘇維埃來的階級異己分子」，並且有七百餘人參加了紅軍。此外還推銷公債四萬元，收到地主罰款和富農捐款七千五百元，還有一萬元正在籌集。由此可見，通過製造恐怖來實現籌款、徵兵等目的，才是查田運動的真實目的。

毛澤東還說，在查田運動中，瑞金九堡鄉也取得極大成績。

> 他們的辦法是：要去沒收一家地主了，就號召本村本屋的群眾一同去，在群眾大會上（推）舉出沒收分配委員會，在群眾的監視下進行沒收，沒收的東西堆在一個大坪上，再經過群眾的同意立即分配給應得東西的群眾。吃的東西又是一個處置，就是殺豬煮飯讓群眾大家吃一頓。

在此之前，他們還舉辦過三天的訓練班，講明瞭動員方式。還有一些地方組織了巡迴法廳，召開群眾審判大會，就地處決「大老

虎」,「那裏的群眾鬥爭就象烈火一般燃燒起來了。」(同上,第616頁)「大老虎」這個詞,在大約二十年後的「三反五反」運動中又被廣泛使用。

據《江西蘇區‧紅軍西竄回憶》(《中共研究》雜誌社,民國五十九年版)的作者蔡孝乾說,當時他曾經向領導過葉坪鄉(蘇維埃臨時中央政府所在地)查田運動的王觀瀾瞭解情況。王告訴他,葉坪鄉共兩千七百多人,在這次運動中就查出二十八家地主富農和一大批「反革命」。由於工作出色,他被調到雲集區和壬田區指導查田運動,毛澤東在報告中談到的那些數位,就是他提供的。蔡還說,查田運動是在1933年初中共地下組織在上海武漢等中心城市遭到毀滅性破壞後,以博古為首的中共「國際派」由上海潛入江西蘇區後發動的。因此,到了當年9月查田運動出現「侵犯中農」和「對富農鬥爭過火」等錯誤時,毛澤東害怕這一態勢影響到他的「威信」,又草擬了〈關於土地鬥爭中一些問題的決定〉。此外,他還寫了〈怎樣分析農村階段〉,作為劃分階段的標準。這些文件公佈後,許多地主富農要求改變身分,形成了一股「翻案風」,毛也因此犯了一次嚴重的「右傾錯誤」。毛澤東紅軍到達陝北後,王觀瀾擔任過中央土地部長和陝甘寧邊區土地部長,這顯然與他在查田運動中的經歷有關。

關於土地革命以及查田運動的後果,王觀瀾介紹說:從1933年春天開始,整個江西蘇區陷於嚴重的糧食恐慌之中。當時蘇維埃臨時中央政府土地部頒發的一項訓令承認:

> 糧食缺乏,米價飛漲,夏荒問題,在中央蘇區許多地方,已經成了一個嚴重的問題。

為了應付糧食恐慌,蘇區不得不下調糧食配給制度,每人每天供應的糧食由原來的一斤二兩,減為一斤或十四兩(舊制十六兩為

一斤）。就這樣，中央政府還號召每個工作人員在兩個月內要節約一斗穀子。

> 至於蘇區內的老百姓，特別是那些已經被打倒的地主們，在青黃不接，糧荒嚴重的時候，只有嚐嚐米糠、苦菜、樹葉、泥菩薩的份兒了。（《江西蘇區·紅軍西竄回憶》，第123-124頁）。

就在這時，南京國民政府開始對江西蘇區實行第五次圍剿，查田運動只好不了了之。不久，中央紅軍因第五次反圍剿失敗，被迫撤離江西向西逃竄，中共領導的土地革命隨之結束。

三、

劉少奇的崛起

1、早年經歷

　　毛澤東在江西福建等地領導土地革命的時候，劉少奇正在北方城市從事地下活動。劉是湖南寧鄉縣花明樓炭子沖人。他的父親劉壽生雖是農民，卻初通文墨，思想也比較開明。為了讓孩子讀書，他對買房置地不大熱心。劉少奇在家排行老九，他因為酷愛讀書，很小就得了個「劉九書櫃」的雅號。辛亥革命前一年，因父親病逝，劉少奇被迫休學。隨後，他離開家鄉到外地讀書。1916年，他來到長沙，先後投考寧鄉駐省中學和湖南陸軍講武堂，但因種種原因未能學成。五四運動爆發後，劉少奇離開長沙到達北京。他本想讀一所大學，但因學費問題未能如願。由於求學無門，生活沒有著落，他曾經備受煎熬。

　　後來，他輾轉到達保定，進入育德中學附設留法高等工藝預備班就讀，希望能夠有機會去法國留學。這個留學預備班實行半工半讀，上午學習，下午做工。一年以後，由於沒錢出國，再加上法國政府改變政策，不接受中國留學生入境，劉少奇的留法計畫徹底落空。正在這時，劉少奇從報紙上得知由於蘇俄政府的資助，赴俄留學比去法國容易，於是他返回長沙，找到負責此項活動的俄羅斯研究會報了名。該會是毛澤東、何叔衡等人在陳獨秀、李大釗的影響下組織的一個革命組織，它規定要想赴俄勤工儉學，就必須參加社會主義青年團，然後由該團辦理出國手續。於是劉少奇參加了社會主義青年團，同時參加這個組織的還有任

弼時、蕭勁光、周兆秋、胡士廉等湖南青年。1920年初冬，劉少奇與幾個革命青年前往上海。第二年4月，他們乘一艘貨輪到達海參威。當時海參威還在日本人的控制下，劉少奇一上岸就被北洋政府駐當地的總領事館捉去，他謊稱自己外出謀生，才蒙混過關。

在共產國際的安排下，劉少奇一行乘悶罐火車走走停停，經過三個月艱苦跋涉才到達莫斯科。他們到達莫斯科時，適逢共產國際第三次代表大會在克里姆林宮舉行，劉少奇等人參加了會務工作，並旁聽了列寧所作的報告。儘管他的俄語水平有限，但會場上的那種宏大氣氛卻讓他非常興奮。大會結束後，劉少奇等人被分配到剛剛成立的莫斯科東方勞動者共產主義大學（簡稱東方大學），成為這所大學的第一批學員。該大學是共產國際創辦的，其課程有《共產黨宣言》、《共產主義ABC》、《聯共黨史》、《哲學》、《政治經濟學》以及工會運動等，目的是為中國、日本、朝鮮等遠東國家培養革命骨幹。當時蘇俄革命政權因全面內戰，經濟陷入崩潰，糧食供應非常困難。據蕭勁光回憶，他們這些外國學生在學校享受比較優厚的紅軍待遇，即便如此，也只有一塊很小的黑麵包和幾個馬鈴薯。由於餓得難受，他連爬上四樓都要休息好幾次。

2、投身於工人運動

第二年，劉少奇奉命回國，被派到湖南參加工會工作，與李立三一同領導了安源路礦工人大罷工，並表現出少有的革命才能。當時中共在湖南的領導人是毛澤東，劉少奇剛回來時與毛澤東見過一面，但這次見面對他們並沒有留下什麼印象。1925年五卅慘案發生後，劉少奇擔任上海總工會總務主任，協助李立三工作，並領導了上海的工人罷工、商人罷市，學生罷課，使上海陷

入癱瘓狀態。不久，上海總商會宣佈開市，劉少奇因遭通緝，遂以養病為名返回家鄉。回到湖南後他被當地政府逮捕，然後被逐出湖南到了廣州。在廣州，他代理林偉民擔任了中華全國總工會委員長職務。

1929年，劉少奇到了東北，擔任滿洲省委書記。不久，他因為領導紗廠工人罷工再次被捕，但因證據不足而取保釋放。1931年初，中共中央在上海召開六屆四中全會。全會在共產國際代表米夫的操縱下，讓王明以政治局常委的身分掌握了領導權，劉少奇被任命為中央職工部部長兼中華全國總工會黨團書記。會議結束後，王明派任弼時、王稼祥和顧作霖到達江西中央蘇區，指責毛澤東在土地革命中實行了「富農路線」，並撤銷其蘇區中央局代理書記職務。不久，王明提出「爭取革命在一省或數省首先勝利」的主張，導致中央紅軍攻打贛州失利。不久，王明赴莫斯科擔任中共駐共產國際代表，所留空缺由博古（秦邦憲）取代。當時正在中央蘇區的周恩來根據博古指示，指責毛澤東犯了嚴重的機會主義錯誤，並迫使毛澤東離開了紅軍的領導崗位。與此同時，以王明、博古為首的中共臨時中央還批判劉少奇在工人運動中有右傾機會主義傾向，並免去他中央職工部部長職務。不久，他被調到上海市工會聯合會擔任黨團書記。

從1932年底到1933年初，劉少奇和博古、張聞天等人先後到達江西瑞金，劉以中華全國總工會蘇區中央執行局委員長的身分繼續領導工人運動。在中央蘇區，劉少奇雖然與毛澤東接觸不多，但卻非常支持毛主持領導的查田運動。此外，他還徵調大批工人組建了工人師，為擴充紅軍立下汗馬功勞。

紅軍撤離江西後，劉少奇先後在紅八軍團和紅五軍團擔任中央代表。長征途中，毛澤東和張聞天、王稼祥分別以生病、受傷為由，躺在擔架上隨隊行軍。經過一番密謀策劃，他們終於在

1935年1月召開的遵義會議上發難，並把失敗的責任推在博古和共產國際軍事代表李德身上。從此，毛澤東開始逐步控制了中共的領導權。劉少奇在這次會議上雖然無足輕重，但他還是站在毛澤東一邊。

中央紅軍到達陝北後，劉少奇繼續負責工會工作。1935年11月，中共中央政治局開會討論土地問題，劉少奇在發言中認為：

> 解決土地問題的工作開展很慢，主要原因是在黨內和政權機關中有一種阻力。因此，要把開展土地鬥爭與領導機關的改造結合起來，在土地鬥爭中吸收貧苦工農到領導機關中來，並清除在黨內及政權機關中的地主富農。（《劉少奇年譜》上卷，第143頁，中央文獻出版社，1996年版）

這種說法與史達林、毛澤東的思路完全吻合。無論是1933年的查田運動還是在1947年全國土地會議以後，毛澤東都把土地問題與黨內鬥爭結合起來，造成人人自危的恐怖氣氛。

3、「白區」工作領導人

1936年春，劉少奇以中央代表的身分到天津主持中共中央北方局工作，成為「白區」工作的領導人物。在他的運作下，薄一波、劉瀾濤、安子文等人先後出獄，一大批從事地下活動的革命青年在他的領導下，以對內批判「左傾錯誤路線」、對外實現「抗日民族統一戰線」的名義，重新活躍起來。後來，這些人成了他的主要班底，文革中和他一樣受到迫害。

抗日民族統一戰線的口號，其實與蘇聯有關。1935年8月，共產國際在莫斯科召開第七次代表大會，提出了建立反法西斯統一戰線的口號，並要求中共也要建立一個「反對日本帝國主義及

其中國代理人的廣泛的統一戰線」。為配合這次會議的召開，當時尚在「長征」途中的中共中央發表《八一宣言》，在譴責蔣介石、閻錫山、張學良等賣國賊的同時，建議由一切願意參加抗日救國的各黨派、各團體、各名流學者、政治家以及一切地方軍政機關，共同組織國防政府和抗日聯軍。

到了陝北以後，中共中央召開瓦窯堡會議，把建立廣泛的抗日民族統一戰線規定為自己的鬥爭策略。在此之前，中共中央還在〈關於改變對富農策略的決定〉中承認：過去加緊反對富農的鬥爭，是根據共產國際的指示精神做出的；如今隨著政治形勢的變化，應該對他們採取有別於地主的政策。

「西安事變」之後，東北軍內部發生分歧，部分少壯派軍官刺殺了主張和平解決西安問題的六十七軍軍長王以哲。據說王以哲是潛伏在東北軍內的中共地下黨員，張學良的左轉和西安事變的爆發與他有密切關係。為此，劉少奇於1937年2、3月間，曾多次給中共中央實際負責人張聞天寫信，一方面報告了「西安少壯軍人的『左』傾暴動」傾向，一方面回顧了白區工作所犯的「左」傾錯誤，並分析了造成這種錯誤的原因。著名學者高華在《紅太陽是怎樣升起的》一書中認為，這可能是毛澤東和劉少奇結盟的開始。5、6月間，中共中央在延安召開白區工作會議，劉少奇在〈關於白區的黨和群眾工作〉的報告中，嚴厲批評黨內存在「關門主義」、宗派主義、冒險主義和盲動主義等惡劣的歷史傳統。但是以張聞天、和博古為首的代表們不同意劉少奇的判斷，並展開激烈爭論。在此關鍵時刻，毛澤東改變了過去迴避爭論的態度，在政治局會議上明確表示劉少奇的報告基本上是正確的，並認為他在白區工作上有豐富的經驗，他懂得實際工作的辯證法，因此他一生很少失敗（同上，第183頁）。

1937年盧溝橋事變爆發後，劉少奇從延安經西安到達太原，在那裏重新組建北方局領導機關，並要求平津地區的地下黨和救亡組織或是下鄉打游擊，或是參加漢奸團體，或是到太原來（同上，第190-191頁）。紅軍改編為八路軍開赴山西以後，劉少奇提出：第一，八路軍要開赴敵後建立根據地，並開展游擊戰以保存實力；第二，要透過抗戰把八路軍擴大為擁有數十萬人的集團軍；第三，要把國民黨劃分為左中右派，標準是能不能聽取我們的意見，而不是他們對抗戰採取什麼態度。這三點意見也是中共在抗日戰爭中採用的基本策略。

4、與毛澤東聯手反對王明

1937年11月底，王明在蘇聯顧問的陪同下，乘坐蘇聯軍用飛機抵達延安。王明回國之前，曾經受到史達林和季米特洛夫的召見。史達林出於自身利益的考慮，想讓日本陷於中國戰場而無力進攻蘇聯。因此他要求中共應該遵循「一切服從統一戰線」、「一切通過統一戰線」的原則，加強與國民黨合作，不要過分強調獨立自主。隨後，中共中央政治局召開會議，由王明傳達了史達林和共產國際的指示。在這次會議上，王明不但不點名地批評了毛澤東，還公開指責劉少奇對國民黨提出的要求過高過多，沒有「抗戰高於一切」的意識。

王明的歸來對毛澤東打擊很大，也對他構成巨大威脅。為了獲得共產國際的信任，並加強自己在史達林面前的份量，毛一方面派任弼時赴莫斯科彙報工作，一方面把劉少奇調回延安。任弼時的莫斯科之行，使共產國際確認毛澤東為中共領導人；劉少奇回到延安，則在1938年召開的中共六屆六中全會上成為反對王明路線的主要幹將。會議結束後，他擔任了新組建的中原局書記，目的是削弱王明的盟友——項英的力量。1939年，劉少奇利用回

延安開會和講課的機會，發表〈論共產黨員修養〉，並得到毛澤東的高度評價。

1941年初爆發的皖南事變，使毛澤東達到一石二鳥的目的：既借刀殺人除掉了黨內宿敵項英，又為攻擊蔣介石找到新的藉口。隨後，劉少奇接替項英出任新四軍政委。這一年9月，中共中央政治局在延安召開擴大會議，毛澤東為了進一步打擊王明以及張聞天、博古、王稼祥、李維漢等人，把劉少奇封為白區正確路線的代表。據胡喬木回憶，在那次會議上，陳雲、任弼時、康生等人都發了言。時任中共中央組織部部長的陳雲說：

> 過去十年白區工作中的主觀主義，在劉少奇、劉曉同志到白區工作後才開始改變。劉少奇批評過去的白區工作路線是錯誤的，現在檢查起來，劉少奇同志是代表了過去十年來的白區工作的正確路線。

為此陳雲提出：

> 有些幹部位置擺得不當，要正位，如劉少奇同志將來的地位要提高。

任弼時也說：

> 主觀主義在認識論上是唯心論，在政治上的具體表現就是『左』或右的機會主義。我黨的毛主席、劉少奇同志能根據實際情形來工作，所以犯主觀主義少些。

會議期間，康生還檢討了在白區工作時與劉少奇的分歧，承認他當時之所以反對劉少奇，一是由於自己的主觀，二是聽了共產國際的話，三是受當時黨中央的影響，把少奇完全看成機會主義者。他還說：

033

> 如果那時中央是劉少奇負責，情況將是另一樣。
> （《胡喬木回憶毛澤東》，第198頁，人民出版社，1994年版）

康生是與王明一起從蘇聯回來的人，但是在反對王明的問題上，他們已經結為牢固的「統一戰線」。

5、把毛澤東推上神壇

1942年3月，正是抗日戰爭最艱苦、最需要人力、物力的時候，劉少奇為了參加中共第七次全國代表大會，帶領華中局幹部一百多人，在八路軍115師整整一個團的護送下，從蘇北阜寧出發，途經安徽、山東、河北、山西，最後抵達延安。出發前後，毛澤東對劉少奇的安全非常關注，他多次發出指示，要求：

> 少奇返延安須帶電台，並帶一部分得力武裝沿途保衛。
> 護衛少奇的手槍班須是強有力的，須有得力幹部為骨幹，須加挑選與訓練。

與此同時，他一方面要求彭德懷彙報華北地區的敵情，一方面對劉少奇說：

> 我們正在調查由華中到華北道路上敵人封鎖線的情形，安全保證的程度，俟得覆電即行轉告。（《劉少奇傳》上冊，第449-451頁，中央文獻出版社，1998年版）

到達山東後，因安全沒有保證，毛澤東多次致電劉少奇，要他以「安全第一，工作第二」的原則，決定自己的行動。正因為如此，有研究者認為：

　　毛澤東如此殷勤叮嚀，拳拳之心躍然紙上，這在毛澤東是非常罕有的。（《毛澤東與劉少奇》，第108頁，香港皇福國際有限公司，1998年版）

　　1942年11月，劉少奇越過同蒲路到達晉西北地方。抗日戰爭中，晉西北是延安屏障，也是延安與其他根據地交往的主要通道。因此劉少奇要從蘇北返回延安，這裏是必經之地。劉少奇到達之前，毛澤東曾致電當地的黨政軍負責人林楓、周士第、甘泗祺說：

　　　　少奇同志過路，你們派人接護時須非常小心機密，不要張揚，但要謹慎敏捷。

12月初，劉少奇用兩天時間在晉西北幹部會議上作了〈關於群眾運動及其他問題〉的報告。在報告中他一方面批評晉西北地方在減租減息中沒有很好地發動群眾，一方面指出：

　　　　抗日民主根據地的群眾運動，應該把農會放在第一位。

此外，他還仔細介紹了華中地區大搞群眾運動的經驗，並且說：

　　　　群眾運動中如發生『左』傾過火情形，必須正確對待。（《劉少奇年譜》上卷，第407-409頁）

所謂正確對待，就是要大力支持，而不是害怕或壓制。離開前，賀龍還送他一件珍貴的水獺領高級裘皮大衣，這件大衣他在六十年代訪問蘇聯時還穿過（《劉少奇傳》上冊，第482頁）。

　　對於劉少奇所作的報告以及這個報告產生的影響，曾經擔任過中共中央晉綏分局副書記的張稼夫回憶說：

劉少奇在講話中批評了我們只注意搞飯吃而忽視群眾工作的缺點，並介紹了華中群眾工作的經驗。此後，以林楓同志為首的晉綏分局，根據少奇同志的指示，狠抓了群眾工作……（《庚申憶逝》，第94-95頁，山西人民出版社，1984年版）

但是從劉少奇1947年第二次路過這裏的情況來看，上述表現並不能讓他滿意。

這一年年底，劉少奇安全抵達延安。對於這件事，胡喬木印象很深。他說：

直到1942年12月30日，少奇同志平安抵達延安，毛主席這才好像一塊石頭落地，放下心來了。1943年元旦，《解放日報》以大字標題刊登了中共中央辦公廳舉行新年晚會，並歡迎劉少奇同志從華中歸來的消息。（《胡喬木回憶毛澤東》，第275頁）

1943年初，劉少奇根據毛澤東的意圖，在政治局會議上建議中央日常工作要由書記處負責。同年3月，中共中央頒佈〈關於中央機構調整及精簡的決定〉，明確規定書記處是中央政治局日常工作的辦事機構。書記處由毛澤東、劉少奇和任弼時組成，毛擔任主席。書記處開會的會期不固定，可以由主席隨時召開，主席對討論的問題有最後決定權。這次以精簡機構為名的所謂調整，其實是中共中央一次重要的改組。康生說，這個辦法是：

少奇同志的意見，書記處應有一個主席，其他兩個書記是主席的助手，不是像過去那樣成為聯席會議的形式，（目的是）要能處理和決定日常工作。（同上，第273頁）

這樣一來，就確立了毛澤東在黨內一手遮天的領導地位。

這次改組既是1941年「九月會議」的繼續，也是為即將召開的中共七大做準備。在此之前，劉少奇僅僅是中央政治局候補委員，在黨內的排名不僅無法與王明、博古、周恩來、張聞天、王稼祥等人相比，而且還在康生、陳雲、項英、彭德懷之後。在這次調整中，劉少奇被委以前所未有的重任。他不僅是書記處書記，還擔任中央軍委副主席，並負責中央組織部、統戰部、民運工作委員會、中央研究局和海外工作委員會等幾個領域的工作。這使他在黨內成了一人之下，萬人之上的第二號人物。

中共第七次全國代表大會原定1943年年底舉行，後來因故延期，直到1945年4月才正式召開。為準備這次大會，六屆七中全會從1944年5月21日開始，直到第二年4月20日才結束，為期十一個月，成為一次破天荒的馬拉松式會議。會議開幕時，曾決定由毛澤東、劉少奇、任弼時、朱德、周恩來組成七大主席團，毛任主席團主席。但是在第二年的六屆七中全會主席團會議上，這個名單變成毛澤東、朱德、劉少奇、周恩來、彭德懷、康生、高崗、陳毅、陳雲、林伯渠、任弼時、董必武、彭真、張聞天、徐向前、賀龍等十六人。到4月21日七大預備會議上，通過的名單又少了一人，主席團常委是毛澤東、朱德、劉少奇、周恩來、任弼時。任弼時的明顯失寵以及名單的其他變化，顯示著黨內權力鬥爭的消長；其中朱德等軍界人物的地位明顯上升，可能是為即將爆發的內戰做準備。

在會上，劉少奇作了著名的〈關於修改黨的章程的報告〉。他在報告中不僅論述了中國共產黨的特點、性質和指導思想等一系列重大的理論問題，還著重指出：

> ……我們的黨，已經是一個有了自己偉大領袖的黨。
> 這個領袖，就是我們黨和現代中國革命的組織者與領導者
> ──毛澤東同志。我們的毛澤東同志，是我國英勇無產階
> 級的傑出代表，是我們偉大民族的優秀傳統的傑出代表。
> 他是天才的創造的馬克思主義者，他將人類這一最高思想
> ──馬克思主義的普遍真理與中國革命的具體實踐相結
> 合，而把我國民族的思想水平提到了從來未有的合理的高
> 度，並為災難深重的中國民族與中國人民指出了達到徹底
> 解放的唯一正確的道路──毛澤東道路。

此外，劉少奇在報告還提出要把毛澤東思想「作為我們黨一切工作的指標」，並指出毛澤東思想是馬克思列寧主義理論在殖民地、半殖民地、半封建國家民族民主革命中的繼續發展，是馬克思主義民族化的優秀典型，是中國的馬克思主義。由此可見，在中共歷史上，是劉少奇首開個人迷信之先河，把毛澤東推上了神壇。難怪有人要說，當你把一個人奉為神明之後，這個人一旦說你有罪，你就是渾身是嘴也說不清了。從這一點來看，劉少奇在文革中的遭遇，既是咎由自取，也是歷史的必然。

四、
土改前的晉西北地方

1、抗戰前曾經自足有餘

　　晉西北是指山西的西北部地區。它包括黃河以東、同蒲鐵路以西、北起殺虎口長城一帶、南至汾離公路的三十多個行政縣。抗戰初期，這裏的人口大約有三百五十萬，屬於「山西第二游擊區行政主任公署」管轄，主任由續范亭擔任。除了敵佔區之外，該行政公署能夠控制的人口大約在一百萬左右。1938年，毛澤東曾多次致電賀龍，要求他越過殺虎口長城一線向北發展，「在平綏路以北大青山脈建立游擊根據地」。（《晉綏邊區財政經濟史資料選編》總論編，第53-56頁，山西人民出版社，1986年版，內部發行）1940年，因國民黨在抵抗日軍的五原戰役中失利，毛澤東再次致電賀龍，讓他立即調查開闢綏遠（今屬內蒙古自治區）根據地的可能（同上，第116頁）。隨後，賀龍派兵開闢了大青山根據地，把晉西北邊區擴展為晉綏邊區。晉綏邊區東起同蒲鐵路、西至包頭、南起汾陽離石一線，北到百靈廟和四子王旗大草原，所轄人口達到三百餘萬，但其中心仍然是晉西北的興縣一帶。

　　從地理位置上看，晉西北有呂梁山、雲中山、蘆芽山、管涔山等山脈，屬於地廣人稀、山壑縱橫的高寒地區。但由於這裏物產豐富，民風淳樸，因此只要沒有大的社會動盪，當地老百姓還是可以過上豐衣足食、安居樂業的生活。據中共中央財政部1940年〈綏米葭吳清及晉西北經濟考察報告〉提供的資料顯示，這裏是：

特產之富冠於山西全省各地。礦產則有煤、鐵、銀、鉛、錳、硝、硫黃（硫磺）、石膏等的蘊藏。農產則有五穀雜糧、森林、畜產、野獸、皮毛、藥材等出產，抗戰前不但為山西的政治中心地，亦且為山西唯一的工商業區。

該報告還說：

晉西北過去為主要產糧區。除河曲、保德、偏關三縣糧產稍感不足外，其餘各縣的糧食每年均往外輸銷。離石、臨縣、興縣多輸出到陝西各縣。嵐縣、靜樂、寧武、苛嵐、五寨的餘糧常輸到太原銷售，其餘雁北各縣的餘糧則由平綏路輸出。

這份報告指出，在晉西北各縣中：

僅臨縣每年能產糧四十萬石，可以輸出十萬石左右（臨縣人口約二十四萬）。苛嵐能產十餘萬石，而苛嵐僅有三萬五千人口，所以能輸出的糧食更多。其他嵐縣、靜樂、寧武、神池、五寨等縣豐年一年的產糧能供地方人口三年糧食。

那時候，這一地區不僅糧食自給有餘，棉花種植也很普遍。

在臨縣、興縣的某些地方，均能植棉，據說臨縣某年棉產豐收，曾收穫皮棉二百萬斤以上。臨縣三交鎮以下至磧口，到處都可以看到有過去的軋花廠、打包廠，……倘使在這些區域群眾工作開展得好，吸收棉花是不會成問題的。

除了糧食、棉花以外，這裏還盛產麻、煙草、油料、木材、藥材和牲畜，其中臨縣所產的麻「品質潔白，纖維細長，而且產量

（每畝水地能收麻六十～一百斤）栽植技術亦甚講究」，年產量達到一百萬斤以上，煙草的產量也有三十萬斤左右。報告還指出，由於盛產棉花，晉西北的紡織業也相當發達：

> 只臨縣一縣存在民間的改良手拉木織布機就有五百餘台。據說在臨縣的產棉區，……能紡織的婦女約有八千戶，每年可織出土布兩萬匹（長五丈，寬一尺三寸），每天每人能織一丈。

該地區的造紙業也有很好的基礎，「造紙的工業區，主要是在臨縣」，並具有製造鈔票紙的能力。此外，這裏還有煙坊、油坊、燒坊（造酒）、粉坊、糖坊、氈坊、絲織作坊、皮坊以及鐵匠、木匠、石匠、瓷瓦匠等形形色色的手工業，其中僅臨縣招賢鎮，就有二十餘家鑄鐵廠、十餘家鐵礦、四十餘家瓷廠，兩千多人。至於森林、藥材、畜牧、園藝和民間手工藝等等，也相當發達。（同上，第5-13頁）

這種情況與筆者的印象大相徑庭。筆者出身於1946年，從小在太原長大，自從懂事以後，就經常看到臨縣人來太原討吃要飯。因此印象中的臨縣，是個窮山惡水出乞丐的地方。中共中央的這份文件，說明臨縣以及晉西北地方曾經比較富裕，而所謂貧窮落後，是後來的事。

2、抗戰中的「四大動員」和「減租減息」

抗日戰爭爆發後，日軍先後佔領山西的交通要道和許多城市，但是對偏遠山區卻無能為力。這樣一來，山西就形成敵佔區、游擊區和抗日根據地犬牙交錯的局面。就晉西北而言，1939年「晉西事變」以後，以續範亭為首的新軍總指揮部和晉西北行政公署先後成立，當地駐軍除了八路軍120師以外，還有新軍所

屬的決死二縱隊、四縱隊、工衛隊和暫一師。不斷擴充的軍隊姑且不論，僅僅是供養各級行政機關，就讓當地民眾難以承受。據1942年精兵簡政時統計，過去整個邊區的行政人員為一萬八千多人，精簡後剩下七千多人。原來區公所平均十五人，精簡後為七人。村公所平均八人，精簡為三～五人（同上，第405頁）。即便如此，也比民國初年閻錫山推行「六政三事」時的公務人員要多得多。那時候，一個縣只有六名官吏。如今一下子來了這麼多軍政人員，老百姓的負擔可想而知。

據張稼夫回憶：

> 這樣多的軍隊，黨、政幹部集中在這裏，群眾供應不起，部隊和地方的生活非常困難。……當時有許多單位，每日三餐吃黑豆，鹽和棉布也很緊張。為此，賀龍、關向應做出開展「四大動員」的決定。

所謂「四大動員」，就是「有錢的出錢，有力的出力，有糧的出糧，有人的出人」。具體說就是籌款、做軍鞋、籌糧、參軍。

張稼夫認為：

> 擴軍、做軍鞋問題不大，籌款籌糧就頗為困難。

因為一般的群眾生活水平已經很低，並無餘糧和存款，而有點積蓄的人們往往會把錢糧藏了起來。於是，他們就發動群眾，揭發地主富農剝削群眾的罪惡，以「說服動員和施加壓力相結合」的方式，「擠」出不少現金和糧食。張稼夫承認，在運動中產生過「左」或右的傾向，個別地區發生了捆綁吊打或槍斃人的現象，但很快就糾正過來了。（《庚申憶逝》，第75-77頁）

此外，晉綏行政公署在1943年的一份報告中也指出：

　　　　勞動力，因幾年的武裝動員及敵人殺害和拉夫估計比
戰前減少三分之一以上。畜力減少更嚴重，一面有戰爭的
直接損失，一面因戰爭差務及商業凋敝，飼料缺乏，農民
將牲畜變賣殺食甚多，牛比戰前減少十分之六，驢騾減少
十分之八九。

該報告還承認，除了差務負擔極其沉重外，攤派不合理也大大挫
傷了群眾的勞動情緒，這就使土地荒蕪，產量降低，

　　　　一般山地比戰前產量少三分之一，……一九四○年
棉花僅產五萬五千斤，當戰前百分之三，豬比戰前減少六
分之五，羊減少十分之六。（《晉綏邊區財政經濟史資料選
編》，總論篇，第493頁）

除了「四大動員」之外，「減租減息」的運動也在轟轟烈烈地
進行。

　　抗日戰爭開始後，迫於國內外形勢的壓力，中共暫時放棄
暴力奪地的革命訴求，轉而實行新的土地政策。在1942年1月28
日公佈的〈中共中央關於抗日根據地土地政策的決定〉中，提
出了三條基本原則：第一，農民是抗日與生產的基本力量，為
了改善農民生活，提高他們的生產積極性，要實行減租減息的
政策。第二，承認地主的大多數是有抗日要求的，黨的政策是
扶助農民減輕封建剝削，而不是消滅封建剝削，對於地主的人
權也要加以保護。第三，認為富農是農村中的資產階級，資本
主義的生產方式在中國現階段是比較進步的，對富農要採取既
聯合又限制的政策。

　　當時農村的土地狀況和租佃關係非常複雜，就土地來說，
有山地、平地和旱地、水地之分；就地租而言，有糧租、錢租、

勞役租、牛租之別。此外，在地租約定上，還有死租、活租等說法。抗戰開始後，晉綏地區首先實行二五減租，即減去原定租額的百分之二十五。如果一塊土地在減租以後，租額仍然超過其年產量的百分之三十七點五，則還要從租額中再減去百分之三十七點五。與外，〈晉西北減租交租條例〉還規定：

> 山地以戰前的租額先以七成五折算，（因戰後產量約及戰前之七成）再減百分之二十五。（《晉綏根據地資料選編》第五集，第471頁，中共呂梁地委黨史資料徵集辦公室，1984年編印）

減租減息的工作比較複雜。首先要在行政村成立以佃戶為主體的減租減息委員會，選舉委員七至九人，分管宣傳、調查、登記、審查、執行等工作，然後是評定土地的產量。對於佃戶來說，希望把產量定得越低越好，這樣就可以少交地租和公糧，但是地主則希望把產量定得高一些，即便要因此而多交公糧，但留下的還是多數。

除了減租減息之外，還有一系列限制地主的政策。張稼夫說，當時有個〈公糧條例〉，規定產量達到人均五斗的農戶為起徵點，並實行累進徵收。地主富農感到壓力很大，便以各種方法把土地轉讓出去。一些地主富農甚至成了人均五斗以下的免徵戶。為此，在1944年又開始徵收「資產米」，即雖然人均糧食不足五斗，但家裏財產多的也是徵收對象。

據晉綏分局調研室1944年的一份資料顯示，從1940年開始，該地區地主、富農數量減少，經濟力量削弱；中農人數增加，階層擴大，經濟情況改善；貧雇農人數縮小，地位和生活有明顯改善。與此同時，地主富農開始較多出賣土地，中農和貧農也都大

量買進土地，這說明減租減息使農村土地的佔有狀況發生了很大變化。（《晉綏邊區財政經濟史資料選編》農業篇，第106頁）

3、張聞天的調查及其意見

1942年，張聞天被貶抑後，曾經在陝北和晉西北進行調查，並寫出一系列調查報告。後來，這些調查報告被收入《張聞天晉陝調查文集》一書中。書中有一篇〈晉西北興縣二區十四個村的土地問題研究（報告大綱）〉，對土改之前晉綏地區的土地狀況有比較真實的描述和詳細的分析。該研究報告在強調「戰爭是階級關係變化的基本因素，而革命政策則是主觀的決定因素」之後，對「戰後各階級變動的具體情形」是這樣講的：

地主：約有三分之一的老地主轉化為富農、中農，原有一部分經營地主縮小經營部分生產，還有一部分向經營地主方向轉變，還有一部分力求維持現狀，等待時機。地主在數量上（戶數）減少，在質量上（每戶經濟）削弱（十四個村，原有九村有地主，現只六村有地主）。

富農：不到三分之一的老富農，下降為中農（個別的轉化為地主）。原有的富農經濟縮小。從地主、從中農轉化來的新富農約佔富農總數的三分之一。富農在量上（戶數）增加；其每戶的經濟縮小。

中農：少數向富農上升，向貧農下降的多些，從各方面轉化來的中農相當多。大多數老中農無變動，經濟上下降，一部分停滯，一部分略有發展。數量上（戶數）在農戶總數中佔大多數（在川地村子），或次多數（在山地村子）。

　　　　貧農：一部分上升為中農；少數轉化為「其他」，老
　　貧農少數下降，大部分有某種改善。從「其他」及中農轉
　　來的新貧農相當多，在數量上（戶數）在農戶總數中是大
　　多數（在山地村子），或次多數（在川地村子）。

　　　　其他：多數轉向農業，大多數變成貧農、中農。沒
　　有轉入農業的，經濟上下降，貧民地位無改變，數量（戶
　　數）增加些。

　　　　分立戶：增多。中農最多，貧農次之。他們使原有的
　　經濟單位縮小。

　　　　外來戶、外出戶：增多。以貧農及其他身分為最多。

　　（《張聞天晉陝調查文集》，第93-94頁）

　　需要解釋的是，「分立戶」之所以增多，從而「使原有的經濟單位縮小」，是因為農民想減輕自己的負擔；而「外來戶、外出戶」增多，則是因為貧農缺乏生產資料，流動性很大。

　　張聞天還說，從1941年開始，當地的土地價格非常便宜，一塊大洋可以買二坰好地，有些地區甚至只用二角錢就可以買一坰壞地。這樣一來，就使土地佔有的情況發生了很大變化。究其原因，地主是因為「A、吃租子靠不住。B、縮小目標，裝窮，好減輕負擔。C、生活困難，負擔太重」。農民則是：「A、不是向著集中，而是向著分散；B、不是為了出租，而是為了自種。」

　　張聞天認為：農民用這種「挖」的辦法來「迫」使地主放棄土地，雖然有打擊封建土地佔有制的進步作用，但卻不是我們的最終目的。他提出：

　　　　以後土地問題的解決，除繼續採取「迫」、「挖」的
　　方法外，還應採取「拉」的方法。

　　這種「拉」的方法就是要「提倡資本主義經營」。具體地講，就是讓地主和部分富農把分散使用土地的、吃租子的經營，轉為集中使用土地的雇工經營。這種土地集中經營對於小生產的土地分散經營來說，就不是落後而是進步的了。他強調：由於「拉」是使地主階級向資本主義和平轉化的辦法，因此「取消對地主階級轉向雇工經營的各種法令上、政策上、思想上的障礙物，是有必要的。」（同上，第98頁）此外，張聞天還針對當時的租佃關係、借貸關係等問題進行了深入的調查研究，並提出調整租佃關係的意見。

　　從張聞天的晉陝調查及其意見中可以看出：第一，由於戰爭和革命的雙重影響，當年晉西北地方的土地佔有狀況正在發生巨大變化；第二，在解決土地問題方面，中共不僅放棄土地革命時期的作法，而且還提倡過資本主義的經營方式。

劉少奇 與 晉綏土改

五、
劉少奇與「五四指示」

1、他也有「糊塗」的時候

1945年8月15日，日本政府宣告無條件投降，持續八年的抗日戰爭正式結束。8月24日，遠在美國的胡適致電毛澤東，以感謝其問候為由（一年前，傅斯年訪問延安，毛澤東曾談到胡適對他的幫助），表達了對中共的期望。這份電報的主旨，是希望：

> ……中共領袖諸公，今日宜審察世界形勢，愛惜中國前途，努力忘卻過去，瞻望將來，痛下決心，放棄武力，準備為中國建立一個不靠武力的第二政黨」，來爭取國內和平，實現民主憲政。（《胡適之先生年譜長編初稿》第五冊，第1894-1895頁，臺灣聯經出版事業公司，民國七十三年第二次印行）

8月28日，毛澤東應蔣介石之邀赴重慶談判，劉少奇代理中共中央主席的職務。在此期間，劉少奇根據東北出現的無政府狀況，認為這是「千載一時之機」，遂制定「向北發展，向南防禦」的戰略決策，並決定迅速向東北派遣一百個團的幹部，以便獨佔東北，並控制熱河、察哈爾等地區。於是，大規模內戰的陰雲開始顯現。

虛晃一槍的重慶談判結束後，毛澤東因「健康原因」住院一個月，隨後又休養數月，因此劉少奇繼續主持中共中央的日常工作。面對一觸即發的中國內戰，美國派遣馬歇爾以總統特使的身

分來華進行調解，國共兩黨又於1945年底恢復談判，並在1946年初簽署「停戰協定」。與此同時，政治協商會議也在重慶開幕，人們對實現國內和平又產生幻想和希望。

1946年2月1日，就在政協閉幕的第二天，劉少奇為中共中央起草〈關於目前形勢與任務的指示〉。其中提出：

> 從此中國即走上了和平民主建設的新階段。……中國的主要鬥爭形式目前已由武裝鬥爭轉變到非武裝的群眾的與議會鬥爭，國內問題由政治方式來解決。黨的全部工作，必須適應這一新形勢。（《劉少奇年譜》下卷，第15-16頁）

該文件指出，在新的形勢下：

> 我黨的軍隊即將整編為正式國軍，及地方保安隊自衛隊等。在整編後的軍隊中，政治委員、黨的支部、黨務委員會等即將取消，黨將停止對軍隊的直接指示，（在九個月之後開始實行）不再向軍隊發出直接指令，我黨與軍隊的關係亦將依照國民黨與軍隊的關係。

文件還說：這種退讓是適合全中國人民利益的。

> 國民黨的軍隊能夠脫離國民黨的直接指揮，我們相信我們的軍隊也能夠脫離我們黨的直接指導。（中國人民解放軍政治學院黨史教研室編，《中共黨史參考資料》第十冊，第116-117頁）

戰後中國最迫切的問題就是政治民主化和軍隊國家化。這個文件意味著中共已經公開承諾，為了實現國內和平與政治民主，它將放棄對軍隊的控制。同一天，劉少奇在延安幹部會上發表

〈時局問題的報告〉，進一步闡述這些問題。與此同時，劉少奇曾經考慮過以和平方式實現土地改革的方案。文革期間，劉少奇的一大罪狀就是要走「議會道路」，這是主要的依據。

　　儘管毛澤東修改過這個文件，但他顯然不同意上述判斷和意見。早在1946年1月，延安《解放日報》就發表社論指出：

> 　　軍隊國家化的根本意義，是要把專制獨裁制度的軍隊化為民主制度的軍隊，而不是要把民主制度的軍隊化為專制獨裁制度的軍隊；是要把黨閥制度和軍閥制度的軍隊化為人民的軍隊，而不是要把人民的軍隊化為黨閥制度和軍閥制度的軍隊。……以八路軍、新四軍為標記的各解放區軍隊，是為人民服務的軍隊，……這種軍隊除了民族與人民的公益外，沒有黨派的私益」；相反，國民黨的軍隊則是為少數人服務的，其「中的黨閥制度與軍閥制度是國家民主化的主要障礙。（《中共黨史參考資料》第六冊，第84-91頁，人民出版社，1979年版）

因此，要解決軍隊國家化，必須先解決國家民主化。

　　3月24日，毛澤東在胡喬木起草的〈評國民黨二中全會宣言〉的批示中進一步說：如果先搞「國家軍隊化」，將使國民黨「吞併異己，大權在握，永遠也不（會有）國家民主化。」（《胡喬木書信選》，第5頁注4，人民出版社，2002年版）。於是，劉少奇在1946年11月召開的中共中央會議上承認，當時是「我們糊塗了一下」。（《劉少奇傳》第545頁）

2、發動內戰與進行「土改」

　　儘管劉少奇當時糊塗了一下，但其他人非但沒有跟進，反而始終著保持「清醒」的狀態。

　　據薄一波回憶，抗日戰爭勝利以後，中共就把「土地問題」與發動內戰緊密結合起來。由於戰爭需要，晉冀魯豫邊區早在1945年下半年就開展了「以反奸、清算、訴苦、復仇為內容的群眾性反奸清算鬥爭」。他認為反奸清算的鬥爭對象是漢奸、惡霸、地主，這種鬥爭符合廣大群眾的願望，既能使群眾在政治上翻身，又能他們直接獲得土地財產。後來，「反奸清算鬥爭，很快轉到減租減息的鬥爭上來，鬥爭的目標是整個地主階級」，從而擴大了鬥爭範圍。更重要的是，這些鬥爭的目的，是要用「耕者有其田」的口號，動員廣大的農民參軍、參戰，進而奪取全國政權。因此薄一波說：

> 到1946年3月，全區有百分之五十的地區，貧雇農直接從地主手中獲得了土地，實現了「土地還家」，「耕者有其三畝田」（大體人均三畝）。中農也分到了一些鬥爭果實。翻了身的農民，積極地搞好生產，參與基層政權建設和民兵建設，大批參加人民軍隊。（《七十年的奮鬥與思考》上卷，第395-397頁，中共黨史出版社，1996年版）

他還說，後來經過土地改革，僅僅在晉冀魯豫邊區，「截至1947年6月，（就）有二十四萬翻身農民參軍，出現了幹部帶頭、兄弟爭先、父母送子、妻子送郎的感人局面；游擊隊、民兵發展到一百餘萬。數百萬民工隨軍支前，擔負起巨大的戰爭勤務。」（同上，第416至417頁）看來土改運動對支持內戰起了難以估量的作用。

　　基於加緊備戰的考慮，劉少奇受毛澤東委託，與任弼時、薄一波、鄧子恢等人開始研究土改問題。1946年5月4日，他們將三易其稿的〈中共中央關於土地問題的指示〉提交中央全會討論通

過，這就是著名的關於土地改革的「五四指示」。與此同時，中共中央還發出關於練兵的指示。

「五四指示」是在薄一波等人彙報的基礎上形成的。它認為消滅「封建剝削」、解決土地問題，是「我黨目前最基本的歷史任務，是目前一切工作的最基本環節，必須以最大的決心和努力，放手發動與領導目前的群眾運動」。它要求各地黨委應該支持廣大群眾「直接從地主手裏取得土地，實現『耕者有其田』」。與此同時，它還提出土改的十八條原則，其中包括爭取中農參加、一般不動富農土地、不反對工商業資產階級、對中小地主的生活要給予相當照顧等問題（《中共黨史資料參考》第六冊，第128-129頁，人民出版社，1979年版）。可見，這個文件既標誌著中共土地政策的左轉，又保留了比較溫和的一面。

中共在土地問題上的「策略」，還表現在此之前秘密傳達的〈關於如何執行土地政策決定的指示〉中。該文件明確指出：

> 聯合地主抗日是我黨的戰略方針。但在實行這個戰略方針時，必須採取先打後拉，一打一拉，打中有拉，拉中有打的策略方針。當廣大群眾還未發動的時候，一般地主是堅決反對減租減息與民主政治的。在這種時候，我們必須積極幫助群眾打擊地主的反動，摧毀地主階級在農村中的反動統治，確立群眾力量的優勢，才能使地主階級感覺除了服從我們的政策便不能保持他們的利益，便無其他出路，在這種廣大群眾的熱烈鬥爭中，不可避免的要發生一些過『左』的行動，而這些過左行動，如果真正是最廣大群眾自願自覺的行動，而不是少數人脫離群眾蠻幹的（這是絕對不許可的原則問題），則不但無害，而且有益，因為可以達到削弱封建、發動群眾之目的。在這種時候，畏

首畏尾，束縛群眾手足，就是右傾錯誤。這是鬥爭的第一
階段（打的階段）……（《中共黨史參考資料》第五冊，第
24-25頁，人民出版社，1979年版）。

3、「指示」背後的指示

從表面上來看，「五四指示」是比較溫和的。它要求：第
一，要「用一切方法吸收中農參加運動，並使其獲得利益，絕不
可侵犯中農土地」；第二，對富農要「保全其自耕部分」的土
地，「不要打擊得太重」；第三，對地主要謹慎處理，要區別
對待，對於大地主中的開明紳士和中小地主的生活要「適當照
顧」；第四，要保護工商業，「不可將農村中解決土地問題、反
對封建階級的辦法，同樣用來反對工商業資產階級。」另外，中
共中央還向各解放區提議：

> 凡地主的土地超過一定數額者，其超額部分由政府發
> 行土地債券，並以法令徵購之。
> 由地主保留免於徵購土地之定額，由各解放區政府根
> 據各區情況規定之，大概以等於當地中農每人所有平均土
> 地的二倍上下為宜。並應注意地主保留土地的質量，不能
> 全保留好地，亦不能全保留壞地。（《土地改革運動史》，
> 第18頁，福建人民出版社，2005年版）

但由於指示的背後還有更重要的指示，所以紙面上的東西與
實際情況並不一致。據薄一波回憶，「五四指示」下發之前，中
共中央召開會議討論這個文件。劉少奇在會上說：

> 土地問題，今天實際上是群眾在解決。中央1942年關
> 於土地政策的決定，已經落在群眾的後面了。今天不支持

農民，就是潑了冷水，就要重複大革命挫敗的錯誤，而農民也未必「就範」，失去農民又仍然得罪了地主，對我們將極不利。另一方面，要看到這是一個影響全國政治生活的大問題，可能影響統一戰線，使一部分資產階級民主派不與我們合作。要說服群眾，只有遵守各項正確的原則，才能得到真正鞏固的利益。中農必須堅決聯合，富農不可過分侵犯，一切須要照顧的地方都要照顧到，以便運動正確進行。（《七十年的奮鬥與思考》上卷，第401頁）

這段話表明劉少奇對土改的態度，也透露出劉少奇的一種擔憂。

會議結束時，毛澤東作了總結發言。這個發言的要點被薄一波記錄下來，並以〈毛主席在討論土地問題時幾點指示〉為題，致電他所在的中共中央晉冀魯豫分局作了傳達。其主要內容如下：

（1）七大時說將來要尋找適當方法，實現耕者有其田，這一指示就是適當方法，為群眾所創造，中央所批准的。（2）政治上需要。因有強大的國民黨（他人多，有大城市，有外國幫助），他大我小，我只有依靠人民和他作鬥爭，如能在一萬萬幾千萬人口中解決了土地問題，即可長期支持鬥爭，不覺疲倦。（3）這是一個最基本的問題，是一切工作的基本環節。全黨幹部必須認識此點。（4）不要怕農民得到土地，推平平均分配一次土地不要緊，但不能常常推下去。（5）類似大革命時期農民伸出手來要土地，共產黨是否要批准，今天必須表明態度。（6）在土地改革時期，不要怕自由資產階級動搖。只要我們實行了土地改革，農民得到土地，我之力量更強大，則更能鞏固和團結他們。（7）暫不宣佈土地改革，仍叫反奸清算、徹底

減租減息。將來一定要宣傳。(8)對工商業政策及工人運動與此不同，應該是勞資合作，勞資兩利，訂出共同生產計畫（原料足，成本低，產品多，質量好，銷路廣），發展生產，繁榮經濟。只有這樣，才能與英美帝國主義及宋子文的壟斷資本作鬥爭。（同上，第402頁）

從這些記錄中可以看出，毛澤東不僅闡述了為發動內戰而進行土改、為平分土地不惜任何代價的決心，也委婉地批評了劉少奇，認為他的擔憂沒有必要。由於薄一波對毛澤東在這個問題上的想法心領神會，他才在返回晉冀魯豫以後，發動了轟轟烈烈的「翻身大檢查」，並為土改運動創造了「先進經驗」。

「五四指示」下達後，劉少奇於5月13日起草了中共中央致各中央局的電報，在重申土改重要意義的基礎上，向各地報紙提出兩方面的要求：一、由於鬥爭策略的需要，除了「宣傳反奸、清算、減租、減息的群眾鬥爭外，暫時不要宣傳農民的土地要求、土地改革的行動以及解放區土地關係的根本改變」；二、為了發動群眾，「各地報紙應盡量揭露漢奸、惡霸、豪紳的罪惡，申訴農民的冤苦」，並且多找些類似「《白毛女》這樣的故事，不斷予以登載。」（《劉少奇年譜》下卷，第45頁），以便激發群眾的階級仇恨。

六、
1946年的晉綏土改

1、一種和平土改模式

「五四指示」下發後，各地並不明白應該如何進行土地改革。為此，中共中央於1946年7月19日下發〈關於要求各地答覆制定土地政策中的幾個重要問題的指示〉。其中提出要用徵購地主土地的辦法進行土地改革。這種辦法的基本設想是：地主可以保留的土地，是中農平均數的兩倍；超過部分，由政府頒佈法令、發行土地公債予以徵購。公債基金，一部分由得地農民擔負，一部分在政府財政收入中調劑。中共中央認為，這個基本設想是「一個重大而複雜的問題」，希望「徵詢各解放區領導機關的意思，以便能更周密地加以考慮。」（〈中共中央關於要求各地答覆制定土地政策中幾個重要問題的指示〉，引自成漢昌，《中國土地制度與土地改革》，第583頁，中國檔案出版社，1994年版）

這種和平土改的設想在陝甘寧邊區做了試驗。從1946年年底到第二年年初，邊區政府先後頒佈〈徵購地主土地條例〉和〈徵購地主土地修正條例草案〉，西北局也做出〈關於發動群眾徹底解決土地問題的指示〉，對地主的土地實行徵購。其具體辦法是：一要評定地價，二要確定承購，三要發行土地公債。當然，這一過程也必須和群眾的訴苦、清算、鬥爭結合起來，並要派工作團分赴各地進行指導。在此期間，首先是宣傳調查，其次是發動群眾，再次是召開大會，最後是丈地定界。不過，陝甘寧的試驗範圍很小，時間也很短。到1947年就因為戰爭而中斷了。

需要指出的是，這種辦法在其他地區遭到不同程度的抵制，理由是害怕影響群眾的反奸清算運動，要求中央暫緩發表這個指示。9月下旬，中共中央對各地意見加以研究後認為，目前暫不公佈較為有利。晉綏邊區與陝甘寧邊區雖然只有一河之隔，也沒有採用這種和平土改的模式。

2、賀龍對土改似有抵觸

「五四指示」下達後，晉綏邊區很快向縣團級以上的單位進行了傳達。一個多月後，晉綏邊區又召開高幹會議，賀龍在會上說：

> 土改是黨當前一切工作的中心環節，是戰勝敵人的最基本條件，只要土地問題解決了，群眾的鬥爭積極性就會起來，蔣介石打我們五年、十年、一百年也不怕。

這次高幹會開了一個多月，會議認為：自1943年以來，邊區的減租減息運動獲得了很大成績，老區有百分之八十的農民基本上獲得了土地，不少地區群眾運動已有基礎；在反攻後新收復的地區，大部分已經普遍進行了反奸清算鬥爭，其中一部分地區已展開了減租運動。因此，會議要求把發展生產、解決邊區五百萬人民的穿衣吃飯問題當作中心工作之一。這說明晉綏邊區認為他們已經基本解決了土地問題，接下來的任務是如何發展生產，解決老百姓的吃穿問題了。

從這些話的字裏行間，可以看出賀龍對「五四指示」似乎有抵觸情緒。因此會議認為：在支持農民從地主手中取得土地的鬥爭中，不少幹部還有政策不明確、錯誤傷害部分中農利益的傾向，也有些幹部在運動中存在包辦代替、強迫命令等問題。

《晉綏日報》比較注意這方面的報導。比如在8月5日，該報發表〈從思想教育入手糾正侵犯中農利益〉的通訊；8月14日，該

報報導了「中共中央晉綏分局召開會議，討論中央關於耕者有其田的決議草案」；9月中旬，該報又報導賀龍在一次會議上說：

> 加強地方工作，解決土地問題，發展生產，建設民兵，合力支援前線，是目前一切工作的關鍵和今後工作的主要任務。

各種跡象表明，晉綏邊區似乎要把土地改革納入發展生產的軌道，並一再強調要注意保護中農的利益。

3、怎樣劃分農村階級身分

為了搞好土改，中共晉綏分局研究室於1946年9月擬定〈怎樣劃分農村階級身分？〉。據說，該文件是在高幹會議之後，中共晉綏分局派工作組深入基層調查後形成的。這個文件分五個部分：(1)我們常常把身分劃錯，(2)劃分階級身分要根據些什麼標準，(3)農村階級劃分實例，(4)三個難劃分的問題，(5)研究階級身分劃分的目的是什麼。

文件沒有官話套話，一開頭就明確指出：

> 我們在執行政策當中，發生了嚴重侵犯中農利益，和過分的傷害富農利益的錯誤。

其原因，是許多同志不瞭解黨的階級政策，不懂得如何劃分階級身分，於是就出現把中農劃成富農，把富農劃成地主等情況。有的幹部甚至以自己的好惡，或者是為了掩蓋自己的錯誤，故意抬高或壓低人家的身分。比如錯誤地鬥爭了中農，就把中農劃為富農；錯誤地鬥爭了富農，就把富農定為地主。

在第二部分中，該文件指出，在劃分階級時，第一要看他是剝削人的，還是被人剝削的，是封建剝削，還是資本剝削；其次

要看他的家當大小、生活好壞；再次要考察個人的歷史和財產的來歷；最後，對於那些兼顧幾種職業的人，還要看他的主要收入和社會角色。

在第三部分中，文件首先承認中國社會處於不斷變化之中，各階級正在發生激烈的分化。就晉綏地區而言，一定要按照實際情況，有什麼階級就劃什麼階級，沒有的不要勉強湊數。接下來，該文件以當地一系列的具體實例，為地主、經營地主、破落地主、富農、中農、貧農、雇農、工人、手工業者、作坊主、商人、自由職業者、貧民、流氓無產者等階級身分作了界定。

在第四部分中，提出了「三個難以劃分的問題」：(1)經營地主和富農的區別，(2)富農和富裕中農的區別，(3)商人的土地問題。文件認為，所謂經營地主，雖然帶有資本剝削的性質，「具有進步的味道，但實質上是封建的。」至於商人，他們為了投資，家裏大多都有數量不等的土地。如果是大商人，而且土地很多，那就是商人兼地主了，應該與地主一樣論處。如果是中小商人，只有二、三十畝土地，那就不能按地主對待。

在第五部分中，該文件強調研究階級劃分的目的有二，一是要分清敵友，二是「為了實行新民主主義的經濟政策，增加生產，便利資本主義的發展。」文件強調：

> 應當使我們的同志知道，我們不是消滅資本主義剝削，因而不能反對富農的生產方式。把富農打擊過重，侵犯中農，必然使富農縮小生產，中農不敢上升，這是違背了新民主主義的經濟發展法則，也會直接引起根據地生產的縮小和停滯，既不能恢復戰爭創傷，也不能滿足今天自衛戰爭的需要。過去因為我們許多同志未能正確理解這一問題，階級劃分上帶著狹隘性與盲目性，使我們按照那些

同志的觀點對待各個階級階層，這是影響許多地方荒地增加，雇工解雇，私人廠坊停辦，人們怕當富農的重要原因之一。要知道封建剝削與資本剝削，不能相提並論，對地主與對富農，應有嚴格分別，這一點必須在思想上明確起來，才能使富農敢於擴大生產，資本家敢於投資雇工，中農敢於向富農上升……（參見《晉綏邊區財政經濟史資料選編》農業篇，第328-343頁）

可以說，如果剔除意識形態色彩的話，這個文件還是比較實事求是的。

據當時擔當晉綏分局副書記的張稼夫說：這個文件是由段雲、梁膺庸等人起草的，但是到1947年土改運動開始後不久，「就被康生否定，全部收回燒掉了」張稼夫還說，在1946年6月召開的高幹會議上，就如何貫徹〈五四指示〉的精神，發動群眾解決土地問題，進行了比較認真的討論。但是會議中由於對過去工作片面強調了找缺點、挫傷了廣大幹部的積極性。在高幹會議以後，分局根據中央「五四指示」的精神，「從各機關單位、部隊抽調幹部，組成『土改工作團』，陸續到達農村，一場翻天覆地的土地改革運動開始了。」（《庚申憶逝》，第105-106頁）

提到梁膺庸，筆者還想多說幾句。此人在晉西事變之前，先後擔任過第二戰區隨營總校和民族革命大學（簡稱民大）的教育主任。這兩個學校均由閻錫山兼任校長，因此教育主任是學校的實際負責人。民族革命大學在當時享有很高的聲譽，李公朴、楊獻珍等一大批左翼文化人曾在此任教。梁膺庸就任隨營總校教育主任的時候，筆者的父親在第二戰區政治部工作。因日軍掃蕩梁不能馬上赴任，政治部秘書主任劉岱峰便讓筆者的父親先去學校負責。梁膺庸到校後，筆者的父親被任命為副教育主任。後來梁

去了民大，筆者的父親回到二戰區政治部。晉西事變後，梁膺庸離開民大，筆者的父親又接替了他的工作。

1949年以後，梁擔任過化工部副部長。文化大革命中，筆者的父親在〈關於梁膺庸的一些補充資料〉中說：

> 抗日戰爭初期，梁膺庸到隨營總校以後，一方面表現擁護閻錫山、梁化之的領導，竭力爭取閻、梁的信任。……但在另一方面，對於反對閻錫山頑固派的鬥爭，梁膺庸又表現非常堅決。鬥爭的鋒芒也很突出。

面對這種局面，當時筆者的父親「只認為頑固派是落後的問題，不應該把它當作敵人來看待。」為此，梁膺庸很不滿意，曾當面批評他「做法太軟」，並且說：

> 如果對頑固分子的活動不能堅決打下去，進步學生也不敢向你靠攏。

有一次，父親與他閒談，他說：

> 我們這些年輕人做事不會用人家那老一套的辦法，最初還是學習一些新東西，學習唯物辯證法，對我們看問題、處理問題，很有好處。

筆者的父親覺得這是老生常談：

> 因為當時犧盟會的幹部，有不少人也常談這樣的話。

（智力展，《無產階級文化大革命期間為各地寫的調查材料的剩餘底稿》下冊，第15-22頁，未刊本）

另據筆者的一位同事說，他父親曾擔任過晉綏邊區的縣長、專員，後來擔任華北局辦公廳秘書室主任，頂頭上司就是

梁膺庸。他聽父親說，每逢開會，領導們漫無邊際地胡扯一通，但是梁膺庸卻能根據每個人的身分、地位和口吻，整理出一份又一份冠冕堂皇的會議紀要。這些情況，對於瞭解梁膺庸也許會有幫助。

10月下旬，中共晉綏分局又在〈關於發動群眾解決土地問題的補充指示〉中進一步指出：

> 應對群眾說明，照顧地主也是為了農民長遠的利益。

為此，對於有動產（如銀洋和商業）的地主，要留給相當於中農的土地；對沒有動產的，要留給多於中農的土地。至於富農，則要按究竟是勤勞致富，還是依靠封建剝削起家等不同情況，區別對待。該文件認為，土改運動主要是為了讓農民「取得土地和土地有關的牲畜、農具、肥料及部分牲畜糧食，使農民得到土地的同時，並有農具、種子以發展生產，翻身發財。過去無限制地鬥底財白洋元寶，因而打人、磨人、逼死人，違反政策，引起社會不同情的事情，應該避免（依法該沒收的財產除外）。老區過去的土地轉移，多是採用買賣的方式，地主出賣了土地，保存不動產，以後又逐漸積蓄動產，這就增加農民向地主鬥爭的要求。但事實證明，再鬥底財元寶，只有逼死或逼跑他們，因此對於地主的積蓄，只有使用誘導獎勸的方法，使其投資生產，使用逼的辦法，只會招致相反的結果。」此外，文件還對如何分配「鬥爭果實」做了較為詳細的規定和說明。（《晉綏邊區財政經濟史資料選編》農業篇，第344-350頁）

4、土改複查與鬥爭升級

由於「五四指示」在分配土地方面沒有做出統一具體的規定，而是強調要採取群眾路線的方式來解決，因此各地區在貫徹

執行時出現了各種各樣的做法。其中晉綏邊區與晉冀魯豫邊區差別最大。晉綏邊區規定：在分配土地時，要盡可能不完全打亂；在「抽肥搭瘦」，「抽多補少」的時候，要使原來的佃戶仍舊分得自己過去所種的土地。村與村之間土地懸殊過大的，一般要以行政村為單位進行調劑。晉冀魯豫卻基本上採用平均分配的辦法。具體辦法有二：一是「中間不動兩頭動」，即除了中農之外全部打亂平分土地；二是包括中農在內全部打亂平分。有的地方因為村與村之間貧富懸殊過大，乾脆採取了貧富合村的辦法，讓貧村的赤貧戶搬到富裕村參與平分土地。

到了1946年下半年，土改運動進入複查階段。複查的原因，據說是因為地主階級的破壞和沒有充分發動群眾，使土改不能徹底進行。比如中共嫩江省委在給中共中央的報告中說：

> 鬥爭未深入的地區，封建勢力還未垮臺，地主威風仍在。原來土地改革運動，已給予農村的封建勢力嚴重打擊，經濟上大大削弱了，但並沒有完全垮臺，且採取各種形式在各個角落裏或明或暗地進行活動，用各種花樣與手段來保存其力量，甚至有些地區由於和平分地，反革命勢力仍然公開活動，造謠威脅，收買幹部，保存力量，企圖死灰復燃。

為此，他們把這些活動概括為「十種花樣」。晉察冀邊區也把地主破壞土改的手段，總結為用財物、美人拉攏幹部、製造假像欺騙群眾等等，而中共華中分局則概括為生產資料未能滿足、打擊面過寬、地主所留土地比貧雇農要好、幹部及其家屬多留田、留好田等四個方面。

這些作法早已改變或超出了「五四指示」的基本規定，而中共中央對此則採取默許或鼓勵的態度。其中最突出的是許多地區

紛紛召開鬥爭大會，以「挖底財、起浮財」為名，逼迫鬥爭對象交出財物。在群情激奮的鬥爭大會上，當場打死人的現象經常發生。此外在分配土地時，也取消了某些照顧政策，採取了「打亂平分」的方式。

最早提出複查問題的是晉冀魯豫地區。他們在1946年9月召開討論土改問題的幹部會議時就認為：大規模的群眾性土改運動雖然已基本結束，但不少地方的工作還很粗糙，鬥爭果實的分配也不合理，因此要求在全區開展翻身大檢查（又叫「填平補齊」）運動。「翻身大檢查」的主要內容是：(1)深入查田、查階級，清查遺漏、隱瞞、幹部包庇和假賣假分，做到從經濟上徹底消滅地主階級，即「擠封建」。(2)幹部、積極分子、民兵佔取土地改革果實過多的部分，採取各種方法令其退出，分給貧苦農民，即「幹部洗臉擦黑」。(3)貧富合村，貧富村聯合鬥爭，做到消滅赤貧和貧農，即「填圪洞」。不久，東北局也提出要解決土改中的「夾生飯」問題。

由於土改複查與當年中央蘇區的查田運動如出一轍，因此各地在這方面都不甘落後。相比之下，唯有晉綏分局遲遲沒有把土改複查提上議事日程。1946年10月，晉綏分局在〈關於今年中心工作任務的指示〉中提出，要把滿足老區百分之二十缺地農民的土地要求，作為工作的重要問題加以解決。為此，需要注意以下問題：第一，對於空白村或過去減租清算不徹底的地方，要採用新解放區的辦法，充分發動群眾，用減租清算和反貪污，反惡霸等方式使農民得到土地。第二，將所有公共性質的土地和地主富農的黑地、荒地全部歸公，無償分給無地、少地的農民。第三，對於以政權的力量佔用的耕地機關部隊，其原主屬於中農以下者，要求一律退還原主。第四，對於已經減租清算的地主，原則上不得再分其土地，尤其要禁止某些流氓分子為擠出其底財，而

節外生枝地對其進行無休止的鬥爭，但如果個別地主現在仍有過多土地，則可勸其獻出多餘部分，否則由政府採用清算舊欠公糧的辦法徵收分配。第五，對土地質量好壞進行調劑，使貧苦農民能得到一部分好地。

這個文件明確提出要禁止流氓以挖底財的名義進行無休止的鬥爭，似乎與土改複查在唱反調。

也許是迫於壓力吧，直到這一年年底，晉綏土改才進入複查階段。當時晉綏分局派工作隊來到離分局所在地興縣蔡家崖僅僅三、四里的木欄杆村。該村由前木欄杆、後木欄杆和劉家梁三個自然村組成。五十多戶，近二百人。全村有土地兩千多畝，其中有一半是蔡家崖牛家的。整個村子沒有一戶是靠出租放債為生的。當時，晉綏分局和軍區的家屬大多住在這裏。土改工作隊是1946年底進村的。他們摸清情況向分局作了彙報，分局領導要他們查三代，於是，工作隊把村長兼支書張守萬定成了破產地主，並清除出黨。另外，他們還帶領村裏的二流子去挖底財，結果在農忙時種田、農閒時賣豆腐的張拖喜家挖出了二百多塊大洋。由於張氏兄弟和村裏一位農民打過架，工作隊當場把他被定為惡霸地主，並召開鬥爭大會。鬥爭大會上，那位農民說打架不是他們的錯，但工作隊卻認為他覺悟低，劃不清界線。大會結束時，工作隊隊員當場宣佈要槍斃張拖喜、張拖長兄弟二人。在場群眾聽到後大吃一驚，紛紛求情，但工作隊卻堅持說，二人罪惡累累，不殺不足以平民憤。最後，兄弟二人被當場槍決。（〈憶興縣木欄杆的土改運動〉，《呂梁黨史研究》，1986年第3期，轉引自《土地改革運動史》，第119-120頁）

七、

康生到臨縣「蹲點」

1、康生帶毛岸英參加晉綏土改

儘管如此，中共中央對晉綏土改仍然很不滿意。為此，晉綏分局於1947年月1月召開地委書記會議，批評了土改工作中的右傾思想。不久，中共中央派出以康生、陳伯達為首的中央土改考察團來到晉綏，使當地土改再次掀起「高潮」。

據楊尚昆回憶，由於胡宗南即將率重兵進攻陝北，中共中央決定撤離延安向晉西北轉移。撤離的準備工作從1946年11月就開始了，到1947年3月中旬，中央機關全部撤出延安。在此期間，他奔波於延安、瓦窰堡和山西臨縣之間。從1947年2月到1948年3月，他領導的中共中央後方工作委員會（簡稱中央後委）在山西臨縣三交鎮住了一年多。他的妻子李伯釗到康生「蹲點」的臨縣郝家坡搞土改，「《土地還家》、《兄妹開荒》等小戲，就是她那時在農村拍演的。」（《楊尚昆回憶錄》，第243頁，中央文獻出版社，2001年版）

楊尚昆還說，撤退到臨縣三交鎮以後，他就到後甘泉去看望法律委員會的幾位老人和中央工作團的康生。見到康生以後，他對康生說：

> 過些日子我準備過河去向中央彙報工作，你有什麼話要我捎給毛主席？

康生說：

> 晉綏是老區，要按過去的標準去找地主富農，你找不到。他們在人民政權下，早已化了形，成了「化形地主」。

康生還說：

> 由於我們對經營工商業的地主富農在政治上按工商業者對待，所以老區的地主富農，把財產轉到工商業上去了，凡是這樣的人都應該是鬥爭的對象，要挖浮財，把他們掃地出門，只給他們一雙筷子一個碗。

另外，康生還把許多基層幹部當作土改運動的障礙，說他們是擋道的「石頭」，土改要「搬石頭」，要「踢開支部鬧革命」（同上，第249-250頁）。

對於當時的情況，曾經參加過郝家坡土改的張稼夫感受很深。他說：

> 大約是在春初，康生由陝北來到晉西，到臨縣的郝家坡蹲點搞土改。分局派我也到郝家坡，公開說是協助康生工作，實則是所謂的「帶上」。「帶上」二字是康生的發明，他來到晉綏以後，對於當地的幹部分為三類，採取三種辦法。第一類是好的，叫做「依靠」；第二類是差的，叫做「帶上」；第三類是壞的，叫做「超過」。看來，我是被劃為二類，「帶上」了。從此以後，整個土改運動，我只能在郝家坡被康生「帶上」，對於全區的工作，分局的工作，完全脫離。分局的會議不能參加，文件也不能及時看到，我這個分局的副書

記，名義尚在，實際上無形中免掉了。……有一次，王
震同志問我：「你怎麼把小學都取消了？」我說：「我
怎麼知道呢？我在郝家坡，什麼都不告訴我，我不清
楚。」（《庚申憶逝》，第107頁）

為了搞土改，一是要踢開黨委，二是連小學都要取消，可見當年
的土改與後來的文革不相上下。

　　張稼夫回憶錄是上世紀八十年代寫的。他在這本簡短的回憶
錄中說，晉綏土改是：

　　在我黨從上而下全面掌握領導權已達七年之久的情況
下進行的。基層黨組織和農村黨員，絕大部分是好的和比
較好的，蛻化變質或是被地主富農篡奪了領導權的是極少
數。土地改革運動應當主要地依靠這些基層黨組織和廣大
黨員幹部，而不應一腳踢開。

他認為，自從「四大動員」以來，許多貧農變成了中農。

　　相當一部分的地主佔有的土地和資財已經不多了。例
如，晉綏邊區的第一流的地主牛友蘭，已經下降到免徵公
糧戶。

又如：

　　郝家坡有個地主叫劉佑銘，一九三六年初，紅軍東流
時，被打了土豪，四大動員，減租減息，以及各項負擔，
他都是重要對象；到土改的時候，已經破產，地賣光了，
老婆孩子沒有了，一個人住在一眼破窯洞裏。

張稼夫還說：

> 我向康生反映這個人的情況，他說這是『化形地主』。他的地是賣光的，不是分配的，不能算作土地革命，沒有土地，應當挖他的浮財和底財。

中央土改工作團到達臨縣後，「郝家坡附近出現了打人的情況，不僅打地主、富農，也打幹部、黨員。情況反映到康生那裏，他不僅不制止，反而說什麼，群眾發動起來了，有義憤嘛，打幾下也可以嘛。」（同上，第108-111頁）

據張稼夫回憶，與康生一同去郝家坡的除了李伯釗外，還有楊之華、谷雨、毛岸英、魏懷禮等人，另外，陳伯達也在興縣後木欄杆村蹲點搞土改。中國古代有護衛太子親征的傳統，意思是讓太子在戰爭中建功立業，經受鍛煉，以便繼承大統。新中國建立後，毛澤東不顧國計民生積極參與朝鮮戰爭，並且讓彭德懷把毛岸英帶到朝鮮，其用意顯而易見。可惜彭老總不明白其中奧妙，他不但沒有完成這一重任，反而讓毛岸英送了性命。這也為他自己埋下了禍根。相比之下，康生卻精於此道，他不僅把毛岸英保護得很好，還用實際行動教他如何整人、殺人。

2、康生召開經驗交流大會

中央土改工作團到達後，晉綏土改幾乎完全被推倒重來。

張稼夫說，陳伯達到了興縣後，寫了一個調查報告，提出要查三代。在那裏搞調查的一個負責幹部甚至還「跑到野外墓地，查看墓碑，以此為依據劃身分。」這個村在劃身分前只有兩戶地主，不到總戶數的百分之四，但是土改中居然有百分之四十被劃成剝削階級。張稼夫還說：

康生看了「後木欄幹調查報告」，認為很好，可是
對分局制訂的「怎樣劃分農村階級身分」的小冊子，卻大
發議論，說是這個小冊子在重慶可以用，在晉綏不能用；
並且說當我軍打過長江時，就要宣佈「土地國有」了。不
久，分局下通知把這個文件統統收回去，燒掉了。毛主席
1948年路過晉綏時說：「在你們這裏，馬克思列寧主義本
來就不多，有那麼一點還燒掉了。」毛主席說的「那麼一
點」指的就是那本「怎樣劃分農村階級身分」的小冊子。
（同上，第111頁）

這種說法有點不合邏輯。康生是由毛澤東派到臨縣郝家坡搞土改
的，而且還有毛岸英等人跟隨，因此他對康生的工作不會一無所
知。另外，從《毛澤東選集》第四卷關於土改和晉綏問題的幾篇
文章中也可以看出，毛澤東對康生一直持肯定的態度。關於這些
情況，後面還要做進一步討論。

1947年5月初，康生召開土改經驗座談會，在會上大談識別
「化形地主」、挖地主「底財」和把地主「掃地出門」的經驗。
他介紹說：一開始，農民鬥地主「不是對整個階級做鬥爭，而
是有冤報冤，有仇報仇。我來之後，把它提高，來總清算，挖
根子」。據說康生在郝家坡重點清算了七戶地主。有的槍斃，有
的掃地出門，其中既有已經一無所有的劉佑銘，又有抗日軍人的
家屬。在康生的慫恿下，捆綁吊打成風，動不動就要殺人。據說
僅汾西縣在半個月之內就殺了十一人。康生還把當地基層幹部分
為三種人：第一種是為非作歹的黨霸分子和蛻化、惡化分子，第
二種是鑽進黨政機關的階級異已分子，第三種是犯了嚴重錯誤、
脫離群眾的幹部。康生有一句名言，叫做「運動未起來之時，照
顧中農的利益，就是右傾」。為此他提出「貧農團要代替黨支

部」、「貧雇農坐天下，說啥就是啥」等口號。（〈中共晉綏分局會議土改情況記錄〉，轉引自《晉綏革命根據地研究》，中國廣播電視出版社，1994年版）。

康生召開的這個會議，張稼夫也參加了。張回憶說：

> 1947年初夏，康生在郝家坡召開土改經驗交流會，各地土改代表團都派人參加。正在靜樂縣領導土改的陳伯達也來了。陳伯達去靜樂搞土改比我們郝家坡晚一些，但他很快就搞完了。陳伯達在會上發言，介紹他在靜樂縣搞土改的經驗，題目是「遇事和群眾商量」，實際上就是群眾要怎麼辦就怎麼辦，甘當群眾的尾巴。晉綏分局通過的以農會名義公開發表的「告農民書」就號召什麼「群眾要怎辦就怎辦」，公然宣揚不要黨的領導，這一套尾巴主義的東西確實是從康生、陳伯達那裡弄來的。

張稼夫還說：

> 在運動中，陳伯達在靜樂縣槍斃了一個民兵英雄，說是惡霸，是「狗熊」。接著又抓了一個「五虎弟兄」，晉綏日報又加以宣傳，這可就不得了了，這裏也有「勞動狗熊」，那裏也有「五虎弟兄」，鬧得不可收拾。在這個經驗交流會上，康生大談其挖底財的經驗（實際沒有挖出多少），陳伯達聽了大叫起來：「唉呀，我犯了個大錯誤，忘了挖底財啦，我要補課！」本來，他在靜樂搞的那個點的土改結束了，卻又匆忙趕回靜樂去挖底財，「左」的勁頭真可以呢！（《庚申憶逝》，第112頁）

康生和陳伯達都是毛澤東身邊的人，他們之所以這樣做，顯然是「奉旨行事」。

3、為什麼要「挖底財」

關於土改中出現的這種現象，羅平漢在《土地改革運動史》中似乎有所交代。他說，挖底財是從東北通肯縣孫王鄉開始的。一開始該鄉鬥爭了兩戶地主，挖出了地主暗藏的金耳環等大批財物。後來全縣效仿，開展了「挖財寶」運動。不久海倫縣又提出「砍大樹」等口號，於是東北土改運動，就由複查土改的「夾生飯」發展到「砍大樹、挖財寶」的階段（又叫「起浮財、挖壞根」，簡稱「砍挖運動」）。據《東北日報》1947年7月18日報導：

> 自6月中旬群工會議後，由於領導幹部在思想認識上走群眾路線和大膽放手的結果，一個月來，雙城全縣轟轟烈烈普遍展開的深入鬥爭，其規模之大，範圍之廣，和運動之深入人性（心），為空前未有。四鄉農民結隊成群手執紮槍，進城起運浮物，每天總有幾百輛大車從四門湧進湧出，每乘陰雨壞天，則更是紛紛冒雨踏泥前來，吆喝連成一片，構成一幅翻身群眾氣勢豪壯的背後圖景。據初步不完全統計，全縣捲入這個鬥爭的村屯達百分之七十以上，取出浮物底財總值共約二十一萬萬零五百萬元，並有槍支若干。群眾響亮地喊出了「割尾巴！」、「挖大樹根，油水要光，威風要倒，天下是咱們的！」等口號。在群眾威力下，地主的地產、浮物與貴重物品，從最隱蔽的地方追了出來，挖了出來。

該報導還說：

> 自本月7日至17日間，（延壽柳河區）全體幹部本著「凡事與群商量」、「滿足群眾的要求」的精神，又與

群眾啟發討論「為什麼沒有徹底翻身？」和「餓肚子怎麼辦？」等問題，經過一很短時期的思想醞釀，群眾對我們的政策，「心裏有了底」，於是很快地九個村（共二十六個屯）百分之八十以上的群眾，如霹雷閃電一樣，到處起來鬥爭大地主，「追浮財」、「挖底產」，僅柳河村一天鬥了八家中、大地主……（《土地改革運動史》，第102頁）

從時間上看，東北的「挖砍運動」顯然比康生搞的「挖底財」要晚一些，因此上述「開始於東北」的說法應該存疑。

對於這種局面的形成，羅平漢在《土地改革運動史》中的分析還比較中肯。他說：

雖然看到了「砍挖運動」已出現明顯偏差，但要克服這些偏差卻不那麼容易。對挖地主底財，自然極有動員號召力。土地雖為農民所想得到的，但土地要種莊稼，要付出勞動才能得到收穫，而挖地主的底財，得到的是現成的財物，挖底財不但能解決生產資料和生產資金的不足，而且能馬上解決吃穿問題，何況土地早已分配了。而且雖然這時東北戰場的形勢已發生了根本改變，東北民主聯軍已開始戰略反攻，但國共兩黨的決戰仍未決出勝負，土地是搬不動的，萬一國民黨再來，地主進行倒算，土地可拿回去，而財寶、糧食、衣物，吃了、用了，也就收不回來了。再加上挖地窖，起浮財，人多勢眾，熱鬧非凡，農民豈有不興奮之理。這樣一來，東北解放區的「砍挖運動」的勢頭非但沒有減下來，反而愈演愈烈。（《土地改革運動史》，第105頁）

劉少奇對這種情況還是持謹慎態度的。1947年7月15日，他領導的中央工委在給東北局的電報指出：

> ……必須確定鬥爭對象是地主，特別是大地主、大漢奸、大惡霸，對農民的地窖絕不可挖動，第一地主有無秘密財寶，應依靠群眾力量調查清楚，並根據群眾意見加以區別。對地主供出的所藏財物的窩主，尤應注意，必須調查確實，不可亂鬥。

強調要「適可而止」。

> 反對幹部強迫命令，及少數積極分子脫離廣大群眾的恐怖行動。……也不要在報紙上公佈挖地窖的消息，必須制止那些流氓分子和少數壞幹部自動進行的現象。（《土地改革運動史》，第100頁）

但是在晉綏地區的土改問題上，他卻採取截然不同的態度。

八、

劉少奇否定晉綏土改

1、「和平土改」被否定

「五四指示」發佈後，國共兩黨的內戰就全面爆發了。這時毛澤東不再稱病，開始全力以赴指揮作戰，而劉少奇的工作重點則放在土改方面。一開始，劉少奇對使用和平贖買的方式還是暴力奪地的方式進行土改，猶豫不決。1947年初，為了召開全國土地工作會議，解決土改中出現的問題，劉少奇於1947年1月10日致電鄧小平、薄一波、鄧子恢、張鼎臣、黎玉、劉瀾濤、黃敬、李井泉、張稼夫、高崗、彭真、李富春、陳雲等根據地負責人，請他們根據各自情況，答覆如下問題：

（1）是否由各解放區政府各自頒佈法令，發行土地公債，徵購一分地主多餘的土地，無代價分給農民，以便採用一般合法形式最後取消地主這一個階級？頒佈土地公債法令之時期，是否已到？是否要影響那些土地改革尚未深入的地區及將來新發展的地區？因為在這些地區還要用反奸清算等方式來使地主拿出土地。

（2）在分配土地問題上，黨內和黨外都有一部分人企圖竊取土地改革的果實，分佔更多的土地，這就是一種富農路線分配方法，而與貧農平均分配的原則相對抗。在這些分配不公，引起農民不滿的地區，是否應提出重新分配的口號，或只實行個別填平補齊就足夠？重

新分配辦法以在何時何地提出為妥？根據內戰時期的
經驗，土地必須重新分配兩三次，才能最後分妥。因
為在初分配時，總是急促的，難於調查周到確實。且
有一些貧農、雇農不積極要求得到土地，乃便於一
部分人多分，但到後來掃尾重新分配，且一次比一次
分得更公平合理，最後才把所有權固定下來，這是貧
農、雇農的要求；並使他們得利最大，所以不要害怕
重新分配。

（3）解決土地後轉入生產，有何困難及如何解決此項困
難？是否如有些人所說第一年農民不會有生產積極
性？（引自《劉少奇年譜》下卷，第63頁）

據說上述第三個問題，是毛澤東加上去的。這說明：第一，
當時劉少奇確實考慮過是否要用和平贖買的方式進行土改；第
二，在中共各級領導幹部中間，利用土改謀取私利的大有人在；
第三，毛澤東對土改將會破壞農村的生產關係和勞動生產力，並
不是全然不知或沒有考慮。

1947年2月，劉少奇還起草過一個〈關於陝甘寧邊區若干地方
試辦土地公債經驗的通報〉。通報指出，用公債來收購地主的土
地，是一種很好的方式。它不僅可以與群眾運動相結合，使地主
把「餘額土地完全拿出來，交給農民」，還可以照顧到不便清算
的抗日地主、開明紳士和外國僑民。通報認為：

陝甘寧邊區和各解放區一樣，發動群眾清算是解決土
地問題的主要辦法（這是自下而上的），但如果再加上一
個由上而下的，由政府頒佈法令以公債徵購土地的辦法來
配合，就更能發動群眾，更能使土地問題迅速徹底而完全
的解決。

因為「多一個辦法總比少一個辦法要好」（《劉少奇年譜》下卷，第66頁）。

2月9日，劉少奇在致毛澤東的信中還批評了東北土改，認為那裏「已發生打擊面寬，同時又不可避免地要降低生產的不良結果。」（同上，第67頁）。

關於使用公債贖買的方式進行和平土改，除了上述考慮外，還有兩個難以解決的問題。一是測算和操作起來極其複雜，二是在徵購地主的土地時，可能會對金融市場以及國家財政造成極大影響。左派學者史枚說：

> 實行公債徵購的辦法，有一個極大的困難，就是應予徵購的地主土地，數量非常巨大。即依吳文暉先生戰前的保守估計，中國地主一百八十萬戶，佔有耕地共三萬萬一千二百萬市畝（約合二千萬公頃），今假定每戶地主平均可保留五十市畝，應予徵購的地主土地便要有二萬萬二千萬市畝。如果發行土地公債一次徵購，勢必擾亂金融市場。每年支付債券利息，也將影響財政。所以，第一次大戰後的羅馬尼亞，實行這種辦法時，不得不逐步徵購；又如波蘭，則以限令地主在指定期間出賣超額土地的辦法相輔而行。結果使土地改革的進行十分迂緩……（沈志遠主編，《中國土地問題與土地改革》，第26頁，香港新中出版社，民國三十七年印行）

基於這些原因，再加上「形勢的要求」和「革命的需要」，沒過多久，劉少奇的態度就完全改變了。

2、國共和談與土地改革

1947年2月1日，中共中央政治局召開會議，為此毛澤東起草了〈迎接中國革命的新高潮〉的黨內指示（亦稱「二一指示」）。他認為：

> 目前各方面情況顯示，中國時局將要發展到一個新的階段，這個新的階段，即是全國範圍的反帝反封建鬥爭發展到新的人民大革命的階段。現在是它的前夜。我黨的任務是為爭取這一高潮的到來及其勝利而鬥爭。

毛澤東是個喜歡用數字來表達意見的人。他說：

> 目前各區都有約三分之二的地方執行了中央1945年5月4日的指示解決了土地問題，實現了耕者有其田，這是一個偉大的勝利。但是還有約三分之一的地方，必須於今後繼續努力，放手發動群眾，實現耕者有其田。在實現耕者有其田的地方，還有解決不徹底的缺點存在，主要是因為沒有放手發動群眾，以致沒收和分配土地都不徹底，引起群眾不滿意。在這種地方，必須認真檢查，實行填平補齊，務使無地和少地的農民都能獲得土地，而豪紳惡霸分子則必須受到懲罰。（《毛澤東選集》第四卷，第1211頁，人民出版社，1991年版）

這就是說，不論是否實現了耕者有其田，運動都不徹底，群眾都不滿意，因此都需要放手發動群眾，懲罰地主、豪紳、惡霸，重新分配土地。在《毛澤東選集》中，還有「在實現耕者有其田的全部過程中，必須堅決聯合中農，絕對不許侵犯中農利益（包括富裕中農在內），……對於一般的富農和中小地主，在土地改革

中和土地改革後，應有適當的出於群眾願意的照顧之處」等政策性語言，但這究竟是當時的話，還是後來加上去的，需要進一步考訂。因為隨後發後的事情根本不是這麼一回事。何況在這次會議上，毛澤東多次發表講話，並以非常急迫的心情說：

> 土地政策是不是可以早幾年解決？可以的。「現在解決也可以，如果太遲，要犯很大錯誤。」（羅平漢，《土地改革運動史》，第80頁）

由於內戰的準備工作已經基本就緒，於是到了2月底，國共談判徹底破裂。3月中旬，中共中央撤出延安。3月20日，劉少奇等致電賀龍、李井泉：「中央決定全部先後轉移晉綏。」3月底，中共中央一分為二，毛澤東與周恩來、任弼時繼續留在陝北指揮作戰，劉少奇與朱德「前往晉西北或其他適當地點，進行中央委託的工作」（《劉少奇年譜》下卷，第70-71頁），這就是後來公開成立的「中央工作委員會」（簡稱中央工委）。中央工委的任務，即所謂「中央委託的工作」，是致力於土地改革。如果把楊尚昆帶領的「中央後委」也算進去，也可以說當時中共中央是一分為三。這期間，劉少奇完全放棄和平土改的設想，決定用暴力土改的方式「發動群眾」，進行戰爭總動員。

3、劉少奇路過晉綏

3月31日，劉少奇與朱德東渡黃河，於4月2日抵達山西臨縣三交鎮。4月4日晚，劉少奇「在臨縣白文鎮聽取了康生等人關於郝家坡土改試點的彙報。」（《晉綏革命根據地研究》，第240頁）郝家坡在白文鎮以南五里左右的大路邊，來往非常方便。另外還有一種說法是：

劉少奇一行在三交鎮工作兩天後，繼續向東進發。……4月4日晚，劉少奇、朱德、賀龍等乘汽車到達設在山西興縣的晉綏軍區司令部。在這裏，他和賀龍、李井泉、康生等談話三天，瞭解晉西北各方面，特別是土改工作的情況。（《劉少奇傳》上，第565頁）

劉少奇此行的主要目的，就是尋找合適地點、選擇適當時間召開全國土改工作會議，而康生在郝家坡蹲點「結束後就要到中央工委去」（《楊尚昆回憶錄》，第242頁），因此這次彙報非常重要。

聽了康生的彙報以後，劉少奇於4月8日在山西興縣蔡家崖晉綏邊區幹部會上作重要報告。他根據毛澤東在中央政治局會議上的指示精神，進一步發揮說：

解決土地問題的中心一環是發動群眾，要依靠群眾自己來解決土地問題，群眾不起來，任何英雄好漢都是解決不了的。（《劉少奇年譜》下卷，第73頁）

這表明，劉少奇已經完全放棄曾經設想過的和平贖買政策，改為用群眾運動的方式來解決土地問題了。

4月12日，中共中央指示劉少奇：

可在土地改革實驗區中實行搞地主白洋金銀煙土的鬥爭。但在地主賣地前屬於工商業的資本應加以保留。同時鬥出地主的白洋後，如該地主已無土地者，也應留給地主應得分地的白洋，在各實驗區中取得經驗後再行普遍推行各地。（《晉綏邊區財政經濟史資料選編》農業篇，第359頁）

這時還有一個小插曲：劉少奇在興縣見到他後來的夫人王光美，並要求對方跟他一起走，沒想到被王光美婉言拒絕，這對他應該是一個不小的打擊。

國共和談期間，王光美在北平軍調部中共代表團工作。談判破裂後，她到了延安，在楊家嶺（毛澤東住地）舞會上認識了劉少奇。第二天，徐冰組織曾在軍調部工作過的人去棗園看望朱德，當時劉少奇也住在那裏，朱德夫人康克清又帶他們去見劉少奇。不久，劉少奇主動約王光美到自己的住處談話，這是他們第一次單獨相處。那天下午，她回到宿舍不久又接到通知，中央領導人要慰問從南京和北平回來的幹部。王光美晚年回憶這段經歷時說，在當晚的宴會上，「不知怎麼就安排我坐在中央領導同志所在的第一桌了。」（《王光美訪談錄》，第40頁，中央文獻出版社，2006年第一版）種種跡象表明，五十歲的劉少奇已經看上了年輕漂亮的王光美。

但是沒過幾天，由於胡宗南大兵壓境，王光美從延安撤到瓦窯堡。這時，劉少奇為了表達愛慕之情，還寫過一首詩，並透過葉劍英的夫人轉給王光美。劉少奇抵達晉綏時，王光美也剛到，正在興縣蔡家崖集中學習，準備參加土改。於是，王光美又在頂頭上司徐冰、王炳南的安排下，與劉少奇共進午餐。吃完飯之後，劉少奇對王光美說：「你在這裏參加土改，還是跟我們上晉察冀？到那兒也能參加土改。」王感到意外，便回答說：「我正在學習，等分配參加哪個工作隊，能跟你們走嗎？」劉少奇說：「黃華都跟我們一起走。」但王光美覺得「這樣不明不白走了算怎麼回事？」就對他說：「以後有工作需要再說吧！」當天晚上，賀龍為劉少奇一行組織小型招待演出，王光美本來想問個清楚，但她看到劉少奇抱著孩子等待開演，就沒有進去。事後她才聽說，劉少奇與他的第N任妻子王前

083

年初已經離婚，原因是「王前不懂事，不好好工作，還常打孩子」，「對少奇的工作干擾得很厲害，大家都建議他們分開」（同上，第44-45頁）。為此，鄧穎超曾經想把王光美的一位同事介紹給劉少奇。

劉少奇碰了釘子以後，便離開興縣，經靜樂、寧武、崞縣（今原平，這裏是晉綏第六軍分區司令部和第六地委所在地），到達五台縣善義村。據說一路上劉少奇召開各種會議，聽取幹部群眾的彙報，瞭解土改情況，他看到沿途老百姓衣衫襤褸，生活貧困，有些人家八、九口人共穿一套爛衣服，再加上幹群矛盾、軍民矛盾十分尖銳，感到問題異常嚴重。這時，他自己也因感冒加重，身體狀況非常不好。4月22日，他抱病給賀龍、李井泉、張稼夫寫了一封信，基本上否定了晉綏邊區的土改工作。

4、晉綏土改被徹底否定

劉少奇在信中開門見山地說：

> 在沿途稍許詢問了一下群眾運動的情況，雖然有些地方農民已分得若干土地，有些地主被鬥爭，有些地方正在進行工作，但群眾是非常零碎的，沒有系統的，因此也是不徹底的。據六地委報告：五個縣共一千五百多村，已發動者九百多村，農民已分得土地者二百多村，但這二百多村分散在五個縣，不成一片，因此他們至今沒有一個縣，甚至一個區已經像樣的解決土地問題了。

正因為如此，劉少奇對中下層幹部已經失去信心。他指示土改工作團：

應將原來一切機構拿到手中，發出各種號召和辦法，為群眾撐腰，鼓勵群眾，給地主及自私自利的投機分子以打擊，批准群眾在正義鬥爭中所獲得的一切。

與此同時，劉少奇也擔心僅僅依靠工作團不能解決土改的問題。因為「工作團一走，群眾的勝利即無保證，工作又可能塌台。這種情形，即在興縣、臨縣地區也有，比如郝家坡的群眾勝利，如果不迅速推廣，使附近村子的群眾也勝利，如果不使區縣政府確實掌握在群眾代表的手中，郝家坡的勝利是不能鞏固的。」基於這種擔心，他提出：「沒有一個系統的、普遍的、徹底的群眾運動，是不能普遍徹底解決土地問題的。」這是「因為有幾萬村子，我們絕不能組織這麼許多工作團去一一解決，所以土地問題的普遍解決是必須，且依靠群眾的自發運動的。」

在這封信中，劉少奇還憂心重重地說：

沿途聽到許多我們的幹部不信任群眾，害怕群眾的自動性與運動的自發性的例子。在這些地方，群眾要鬥爭某家地主或惡霸，而我們的政策或幹部則以各種「理由」許群眾鬥爭，阻止群眾行動。另一方面，當群眾還沒有起來向地主鬥爭時，我們的幹部卻硬要群眾去鬥爭，由農會收回許多土地分給農民，但農民不要，所以有的土地至今未分。

接下來，劉少奇以極其嚴厲的口吻批評道：

我們的幹部不信任群眾，違反群眾路線，不尊重與傾聽群眾的意見，不根據群眾的自覺與主動去指導群眾運動，是你們這裏許多群眾運動失敗的原因。此外，在各種

組織中與地主妥協的傾向，某些分子或明或暗的有意阻礙和破壞群眾運動與土地改革的現象，也很嚴重。

劉少奇還說，他在六分區聽說軍民關係很不好：

> 人民以至縣委的幹部很怕軍隊及軍隊中的人員，而軍隊中的人員打罵人民及地方幹部者，仍大有人在，據說最近還有些發展，這恐怕與地主階級反對土地改革有很大關係。軍隊中某些人員干涉地方工作，反對群眾運動，打罵行為，有許多是受了地主的直接影響，這種事在群眾運動更普遍深入時，還會加多。望你們警惕，最好由政治部開個會議來檢查一下這個問題。或者下個命令，叫軍隊必須幫助農民向地主鬥爭，不准有庇護地主及阻礙或破壞群眾的行為。凡有個別軍隊人員直接禁止群眾反對地主者，准許群眾捆送就近的軍事機關給予處分。

劉少奇的話，可能與一個傳聞有關。據說120師某旅長的妻子是忻縣人，忻縣屬六分區管轄。土改時這位旅長因為岳父被定為地主，便帶了一隊人馬去妻子老家，把當地幹部群眾捆綁起來毒打一頓。

劉少奇還介紹說：

> 六地委的同志，也不相信依靠現有的機構，能夠普遍的很好的完成土地改革。因此，我們把組織精選的工作團，及建立貧農小組與農會的補充方式告訴他們，他們認為這種補充方式是能夠完成任務，並且是他們能夠辦到的。

此外，他還談到群眾有批評、撤換、幹部的權利。

對於群眾反對與撤換的幹部，應該採取一律爭取教育與改造的方針，調他們到訓練班或黨校進行改革作風的學習及人民立場的學習，在學習以後有進步者，可派他們到外縣外村工作，給以重新取得群眾信任的機會。（同上，第360-365頁）

第二天，劉少奇在晉綏分局六地委幹部會議上提出土改政策的四個原則：(1)徹底取消封建地主的土地關係，(2)不侵犯中農利益，(3)不能徹底消滅富農經濟，(4)按已有土地平均分配。

但是他又說：

群眾要違反這四個原則，我們不贊成；群眾還要辦，還不贊成；群眾一定要辦，就讓辦，讓群眾犯個錯誤，有了教訓，會改正，以後會相信我們。（《劉少奇年譜》下卷，第76頁）。

這時的劉少奇，還堅持不侵犯中農利益、不消滅富農經濟等原則，但也承認群眾要侵犯、要消滅，那就只能按群眾的意願來辦。這些說法，體現了劉少奇在土改問題上的重大轉變。

4月24日，劉少奇會同朱德致電中共中央，彙報沿途瞭解的情況。他們指出：

晉綏的土地問題基本上還未解決，只有少數地區農民已分得土地。農民生活很窮困，生產降低及破產現象，到處可見。如果不採取有效辦法，改善現狀，確難繼續支持長期戰爭。」他們還提出「準備由晉綏分局召開一次幹部會議，對晉綏地區所存在的問題進行檢查，並從黨政軍民各機構中抽調最可靠的幹部組織工作團，到農村中去幫助農民建立貧農小組，建立村、區、縣及邊區的農會組織系

統，依靠農會組織和工作團去徹底發動群眾，搞好土地改革。（同上）

隨後，劉少奇一行離開晉綏，到達中共晉察冀中央局所在地河北省阜平縣，準備召開全國土地工作會議。

九、
天災，還是人禍？

1、從《晉綏日報》看當地土改

其實，劉少奇的批評是沒有道理的。翻閱當年的《晉綏日報》，僅僅在劉少奇到達之前的1947年3月，這裏的土改就早已轟轟烈烈、如火如荼了。縱觀該報3月份發表的有關土改的文章，大體可以分為五類。

第一類是行署的指示、通令以及相關報導。其中有：

〈分局發出婦女工作指示，要求發動婦女參加土地改革〉（3月4日頭版）；

〈通令〉（3月13日頭版）

〈晉綏邊區行政公署通令〉（3月22日頭版）

〈行署指示改進小學教育，貫徹為貧苦子女服務方針〉（3月29日二版）

第二類是群眾積極參加土改的通訊報導，主要有：

〈方山農代會揭露：地主弄詭計保存土地〉（3月2日頭版）；

〈嶀縣南大常農民團結起來向地主要約鬥爭勝利〉（3月3日頭版）；

〈惡霸李汝明父子欺壓群眾逃避負擔，臨縣暖泉會群眾清算獲勝〉（3月6日二版）；

〈岢嵐草灘坪群眾清算地主非法賣地〉（3月7日頭版）

〈引導啟發由群眾教育了群眾，中貧農大團結進行清算〉（3月14日二版）

〈沒有群眾觀點，群眾發動不起來——保德山頭村工作經驗〉（同上）

〈涼城七區某村群眾撕破臉向地主鬥爭〉（3月16日二版）

〈孝義樊家莊等七村群眾聯合清算奸霸村有貴〉（3月17日頭版）

〈豐涼八城行政村清洗政權民兵中不良分子，群眾自動向惡霸進行清算〉（3月17日二版）

〈靜樂新店村流氓竊據政權，村主任等為群眾撤職〉（同上）

〈朔縣夏客村複查中貫徹平均分配原則〉（3月18日二版）

〈群眾從鬥爭牛蔭才認識了地主的真面目〉（3月19日頭版）

〈汾西回城村群眾鎮壓特務惡霸孟希良〉（3月20日二版）

〈懷仁大峪口村貧苦農民要求分好地〉（3月21日頭版）

〈懷仁路家莊撇開二流子發動農民清算〉（3月21日二版）

〈興縣王家　土地改革中透過群眾切身體驗，教育群眾提高階級覺悟〉（3月22日頭版）

〈下川坪兩次清算惡霸高家，鬥爭果實統一分配照顧貧苦抗屬農民〉（3月24日頭版）

〈保衛土地挖斷窮根！代縣五百青年參軍〉（3月25日頭版）

〈孝義某村群眾公審奸霸清算地主〉（3月26日頭版）

〈地主惡霸李長滋霸產奪妻連害三命，高等法院複判死刑〉（3月27日二版）

〈興縣瓦塘行政村千餘群眾向地主惡霸清算復仇〉（3月28日頭版）

〈杜翻倉控訴惡霸的滔天罪行〉（同上）

〈神池利民寨等村群眾展開反地主報復清算〉（3月28日二版）

〈靜樂王家莊完成土地革命，土地按人口平均分配〉（3月29日頭版）

〈惡霸品應泰狡兔三窟，逃不脫群眾清算〉（3月30日頭版）

〈石樓四區人民要翻身，清算大地主惡霸趙恆孝〉（3月31日頭版）

第三類是關於地主破壞土改的報導，主要有：

〈地主詭計多端，范二兩次破壞土地改革〉（3月1日二版）

〈耍無賴頑抗公糧，惡霸康王生的陰謀失敗了〉（3月3日二版）

〈惡霸王平英等狡猾陰毒，支配村政欺壓農民〉（同上）

〈保德許多村莊群眾未發動，地主退出賴地、保存好地〉（3月4日二版）

〈興縣王家峁：耕者有其田沒實現，地主反向農民奪地〉（同上）

〈臨縣孫家溝地主非法賣地詐騙農民〉（3月8日頭版）

〈地主潛逃城關冒充貧苦攤販，逃避清算、竊買土地〉（3月13日頭版）

〈臨縣石窯坪等村惡霸地主利用村幹部受訓參戰的機會，乘隙肆意進行反動活動〉（3月15日二版）

〈興縣瓦塘行政村地主仍保存大量土地，封建剝削依然嚴重〉（同上）

〈岢嵐不少地主潛移外村，冒充移民竊買土地〉（同上）

〈地主破壞土地改革的陰謀手段〉（3月19日二版）

〈中陽地主假典賣隱蔽大批土地〉（3月22日二版）

〈地主張金蘭破壞農民間團結〉（3月24日二版）

〈靜樂一區土地改革中地主耍詭計陰謀破壞〉（3月27日二版）

第四類是反映幹部在土改中所犯的錯誤及其糾正情況。主要有：

〈臨縣擴幹會檢討，照顧小單位，損害了群眾〉（3月5日二版）

〈離石大武鎮村幹部退出竊取的鬥爭果實〉（3月7日二版）

〈左雲縣二區區長丁某等腐化墮落嚴重〉（同上）

〈河曲柳家甲村幹部檢討：忽視貧雇農生產困難，滿足富裕農民生產情緒高〉（3月8日二版）

〈岢嵐宋家寨工作挫敗的教訓——張治安同志的反省〉（3月9日二版）

〈心偏地主袒護了惡霸，未根據群眾要求辦事——郭文越同志檢討保德山頭村工作〉（3月12日二版）

〈興縣擴幹會議檢查：沒發動群眾，強調「照顧」地主，農民土地要求未滿足〉（3月15日頭版）

〈興縣蔡家崖群眾批評教育挽救了忘本幹部〉（3月16日頭版）

〈興縣孟家坪民兵向群眾認錯，群眾改造了民兵〉（3月19日二版）

〈神池擴幹會檢舉壞分子交群眾清算〉（同上）

〈耕者有其田思想不明確，臨縣無地、缺地農民尚多〉（3月22日二版）

〈中陽縣擴幹會檢查土地工作教育幹部，堅決站在農民方面徹底消滅封建〉（3月23日頭版）

〈幹部過五關〉（同上）

〈幹部問題必須發動群眾處理〉（3月29日二版）

〈聽信壞幹部又包辦代替，大河堡三次未發動起群眾〉（3月30日二版）

第五類是在副刊上發表的配合土改的一些文章，主要有：

〈撕破地主兇惡陰毒的醜臉譜〉（3月2日四版）

〈清還血債的時候到了！——趙旦子訴苦〉（3月13日四版）

〈中農在舊社會是地主的「馱柴驢」〉（同上）

〈二十年長工與四個餅子〉（3月19日四版）

〈反地主吞義倉歌〉（同上）

〈要活下去就得革命——記張金鎖同志的控訴〉（3月20日
四版）

〈從不覺悟到覺悟〉（3月23日四版）

〈地主殘害了一家三代〉（3月29日四版）

〈地主起家的醜態〉（同上）

〈地主剝削式樣〉（3月30日四版）

〈我家分得了土地〉（同上）

〈惡霸馮孟發的罪惡〉（3月31日四版）

〈立場不穩就要受地主的害〉（同上）

2、晉綏土改問題之一

不過，劉少奇的批評也不是完全沒有道理。細讀當年的《晉
綏日報》，能夠從「轟轟烈烈」的表象之下，看出所謂土改究竟
是怎麼回事。同時也可以發現，為什麼報紙上已經是轟轟烈烈
了，但劉少奇還是認為群眾沒有發動起來。

比如在3月31日，該報在頭版頭條的位置發表一則通訊：〈石
樓四區人民要翻身，清算大地主惡霸趙恒孝〉。如果只看這篇通
訊，趙恒孝的確是罪大惡極。但是在這一版下方，還有一則短評，
標題是〈趙懷珍應撤職審查〉。兩文對照，可以發現兩個問題：

其一，趙家是當地望族，連續幾代都是地方上的頭面人物。
通訊說：

> 趙恒孝之父趙繼成，在清朝任過團總，後來任縣財政
> 局長、村長，前後二十餘年，依勢欺壓敲詐群眾，花樣百
> 出。最令人痛恨的是民國十三年強迫老百姓栽果樹苗，規
> 定每人兩苗，每苗出二毛銀洋，周圍四十個村的老百姓被
> 迫栽樹。

如果把這段話的情緒化辭彙濾去，就會發現這個人維持過地方治安，當過縣級官吏，後來又帶領群眾種植果樹。特別是種果樹一項，是造福地方的好事。也許有人說，他可能貪污了樹苗款，但通訊中沒有提到，顯然是查無實據，談何痛恨？另外，趙恒孝的兒子趙懷珍，是該縣四區區長、共產黨的基層幹部。為什麼短評主張要撤職審查他呢？這是因為趙懷珍「身為民主政權的區長」，在其父被鬥爭的時候，「理應積極起來鼓勵、贊助群眾的正義行動，並滿足群眾的要求，但他恰恰相反，事先麻醉威脅群眾，企圖破壞農民團結一致，壓制群眾鬥爭，使其罪惡的家庭逃脫清算，事後竟公然偽造理由向政府控告。」在這裏趙懷珍有兩條罪狀：一是麻醉威脅群眾，二是向政府告狀。前一項看不到具體事例，後一項則有些荒唐，難道有了冤枉也不能向政府申訴嗎？

其二，參加土改並不是廣大農民自覺自願的行動。上述報導說：

> 2月4日清早各村群眾代表百餘人，趕到仁義村，大家憤恨的要求洗雪幾十年來的仇恨，大人、娃娃、女人們把趙恒忠（按：趙恒孝兄長）兩兄弟住的院子擠得滿滿的。……

從這裏還不容易看出鬥爭趙家的是些什麼人。但是對照短評就可以發現，原來鬥爭趙家兄弟的大多是外村人。短評說：

> 從這個報導中來看，我們……又感到群眾的復仇火焰燃燒得還不高。趙家兄弟沒有提到廣大人民面前來清算，特別是本村群眾，沒有行動起來，這是一個重大缺點；如果沒有地主所在村莊群眾的發動，……那麼鬥爭基礎就無法鞏固，壞蛋不會低頭，群眾還不能控制他們。

鄉親們瞭解本村「地主」的實際情況，不願昧著良心陷害人，幹那種損人不利己的缺德事，是土改中普遍存在的現象。因此才發動另一個村子的群眾來鬥爭這個村的地主。劉少奇說：

> 沒有一個系統的、普遍的、徹底的群眾運動，是不能普遍徹底解決土地問題的。

看來他對這種情況有所瞭解，因此他才會有這樣的擔心。

3、晉綏土改問題之二

那麼，怎樣才能把本村的群眾發動起來呢？康生為此提供了不少經驗。其中最重要的一條就是利用村裏的青少年，讓那些涉世未深的毛頭小夥子衝鋒陷陣，形成轟轟烈烈的「群眾運動」。

在五四運動二十八週年之際，《晉綏日報》刊登一則通訊：〈郝家坡的雇貧農青年〉，就介紹了這種情況。通訊說：郝家坡「全村一百三十多戶人家，十三歲至二十五歲的男青年有五十一個，其中十三歲至十八歲以下的少年有三十二個。這三十二個中，地主富農身分的佔四個，其餘二十八個，都是貧雇中農的兒子，這裏面貧雇農的又佔二十個，所以貧雇農的青年在這村佔絕對優勢」，他們在土改鬥爭中「起了很大作用」。

郝家坡是康生的試點，他在那兒是是怎樣組織利用這些青少年的呢？文章說：

> 這次參加土地改革工作團的同志，開始發動村裏的青年農民參加這個運動時，先找了四個最貧苦的青年在一起開會討論。青年提出：咱村來了工作團，做土地改革工作，咱青年要起作用！

這四個人被稱為積極分子，透過這些積極分子又動員其他二十多個青少年，把他們組織起來，分成兩個小組，一方面負責站崗放哨、防止地主搗亂、逃跑，一方面開會討論「地主的地是從哪裡來的」、「怎樣和地主鬥爭」等問題。在此基礎上再開訴苦會，讓這些青少年控訴地主罪行，充當土改運動的骨幹。這篇通訊列舉了十八歲的王務保和十七歲的薛根銀，在訴苦會上控訴地主劉浩生父子十一年前害死他們父親的罪惡。據說薛根銀在叔叔撫養下長大，那些瞭解真相的長輩們沒有出來控訴，而是讓年輕後生衝鋒陷陣，使人覺得有些蹊蹺。

4、晉綏土改問題之三

由於土改運動正在進行，土地的歸屬遲遲不能解決，再加上運動出現反覆，即土改進入複查階段，因此當地春耕生產受到嚴重影響，土地出現大面積的荒蕪現象。

1947年5月1日，《晉綏日報》轉發一則新華社電訊，題目是〈嶂六區普遍進行複查，妨礙了群眾的春耕〉。電訊指出該區：

> 許多村莊缺地群眾要求迅速調劑土地，一些新得地農民也要求解決生產困難，但幹部卻沒根據群眾要求，進行工作。反而不顧群眾白天整日耕種，強迫整夜開會。

5月2日，晉綏行署建設處在《晉綏日報》第二版發表〈及早防旱〉的「工作意見」，指出開春以來邊區各地下雨很少，許多地區耕地不見濕土，需要及早發動群眾防旱。但該報5月18日發表建設處的另一篇文章又說，就在5月2日這一天，興縣一帶就下了一寸雨。可見旱情並不是十分嚴重。

5月10日，《晉綏日報》刊登〈神府五區幹部下鄉發動擔水種棉〉的消息，認為旱情已經非常嚴重。就在這一天，新華社報導說：

> 忻崞一帶八日下午雷聲隆隆，甘霖普降達兩小時，入地一寸許，各地棉麻大部捉苗，農民皆大歡喜。崞四區群眾趕種蓧麥及高粱、玉茭子等秋田。……但因缺乏組織領導，許多無牲口之貧苦農民仍未能趁濕下種。（見《晉綏日報》，民國三十六年五月十二日頭版）。

18日，晉綏行署建設處在《晉綏日報》的頭版位置發表文章，再次呼籲「現階段領導生產的中心，是與旱象作鬥爭！」文章指出：

> 立夏已過了多日，按往年來說，絕大部分的地，已經耕過，穀子已快種完了，而今年的地，大部分沒有耕過，麥子、棉花也種得很少，甚至沒有種上。以興二區高家村為例，該村共有土地一千五百多垧，只耕過三百多垧，白萬清的三十七垧梁地，還沒有動。全村本來可種棉一百五六十垧，只種入三十多垧；往年種麥一百多垧，今年只種了十多垧。

文章警告說：

> 夏田歉收，已成事實，……秋田下種，亦成問題。

由此可見，所謂天災，其實是人禍。

由於大多數土地無人耕種，《晉綏日報》於5月23日發表〈緊急動員起來與旱災作鬥爭〉的社論，要求全黨和全區軍民要從思想和行動上動員起來，貫徹以生產為中心的方針。社論發表後，

該報的通訊報導開始側重於防旱備荒，搶耕搶種，不少地區還開展種瓜種菜運動。對於有些村莊以唱戲、修廟的方式祈雨，報紙還點名進行批評。6月5日，晉綏分局召開防旱備荒緊急會議，「號召全區黨政軍民動員起來盡量生產，為不餓死人或少餓死人而鬥爭」（見《晉綏日報》，民國三十六年六月九日頭版）。會議指出：

> 照目前的情況看來，餓飯是毫無疑義的了，即使明天下雨也是如此。

這說明形勢已經非常嚴峻。

5、不是天災，而是人禍

6月10日，全區普降喜雨。第二天，《晉綏日報》報導說：

> 離石、柳林、磧口、三交、臨縣，落雨八寸」，其他地區也分別下了三至五寸的透雨，旱情得以緩解。該報在〈突擊搶種〉的短評中提出：「要說服群眾搶種、補種、改種。……機關部隊應響應黨與政府的號召，盡可能的立即停止一時工作，抽調大批人力及畜力，幫助駐地貧苦農民突擊搶種，各地應透過群眾，組織人畜力，臨時變工，提倡沒有幹耕的地，要實行撞茬搶種；變不下和雇不下牛工的，要盡量用人工點種，能種多少算多少。

自相矛盾的是，6月12日，《晉綏日報》又報導為期「兩個月零三天之久」的軍區建軍會議「勝利結束」，賀龍在「長達三天的總結報告」中似乎並不關心當時的旱情，而是提出「軍隊參加土改是當前的中心任務。」6月21日，該報刊登軍區首長賀龍、周士弟、李井泉、甘泗淇的訓令，要求貫徹建軍會議精神，以「保

證我軍思想上組織上的純潔」。在這個訓令中，還公佈了一批因親屬被鬥而「心懷不滿，消極動搖，或公開抗拒」土改的幹部，以及「因覺悟不高、思想不純」而喪失立場的軍人。這樣一來，大批幹部戰士勢必會受到清算。

由於土改複查還在進行，邊區黨政軍負責人又急於純潔組織、擴軍備戰，因此土地無人耕種的狀況極為嚴重。為此，晉綏分局於6月22日在《晉綏日報》頭版的位置發出緊急通知，要求「邊區機關駐在村土地，如有荒蕪，該村所駐機關及在該村的工作團及縣區村幹部，應負完全責任。」同一天，《晉綏日報》在二版的頭條位置刊登通訊，報導岢嵐縣大澗村共有「五百三十坰土地，現在還有一百一十坰未種，瞎苗未改種的佔二百來坰。」6月23日，該報報導興縣高家村有九百多坰熟地未下種。6月25日，又報導岢嵐縣下石溝仍有三分之一的土地不夠苗，並把這種現象歸罪於基層幹部。7月12日，該報報導五寨縣召開區村幹部聯席會議，發現還有中農和貧農荒蕪土地的現象大量存在。7月22日，又報導興縣六區八個行政村居然有荒蕪土地一萬二千坰，佔全區耕地面積的十分之一以上。7月26日，該報報導行署防旱備荒工作組檢查結果，發現岢嵐、五寨、河曲、保德四縣的「多數村莊均有荒地十分之一甚至四分之一」。從這一時期的報導來看，類似的情況在臨縣、交城等地也非常嚴重。這說明即使是老天下雨，土地荒蕪的現象仍然非常普遍。

為此，晉綏分局、行署和軍區於7月22日在〈關於救荒的緊急指示〉中指出：「『荒年怕尾不怕頭』，餓死人的最嚴重關頭是在明春」，各級黨委、政府和各部隊機關，要「採集並積蓄代用食物，如野菜野果，草籽樹皮，以及醋糟、糜穀糠、油餅」等，供青黃不接時食用（《晉綏日報》，民國三十六年七月二十五日）。

　　可怕的是，就在這「防旱備荒」的緊急關頭，晉綏地區的土改仍然在轟轟烈烈地進行。比如五寨東秀莊在土地複查中，使該村地主由原來的一戶變為十九戶，富農由二戶變成十戶，中農由七十五戶改為三十六戶，貧農由三十五戶改為四十四戶。在這種情況下，誰還有心思耕田種地呢？這一點，從邊區行署7月1日的通知（《晉綏日報》，民國三十六年七月七日二版）和相關報導中也可以看出。

　　就在土地大面積荒蕪、旱情極為嚴重的春耕時節，康生於5月初召開土改經驗座談會。為了配合這次會議，《晉綏日報》於1947年5月22日發表〈有事和群眾商量〉的長篇社論。社論說，由於「群眾有無限的思想創造力」，因此有事和群眾商量，是「毛澤東同志的主要思想方法」。為了說明這個問題，社論以臨縣郝家坡為例，介紹了那裏在土改中分配土地的情況。具體步驟是先給每一塊土地評出產量，再給貧苦農民評出等級，然後按人口和貧苦程度來平分土地。這篇社論佔了第一版的整版和第二、第三版的部分版面，其鋪天蓋地之勢十分罕見。第二天，該報在頭版頭條的位置發表〈緊急動員起來與旱災作鬥爭〉的社論，其篇幅與份量，根本不能與前一篇社論相提並論。

　　據薄一波說，在後來召開的全國土地會議上，他們也承認翻身農民雖然獲得土地，卻缺乏生產積極性。因此劉少奇說：

　　　　從幾個邊區的彙報中看出，解決土地問題是最基本的，接著就是農民要求民主，但生產和負擔的問題也必須解決。不然，新翻身的農民只獲得了土地，依然缺乏生產的資金、農具、牲畜，負擔又太重，必然減少從事生產的興趣。（《七十年奮鬥與思考》上卷，第430頁）

十、
推廣晉冀魯豫經驗

1、晉冀魯豫土改的真相

劉少奇是在1947年4月底離開晉綏，到達河北阜平的。5月1日，他在「晉冀魯豫邊區土改情況報告」的批示中指出：

> 晉冀魯豫農民群眾的徹底的革命行動，應給我們全黨各級領導機關及領導同志以嚴格的、有益的教育，證明我們許多同志對於群眾運動的顧慮、懼怕、不敢放手，因而在指示決定上規定一些限制和阻礙群眾行動的辦法是錯誤的。事實證明在最近的土地改革中，農民群眾常常跑在黨的領導機關前面，黨的領導常常落後於群眾，甚至阻礙群眾。這種右傾機會主義的錯誤必須迅速糾正，才有利於運動。

該報告是薄一波2月18日送到的，當時劉少奇還在延安，因此這個批示可能不僅僅是他一個人的意見。

關於晉冀魯豫土改，薄一波回憶說：

> 1946年9月下旬，中央局召開幹部會議，討論了土改。會議認為，大規模的群眾性的土地改革運動已基本結束，但不少地方的工作很粗糙，反奸清算、徹底減租減息的鬥爭果實分配得不合理（大地主的原佃戶分得多，區村幹部、民兵、積極分子分得多），貧雇農對這種情況很不

101

滿意，說這樣分配鬥爭果實是『富農路線』。中央局決定進行「翻身大檢查」（也叫『填平補齊』）：一是「擠封建」，把地主轉移的、隱藏的財產「擠」出來；二是機關、團體退出佔用的土改果實，「幹部洗臉擦黑」，退出多佔的鬥爭果實；三是「填坵洞」，多給貧雇農分些鬥爭果實。

薄一波認為：

> 這次會議的決定，總的來看是正確的。那時候，確實有些地主用各種辦法隱蔽財產，藏「變天賬」，甚至叫囂「紙筆千年會說話，子孫三代要報仇」。有的幹部喪失立場，同情和包庇地主。有些政府機關、部隊、團體多佔公產廟地，有些農會、武委會佔用土改果實作辦公基金。不少區村幹部多佔土改果實。會議決定「擠封建」、退出佔用和多佔的土改果實，進行必要的調整，做到讓大多數群眾滿意，對於進一步發動貧雇農動搖解放戰爭是有利的，著重照顧貧雇農這一頭是必要的。但是，有些問題政策界限不清，例如，有些地主將部分土地、作坊獻給公營商店或合作社，有些「軍幹屬地主」將土地變賣投入公營商店或合作社，也視為「保留財產」、「隱蔽土地和財產」，就不恰當了。這是導致「左」的錯誤的一個重要原因。

他還說，這些錯誤表現在以下幾個方面：一是在「擠封建」中有「挖窖財」（也叫「鬥地財」、「挖內貨」）、捆綁吊打、亂鬥亂殺的現象。二是把地主、富農「掃地出門」。有些地方把地主趕到破窰破廟裏，說「讓你也討飯半個月，嘗嘗窮人的味道」。三是在複查劃階級身分時，有些地方為了擴大鬥爭面，為

了多分浮財，有意將中農劃為富農甚至地主。定身分不是按文件規定的以反奸清算的前三年為準，而是要查三代。有的甚至根據本人的政治態度、生活作風等問題，就給他戴上地主、富農的帽子。四是區村幹部紛紛被鬥爭，有些地方還提出「搬石頭」、「反新貴」，把多佔土改果實、作風不好的區村幹部同地主一樣看待。他還說：

> 中央局認為，「左」的錯誤再不堅決制止，支前和生產都要受到嚴重影響。於是，下決心於1947年3月1日指示停止「翻身大檢查」，轉入生產。（《七十年的奮鬥與思考》上卷，第409-410頁）

但是，劉少奇是在1947年5月1日的批示中充分肯定了晉冀魯豫的作法，並以此來教育全黨的。因此薄一波晚年在這本書中所謂「下決心於1947年3月1日指示停止『翻身大檢查』，轉入生產」的說法，顯然不符合實際情況。

關於晉冀魯豫土改，著名民國史專家李新在晚年回憶錄中為後人描述了典型的一幕。他說，1946年夏，他從北平回到邯鄲，那時晉冀魯豫中央局的工作已由薄一波主持。薄一波讓他到附近的永年縣當縣委書記，他一上任，就遇上鬥爭漢奸宋品忍的大會。當時參加大會的人數以萬計，到處貼滿了標語。他一進會場，他看到前臺柱子上綁著宋品忍，成千上萬的群眾高喊口號，氣氛異常激烈。大會進行中，一個老太太走上主席臺，一邊哭喊，一邊從懷裏拿出一把鋒利的尖刀，先敲了一下宋的腦袋，然後利索地抓住他的耳朵，嚓的一聲，頓時鮮血飛濺，耳朵被齊根切斷。這時全場沸騰起來，人們一致高呼：「把宋品忍千刀萬剮，碎屍萬段！」李新看不下去，立即召開臨時會議，說群眾的憤怒可以理解，但這樣做影響不好，應該出告示將該犯槍決。後

來他打電話請示了薄一波之後，才貼出告示，把宋拉出去槍斃（據說後來為了節約子彈，是不主張槍斃人的）。告示貼出後，群眾又湧向刑場。當人群散去的時候，李新看到宋的屍體只剩下幾根骨頭。這時，一個漢子氣衝衝地跑過來，抓起那幾根骨頭，對李新說：「怎麼把肉都刮光了，也不給我留一點兒，太不公平了！」最後，他撿起那幾根骨頭，邊走邊說：「吃不了你的肉，拿你的骨頭回家讓狗啃，也算解恨了。」（《回望流年——李新回憶錄續篇》，第5-7頁，北京圖書館出版社，1998年版）

2、毛澤東的一員「愛將」

上述資料表明，早在康生到達位於呂梁山的臨縣搞土改之前，薄一波等人就在太行山就創造了一套極其殘暴的土改經驗。那麼，對暴力土改一直猶豫不決的劉少奇為什麼要充分肯定這一經驗、並向全黨推廣呢？這顯然與中共在土地問題上的傳統做法有關。即使如此，劉少奇也不敢擅自作主，還必須有毛澤東的首肯。在這方面，直接的資料中尚未看到，只是知道薄一波在1943年初到延安的第二天，毛澤東就接見了他，這顯然是對他在山西工作的充分肯定。抗戰前夕，薄一波剛從北平反省院出來，就被閻錫山請回山西參加犧盟會、組織決死縱隊。但是到了1939年年底，薄一波與韓鈞等人共同策劃晉西事變，把閻錫山建立起來的以決死縱隊為主的十幾萬新軍幾乎全部拉走，為八路軍的迅速擴大立下了汗馬功勞。這次接見說明毛澤東對他非常賞識。

到中共七大召開時，陳賡不同意薄一波入選七大候補中央委員，曾經找劉少奇和周恩來反映意見。劉表示可以陪他去見毛澤東，但陳賡不敢去，讓劉代為轉達。於是劉向毛澤東彙報了這件事。據說毛澤東聽了以後不但不接受陳的意見，反而說：「薄一波為什麼不可以當正式中委？提候補中委就不妥。」毛澤東的

話在七大選舉前向各代表團做了傳達，於是薄一波就當上中央委員。（同上，第375頁）另外，正如前面所述，「五四指示」制定時，薄一波也是主要參與者之一。從這些背景資料不難看出，薄一波確實是毛澤東的愛將之一。劉少奇推廣晉冀魯豫的土改經驗，是對薄一波的肯定，這恐怕與毛澤東有關。

1947年5月上旬，劉少奇和朱德到達河北平山縣西柏坡村，並選擇這裏作為中共中央工作委員會駐地。5月6日，他與朱德致電中共冀東區委，指出那裏的土改不徹底，要他們「學習太行山的經驗，組織群眾的複查，繼續深入反對地主的運動，完全割掉封建的尾巴。」與此同時，他還告誡說，對於勤儉起家的富農及新富農的土地財產應以不動為原則，並密切注意中農的態度。（《劉少奇年譜》下卷，第79頁）這說明劉少奇對於究竟採用什麼方式進行土改，仍然處於猶豫狀態。

3、土改升級，恐怖加劇

5月24日，劉少奇致電中共晉冀魯豫中央局並報中共中央，表示為準備召開全國土地會議，希望注意研究以下幾個問題：

> （1）在打倒地主階級的運動中，各階層農民的真實要求。（2）檢查「五四指示」各項原則的正確性，並如何制定一個更完善的土地指示。（3）在運動中的右傾錯誤與「左」傾錯誤。（4）在建立與保持鄉村人口百分之九十以上反封建統一戰線的經驗如何。（5）在土地改革中農會及貧農小組的作用如何。建立鄉村農民大會、農民委員會及區縣邊區農民代表大會的系統來進行改革，是否更便利於運動的開展及群眾的學習。（6）土地及其它鬥爭果實的分配原則應如何規定。（7）在改革完成後轉入生產運動的經

驗。(8)在農民對地主勝利業已鞏固的地區,是否即需對
地主採取某種拉的政策,以便緩和鄉村中的緊張情況。(9
)在改革中對黨政各級機構的檢查結果如何,以及如何改造
黨政各級機構。(《劉少奇年譜》下卷,第79頁)

從這裏可以看出,一方面劉少奇已經開始懷疑、甚至要否定他領
導制定的「五四指示」,另一方面他也隱隱約約地表達了對土改
所造成的農村緊張狀況的擔憂,希望在土改完成後早點轉入正常
的生產活動。

受其影響,從1947年6月上旬至7月下旬,晉綏分局在興縣蔡
家崖召開地委書記會議,研究土改和整黨等問題。會議認為:

> 關於徹底堅決地消滅地主,是要徹底執行的,絕不
> 糾正。

> 過去的一面消滅、一面照顧的政策,實際上抵消了徹
> 底消滅地主。今後是採取打落水狗的辦法,徹底消滅之。

會議提出:

> 對於地主富農,不提掃地出門,是提「徹底」口號,
> 群眾願意徹底到什麼程度,我們就領導到什麼程度。對地
> 主先搞光,別說別的。讓地主也過過最窮苦的生活。

會議還讚揚挖底財是:

> 表示與地主鬥爭的決心,是最後一關與地主絕緣。

會議主張針對地主的工商業,要以清算封建的名義來搞,關了門也
不要害怕,但不要公開宣佈。會議還指出,不一定每個地主都打,
主要是打帶惡性的。另外,這次會議對於幹部隊伍的判斷是:

　　目前我們組織的狀況，從支部到縣委甚至地委，是不能勝任土地改革任務的，故須改造。區以上幹部地主富農出身佔百分之七十五～八十五，壞幹部中有異己、投機、新惡霸三種分子，應該把他們清出去。（景占魁、溫抗戰，〈試述晉綏邊區的土地改革運動〉；龔子榮，〈對晉綏土改和速工作的回憶〉，《呂梁黨史研究》，1986年，轉引自該書第129-130頁）

這說明，土改運動還要升級，恐怖氣氛也會進一步加劇。

十一、

全國土地會議召開

1、彭真帶大批貴重物品參加會議

原定於5月4日在延安召開的全國土地會議因內戰而推遲，因此在什麼時候、什麼地方召開這次重要會議，便成為劉少奇需要解決的一件大事。5月初，劉少奇一行到達太行山東麓的西柏坡以後，看到這裏四面環山，地形隱蔽，便決定把這裏作為會議的地點。

西柏坡位於河北省建屏縣東南部（今平山縣中部），村前是滹沱河，村後是太行山。這裏土地肥沃，稻麥兩收，被譽為「晉察冀邊區的烏克蘭」。經過一番周密的準備，劉少奇一行於7月初正式搬到西柏坡。為了保密，他們當時對外稱「工校」和「勞大」。

在此之前，劉少奇和朱德於5月31日聯名向各中央局發出通知：

全國土地會議急需召開，茲決定7月7日在晉察冀之平山縣開會，望各地赴會代表於7月7日以前趕到平山報到。

也許是經過長途跋涉有點疲勞吧，劉少奇利用這段時間開始稱病休息。據說開始是感冒，後來又犯了胃病。因此毛澤東在6月14日致朱德、劉少奇的信中問候道：

　　　　各電均悉，處置很對。少奇身體有進步否，望安心休息一個月，病癒再工作。我們身體均好，我比在延安時好多了。

在這封信的最後，毛做了如下指示：

　　　　就全局看，本月當為全面反攻開始的月份。你們在今後六個月內如能(1)將晉冀察軍事問題解決好；(2)將土地會議開好；(3)將財經辦事處建立起來，做好這三件事，就是很大成績。（《毛澤東書信選》，第281-282頁，人民出版社，1984年版）

　　7月上旬，除晉綏邊區和陝甘寧邊區的代表外，各地代表陸續到達西柏坡。7月10日，劉少奇向中共中央報告：「我病已痊癒，身體恢復，可以工作」，並彙報了會議準備的情況。他說：

　　　　中央工委即正式成立，會議即在工委領導下並組織主席團進行。對於會議，我們只印了〈馬恩列斯論農民土地問題〉，及我黨歷次關於農民土地問題的若干文件作為參考外，無其他準備，亦未準備報告，擬先由各地代表報告並提出問題，然後進行研究討論和解決問題並決定若干文件。會議問題將牽涉很廣，我們將盡可能解決一切業已成熟的問題，其他未成熟的若干問題，亦擬進行一些討論，作些思想準備，但不作決定。會議將延長到一個月以上，工委將集中全力來進行這個會議。

第二天，朱德致電毛澤東，彙報毛在來信中指出的「三件事」的進展情況。其中說：

　　此間軍事工作，經劉少奇的兩月指導，方向是撥正了，督促進行尚非易事。財政經濟及土地改革更是困難解決的事，但是這兩個問題不解決，軍事進行仍是會遇到許多阻礙的。

　　可以看出，一方面劉少奇和朱德都非常明白，土改的目的完全是為了在內戰中贏得勝利；另一方面劉少奇對土地會議的日程安排、具體內容和最終結果，好像又心中無數，朱德對這些問題更是疑慮重重。這時，中央工委的主要成員也都到達西柏坡，於是劉少奇電告各中央局、各分局：

　　　　現朱德、董必武、康生、彭真、陳伯達均已到達平山工委所在地，中央工委正式成立，各處情況及報告望即送工委。（《劉少奇年譜》下卷，第82-83頁）

　　7月15日，劉少奇在中央工委答覆東北局的電文中指出：

　　　　對過去的成績不要作過高估計，要親自或派可靠而有能力的幹部去那些認為業已解決土地問題的鄉村多加考察。挖掘大地主、漢奸、惡霸的窖藏，以徹底消滅地主的經濟基礎，並解決農民牲畜、資本、耕具的困難，是很必要的，但應注意不要把大家的全部或主要注意力引導到這方面，而放鬆農民對土地問題的要求的解決。

　　在這封電報中，劉少奇還要求他們要建立各級農會組織，並建立區、縣、省各級農民代表會，「以農會為主要形式去解決各種問題，實現農民代表會的最高權力。（《劉少奇年譜》下卷，第83頁）

正在這時，中央工委的主要成員彭真從東北局趕到。彭真從東北出發時，帶了三十個箱子，其中裝滿金銀、裘皮和名貴藥材，是東北局送給中央的一份禮物。這些東西顯然是他們在土改中「挖窖藏」的部分「果實」。由於價值昂貴，因此由遼寧省土改工作團團長親自押解，一路上還有重兵護送。（參見《彭真年譜》上卷第454、457頁，中央文獻出版社，2002年版）

2、台前表演和幕後操縱

1947年7月17日，全國土地會議在西柏坡村西一條山溝的空地正式召開。劉少奇在開幕式上說：

> 召開這個會議的目的是總結經驗、交流經驗，以便給以後的運動——群眾運動、土地改革運動等運動以新的指導。

緊接著他指出，「五四指示」發出一年多來，許多地方已滿足了農民的要求。但在某些地區、在若干問題上，「五四指示」已經不夠。會議的任務是要從土地問題出發，討論一切工作及其它各項工作，在既有成績的基礎上更有改進。他強調大家要「老實、真實、確實」地反映實際情況，要求與會者要「不拘形式自由發言，報告也不拘任何形式，……有什麼講什麼，主張什麼講什麼，是好就說好，是壞就說壞，老老實實。……這樣才能討論問題，解決問題。」（《劉少奇年譜》下卷，第84頁；《劉少奇傳》上冊，第572頁）

朱德和董必武在開幕式上也講了話。朱指出，有些地方土改很不徹底，主要是因為在抗日戰爭中大量發展起來的黨員在思想上、組織上都不大純潔，一些地主分子、富農分子和流氓分子混進了黨內，另外，「五四指示」發表時，因為國共談

判還未破裂，因此受當時的形勢限制，政策上還有不徹底的地方。他還說：

> 因為政權掌握在我們手裏，雖然困難是有的，但是沒有人敢公開反對土地改革政策。（《朱德選集》第204-205頁，人民出版社，1983年版）

董必武在講話中回顧了中國共產黨在大革命時期和土地革命時期的土地政策後指出：

> 「五四指示」的時候，我們還是說黨內的指示，還沒有公開打出我們土地改革的旗幟。經過這次會議，我們就把土地改革的大話打出來。（《董必武選集》第130頁，人民出版社，1984年版）

此外，他還鼓勵與會代表要暢所欲言，不要怕講話，也不要怕別人講錯，以便把這個會開成功。

從站在台前的這三個人的講話中，看不出這次會議有什麼新鮮的內容。

7月20日，劉少奇與晉冀魯豫代表團座談時指出：

> 搞土地改革，就是為了打勝仗，打倒蔣介石。

與此同時，他對原有幹部隊伍已失去希望，因此他要求把土改與整黨聯繫起來，並「號召人民起來罷免不聽從群眾的幹部，把自己的命運掌握在自己手裏」。同一天，劉少奇致電薄一波：

> 土地會議須八月底才能結束，望你即來參加，帶財經材料來。

這說明他對晉冀魯豫的經驗非常重視。（《劉少奇年譜》下卷，第84-85頁）

> 也就是在這一天，毛澤東對劉少奇批評晉綏土改的那封信做了批示。他說：少奇同志這封信寫得很長、很必要。少奇同志在這封信裏所指出的問題，不僅是一個解放區存在著，而且是一切解放區在不同程度上存在著。他所指示的原則是在一切解放區都適用的。因此，應將這封信發到一切地方去，希望各地領導機關將這封信印發給黨政軍一切幹部，並指示他們研究這一封信，用來檢查自己領導下的一切群眾工作，糾正錯誤、發揚成績，徹底解決土地問題，改造一切脫離群眾的組織，支援人民戰爭一直到勝利。（《晉綏邊區財政經濟史資料選編》農業篇，第366頁）

在不到兩百字的批示中，毛澤東用了六個「一切」，並要求把這封信印發下去，這不僅表達了毛澤東對劉少奇的完全支持和充分肯定，也透露出他對各地土改運動的不滿。後來晉綏土改中所發生的一切，顯然與毛澤東的這個批示有關。

一個星期以後，也就是7月27日，中共中央對劉少奇「關於全國土地會議進行方法的請示」電報做了答覆。覆電說：

> 同意全國土地會議進行的方法。在實行土地改革運動的過程中如何改造黨政及群眾組織與工作甚為重要，望會議中加以討論。（《劉少奇傳》上冊，第573頁）

這表明，處於幕後的毛澤東完全同意將整黨和土改結合起來，並要求把這個問題納入會議進行討論。

有了這個尚方寶劍，劉少奇首先向晉察冀邊區開刀。7月30日，他與晉察冀代表團座談時，批評他們之所以在土改中犯了

右的錯誤，在複查中又犯了「左」的錯誤，「最基本的原因是黨內不純。」所謂黨內不純，是指黨內有許多出身於地主富農的幹部。他說：

> 要是政府機關中地主、富農出身的幹部佔大多數，鄉村幹部中地主、富農身分佔優勢，土地改革就一定搞不好。過去領導上的錯誤就在於沒有發現這個問題。對此，除搞通思想外，組織上也需要採取一些辦法作為保證，有些袒護地主、富農，侵犯群眾利益的幹部要撤職、調離、進黨校整風、甚至開除黨籍，並對支部進行改造。（《劉少奇年譜》下卷，第85-86頁）

這樣一來，大批幹部就又要遭殃了。

3、劉少奇再次批評晉綏

就在全國土地會議期間，中共中央於7月下旬在陝北靖邊縣小河村召開擴大會議。毛澤東在會上提出：

> 土地政策今天可以而且需要比「五四指示」更進一步，因為農民群眾的要求更進一步了。平分是原則，但按情況可以有某些伸縮。（《劉少奇傳》上冊，第578頁）

他認為：

> 如果不堅持土地改革，勢必喪失了農民，喪失了戰爭。土地改革應採取平分的方針，地主不要多分，但不能不分。

研究者認為，這是中共中央第一次明確提出要在土地改革中要採取「平分土地」的方針。

8月4日，劉少奇向中共中央報告各地的土改情況時，又一次嚴厲批評了晉綏等地的幹部。他說：

> 全國土地改革只晉冀魯豫及蘇北比較徹底；山東、晉察冀、晉綏都不徹底，尚須激烈鬥爭，才能解決問題；東北、熱河新區情況尚好。綜合各地農民要求有四大項：即土地、生產資本、保障農民民主自由權利及負擔公平。其中土地與民主又是基本要求，而民主是保障與鞏固土地改革徹底勝利的基本條件，是全體農民向我政府和幹部的迫切要求，原因是我們幹部強迫壓制群眾的作風，脫離群眾，已達驚人程度。

為什麼會出現這種情況呢？他認為這是由於幹部隊伍嚴重不純的緣故。因此他在報告中說：

> 在冀察晉（晉綏亦大體相同）黨、政、民縣以上幹部，地主、富農家庭出身者佔很大百分比。區、村幹部及支部黨員中農是主要身分，其中地主、富農身分直接、間接佔統治地位者不少，貧雇農抗戰初期雖在黨內佔多數，但現在一般只佔少數，且不起作用，他們仍是最受壓迫的階層，中農、貧農出身的區、村幹部，完全不受黨內、黨外的地主、富農影響者不多。

他還指出：區、村幹部多年未改選，大多是完全不對群眾負責，不受群眾監督，在工作中強迫命令，其中自私貪污及多佔果實者甚多」，以至於造成「脫離群眾最甚者，常為村中五大領袖，即支書、村長、武委會主任、治安員、農會主任。」

4、依靠貧農團解決問題

對於幹部隊伍存在的腐敗問題，究竟採取什麼辦法？劉少奇向中央彙報了自己的想法。他說：

> 兩個月來我即考慮如何解決這個問題，現在所發現的唯一有效方法，只有上述經過貧農團和農會，發動群眾放手發揚民主，以徹底完成土地改革，改造黨、政、民組織與幹部，並造成樹立民主作風的條件。

與此同時，他又不無擔心地說：

> 這個方法，又是如此激烈的一個鬥爭過程，若在全國實行，必致有數十萬黨員及大批幹部被群眾拋棄，或被批評鬥爭與審判，若干事變，亦將不可避免要發生。因此這是一個需要十分負責的重大原則問題。然而土改必須徹底完成，農民民主自由必須保障，作風必須改變，脫離群眾的幹部必須撤換，犯罪者必須受到應有處分。

為此他提出十點建議，其中主要有：第一，全黨確定經過貧農團及農會發揚民主，以完成土改並改造各級組織和幹部的方針；第二，建立各級農民代表會，代替業已死亡的參議會作為權力機關；第三，規定每年舊曆正月初一（或其他日期）解除所有村幹部的職務，由農民大會或代表會檢討其工作，並進行改選，然後召開區、縣代表會，改選區、縣幹部；第四，地主、富農出身的黨員，除特許者外，在土改期間迴避在本縣、本區工作；第五，在各地普遍建立人民法庭，接受群眾控訴，並進行調查、審訊；第六，對被撤換幹部、犯罪幹部以及地主富農出身的幹部，只要他們服從群眾、服從黨，一律採取治病救人和爭取教育改造的方

針⋯⋯（《劉少奇年譜》下卷，第86-88頁；《劉少奇傳》上冊，
第573-574頁）8月13日，中共中央為劉少奇的報告作了批示：

> 我們完全同意你的意見，將四日報告所述方針提到全
> 國土地會議上去討論。我們認為你所提的原則是正確的。
> （《劉少奇傳》上冊，第574頁）

8月8日，劉少奇在全國土地會議上談土改中的領導問題時
指出：

> 領導的基本方法，是從群眾中來，到群眾中去，及
> 其不斷反覆。走群眾路線不是不要領導，恰恰是要好好領
> 導。只要群眾自己幹，這是自發論。我們要的是既不包
> 辦、又不尾巴主義的列寧式的領導。不是共產黨領導，就
> 是地主、富農和中農的領導；不領導，就是放棄領導，這
> 是危險的。領導群眾，不能脫離最大多數人的最大利益，
> 不能沒有意見和主張。要用一切辦法爭取領導權。

在談到糾正土改中的偏向時，劉少奇說：

> 糾偏，要依靠說服，依靠群眾的自覺。

第二天，他又在主席團會議上闡述了群眾路線的問題，強調要樹
立相信群眾的觀點，相信群眾能夠自己解放自己，而不要恩賜包
辦。（《劉少奇年譜》下卷，第88頁）他還在分析土地改革搞不
好的原因時嚴厲地批評了晉綏和晉察冀邊區。他說：

> 不能以地主、富農的路線去進行土地改革，而是要以
> 鄉村的無產階級——貧雇農的路線去進行土地改革，只有
> 這樣才能解決問題，現在黨內就有人反對貧農路線，把貧

農叫落後分子，晉西北和冀晉就將貧雇農叫落後分子，看不起他們，輕視他們，但我們恰恰就要依靠這個「落後群眾」，組織他們，領導他們來進行鬥爭，這是一個基本原則的問題，土地改革不徹底的地方就是沒有實行這一條基本方針。

他還強調，土地改革的中心問題是走群眾路線，是群眾自己解放自己。要相信群眾，不要恩賜包辦。（羅平漢，《土地改革運動史》，第159頁）

5、把整黨與土改結合起來

8月16日，劉少奇再次在主席團講話，提出只有經過思想上、組織上的整黨，才能完成土地改革。8月20日至21日，劉少奇在土地會議上做長篇報告，指出土地會議的中心議題，是要徹底進行土地改革。他認為過去土改不徹底的原因有三：一是地主、富農的阻撓和破壞，二是領導的動搖和官僚主義的存在，三是黨內不純潔。他說：

> 由於我們在抗戰期間發展黨員時沒有強調身分，沒有強調階級教育，沒有經過嚴格審查，因此有不少地主、富農出身的人都入了黨，甚至在縣以上的領導機關中佔了優勢。因此一定要注意地主、富農從黨內反對土改，是當前面臨的主要問題。

劉少奇的這些看法，一是來自於晉綏到晉察冀一路上的所見所聞，二是來自於會議期間代表們反映的情況。

面對這種狀況，他認為要實行土地改革，就一定要建立一個能徹底實行土地改革的黨。為此，他提議要自上而下地進行整

黨,「因為更重要的問題在上面」。各解放區要從中央局整起,
把「官僚主義的脫離群眾、貪污、自由主義等等現象都整掉。」
為了實現這一目標,他主張「只有經過貧農團和農會,發動群眾
放手發揚民主」,並且首先要從整黨開始,提高黨的純潔性,才
能徹底完成土地改革,改造各級黨、政幹部(《劉少奇傳》上
冊,第577頁)。8月26日,鄧穎超作了〈土改中婦女工作的幾個
問題〉的報告。她一方面充分肯定了解放區婦女在土改中發揮的
作用,一方面還批評說整個解放區還存在輕視婦女作用,把婦女
工作與土地改革割裂起來等問題。她認為,土改必須要有婦女參
加才能搞徹底。

關於大會的情況,曾經是晉冀魯豫代表團成員的李新在回憶
錄中談得比較具體,也比較生動。

他說:

> 會議一開始,沒有一定議程,只是發了幾個文件要大
> 家學習,自己討論。

這個過程大約有一個月左右。

> 到8月中旬末尾,劉少奇同志開始作報告。他的報告
> 全面總結了自中央發佈〈五四指示〉以來解放區的土改運
> 動,肯定了成績,指出了缺點和錯誤。在肯定成績時對晉
> 冀魯豫的工作大大地表揚了一番,而對晉察冀則作了嚴屬
> 的批評。他批評晉察冀抗戰勝利後驕傲自滿,對國民黨的
> 鬥爭表現右傾,相信什麼和平民主的新階段,滿腦子和平
> 幻想,以至讓一部分軍人復員;沒有認真執行五四指示,
> 土改很不徹底,無論軍隊還是地方,都有地主出身的幹部
> 出來阻撓土地改革,這些人是抗日幹部,很難過土改這一

關，是半截革命者。他越批評越生氣，說他到這裏（晉察冀）看到土改不徹底，批評了右傾偏向後，這裏的幹部不服氣，於是來個處處點火，戶戶冒煙，到處打人、吊人，亂鬥一氣。這是對批評的對抗嘛。而領導呢，毫無辦法。你領導是幹什麼的？佔著茅坑不拉屎！他說這話時，聲色俱屬，全場鴉雀無聲，坐在我們旁邊的聶榮臻同志很沉重地低下了頭。因為晉察冀和晉冀魯豫兩個代表團靠得很近，所以我看得很清楚。其他不少人也隨著劉少奇的批評把目光集中到聶榮臻身上。（《回望流年——李新回憶錄續篇》，第34頁）

對於劉少奇的這番話，李新說他當時就不服氣，覺得和平民主的新階段是中共中央在政協會議後提出來的，劉少奇為什麼不做自我批評，反而把責任推給下邊呢？接下來劉少奇指出，土改不徹底的原因是黨組織嚴重不純，因此以後搞土改，必須同時進行整黨。李新在回憶劉少奇的這段講話時說：

他認為：只有經過貧農團和農會，放手發動群眾，充分發揚民主，才能徹底完成土地改革，才能透過整黨，把黨、政、民各級組織和幹部改造好，才能樹立起密切聯繫群眾的民主作風。他認為現在的問題很嚴重，要解決這一問題必須經過異常激烈的鬥爭。他估計在全國各解放區實行土改和整黨，將有數十萬黨員和幹部被群眾拋棄，或被批判鬥爭，甚至被審判。他說，這是一個需要十分負責解決的重大原則問題，但是，為了爭取革命戰爭的勝利，土地改革必須徹底完成，農民的民主自由必須切實保障，作風必須改變，脫離群眾的幹部必須撤換，犯罪分子必須受到應有的處分。為此，他提出了自下而上的民主整黨的

十條建議，下決心確定了經過貧農團和農會發揚民主，以完成土改並改造黨、政、民各級組織和幹部的方針。（同上，第35頁）

劉少奇的這一思路，與他後來在「四清運動」和文革初期的指導思想如出一轍。

十二、

《中國土地法大綱》出臺

1、毛澤東一錘定音

漫長的全國土地會議還在進行的時候，新華社於1947年9月1日發表題為〈學習《晉綏日報》的自我批評〉的社論。這篇社論說的是6月下旬《晉綏日報》連續發表整版文章，揭露新聞工作中的「客裏空」現象；但實際上這僅僅是個無關緊要的由頭，因此社論在介紹了這件事情之後，馬上把筆鋒一轉，莫明其妙地說：要在內戰中取勝，就必須徹底解決土地問題。目前的土地政策已經由減租減息變為平分土地，但由於出身於地主、富農家庭的革命知識分子「與封建制度有若干聯繫，如果捨不得割掉封建的尾巴，捨不得為整個革命的利益而犧牲個人的利益，就會發生立場上的動搖，其中一部分就會墮落到袒護地主、反對農民的立場上去，或者墮落到自私自利、獨佔農民鬥爭果實的富農立場上去。」社論認為：

> 這是民主革命運動發展中必然發生的現象，如果不堅決反對這種動搖與墮落，對於革命運動的發展就會發生妨害，對於個人就不能治病救人。（《晉綏日報》，1947年9月1日）

9月3日，劉少奇看到這篇社論，對於其中的微言大意立刻心領神會。他同中央工委的幾位負責人研究之後，在第二天召開的大會上指出：

123

　　這篇社論通篇講的都是平分土地，是普遍的、徹底的平分。這篇社論根本未提到動不動中農的問題，關於不侵犯中農利益的話，一個字也未談到。我想很明顯的，這篇社論是經過毛主席看過的，徹底平分土地的口號很可能就是毛主席提出來的。不經過毛主席這種口號是不敢提的。

在徹底平分土地的同時，不再顧及中農的利益，這是土改政策的一個根本性轉變。

　　隨後，劉少奇在介紹這一轉變的基礎上，提請與會代表認真考慮徹底平分土地的好處在哪裡、困難有哪些、平分土地的原則是什麼等問題。他認為過去我們只搞整黨，忽視了政策問題，現在該集中精力討論了（《劉少奇傳》上冊，578-579頁）。此外，他認為平分土地的辦法簡單明瞭，不僅貧農容易掌握，而且黨內問題也好解決了，這是反封建最徹底、最公開的好辦法（《劉少奇年譜》下卷，第91頁）。

　　9月5日，劉少奇將會議進展的情況上報中央，他在書面報告中說：

　　　　土地會議已經進入結束階段，四、五天內即可閉幕。討論原集中在黨內的問題及農民組織與民主的問題，因新華社論提出徹底平分土地，便又集中到土地政策的問題上來。多數意見贊成徹底平分，認為辦法簡單、進行迅速，地主從黨內、黨外進行抵抗可能減少，壞幹部鑽空子、怠工、多佔果實的可能亦減少。而缺點就是除一般要削弱富農外，還可能從約佔人口百分之五的上中農那裏抽出或換平一部土地。得利者在老區亦仍佔百分之五十到六十，不動者佔百分之二十到三十。仍可團結百分之八十以上的農民，因係徹底平分，中農的不安與動搖反而減少。故大家

124

認為利多害少。因此，決定普遍實行徹底平分，由土地會議通過一個公開的《土地法大綱》，而各解放區政府提議，同時通過一個黨內決議，以總結一年來的土改經驗，並提出執行政策的方法，及整黨、組織農民與進行農村民主運動及生產運動的方法等。（《劉少奇年譜》下卷，第91-92頁）

第二天，毛澤東在為中共中央起草的覆電中，直接表態說：

平分土地，利益極多，辦法簡單，群眾擁護，外界亦很難找出理由反對此種公平的辦法，中農大多數獲得利益，少數分出部分土地，但同時得了其他利益（政治及一般經濟利益）可以補償，因此，土地會議應該採取徹底平分土地的方針，將農村中全部土地、山林、水利、平地以鄉為單位，山地以村為單位，除少數重要反動分子本身外，不分男女老少，在數量上（抽多補少）質量上（抽肥補瘦）平均分配。不但土地、山林、水利平均分配，而且要將地主、富農兩階級多餘的糧食、耕牛、農具、房屋及其它財富拿出來，適當地分配給農民中缺乏這些東西的人們，地主、富農所得的土地財產不超過也不低於農民所得。大規模的森林及水利工程不能分配者，由政府管理。此外，同意即由土地會議通過《土地法大綱》，作為向各解放區政府的建議。同時，起草一個黨內決議，由中央公佈。（《毛澤東文集》第四卷，第300-301頁，人民出版社，1996年版）

千錘打鑼，一錘定音。劉少奇接到這一指示後，立刻組織秘書們起草了《中國土地法大綱》，提交大會討論。在此期間，朱德、葉劍英、彭真、康生先後在會上作了報告。朱德說：

要很快地取得戰爭的勝利，第一個關鍵就是分田地，消滅封建勢力，挖掉蔣介石的根子；第二個關鍵就是打勝仗。

康生的講話包括政治形勢的變化、過渡時期與「五四指示」、徹底平分土地無弊有利、貧雇農路線及婦女青年問題、黨群關係等五個方面。彭真則強調要平分土地，要把「黨改造成毛澤東思想純潔的黨」。

2、全國土地會議結束

9月13日，會議正式通過《中國土地法大綱》，劉少奇作了總結講話。他說：

> 會議上通過的《中國土地法大綱》，代表著今天土地政策的基本和主要部份；有了徹底的政策，還要有貫徹政策的純潔的黨組織，因此要進行整黨；還要有群眾路線的方法，而不是官僚主義的方法。（《七十年的奮鬥與思考》上卷，第432頁）

為此，他還部署了整黨的工作。劉少奇講話後，歷時近兩個月的全國土地會議宣告結束。

對於這次會議，薄一波是有所反思的。他回憶說：

> 當時，會議的空氣相當「左」。一是對貫徹執行「五四指示」一年多來的「九條照顧」政策統統否定，視為右傾，我在發言中談到對大、中、小地主和封建富農、一般富農區別對待的時候，就遭到一些同志的反對。二是對黨內不純的情況估計過重。我談到區村幹部的主流是好的，康生在發言中就表示反對。……我在發言中講到不能

126

> 侵犯中農，我區曾經犯過這種錯誤，應當接受教訓。康生
> 卻拿出他和陳伯達在晉西北郝家鋪（引者按：原文如此）
> 「土改」的「經驗」。

他還說，會上形成的看法是：如果有的中農堅決反對平分土地，那自然要進行必要的鬥爭。（同上，第434頁）

與相對溫和的「五四指示」相比，《中國土地法大綱》改變過去「不侵犯中農」和「一般不動富農」的政策，提出徹底平均分配全部土地和財產的主張。與此同時，該土地法還要求成立農民代表大會和貧農團，作為「改革土地制度的合法執行機關」，並規定「鄉村中一切地主的土地及公地，由鄉村農會接收，連同鄉村中其他一切土地，按鄉村全部人口，不分男女老幼，統一平均分配」。

這就是說，正在進行的土改已經不是一個複查的問題了，而是必須推倒重來；領導土改的也不是過去的基層政權，而是新成立的貧農團和農民代表大會。在短短一年多的時間裏，政策發生如此巨大的變化，必然對正在進行的土地改革產生難以估量的影響。

但是，劉少奇對會議非常滿意。9月13日，大會召開最後一次全體會議，他在總結這次會議時指出：

> 土地會議有個發展過程。在開始的階段，一些觀點、論點、看法和政策有缺點，甚至有錯誤，後來修改了。可見大會是實事求是的，也看到我們這些人，包括我在內，是會有錯誤的。開始有錯誤，後來改了，這就對了。」他認為這次「大會開得好，錯誤發現了，修正了，真理也發現了。我們準備堅持真理，隨時修正錯誤，這是毛主席的口號。

他還說：

> 解決土地問題是直接關係到幾百萬、幾千萬人的問
> 題，就全中國來說，是幾萬萬人的問題。這直接是農民的
> 利益，同時也是全民族的利益，是中國人民最大的、最長
> 遠的利益，是中國革命的基本任務。只有發動群眾基礎，
> 徹底進行土地改革，把黨整純潔，才能戰勝蔣介石。

此外，他還闡述了土地改革中的一些具體政策和作法。（《劉少
奇年譜》下卷，第93-95頁）

3、《中國土地法大綱》出臺

會議結束後，劉少奇用幾天的時間與各地代表團談話，針對
他們反映的情況，分別進行指導。比如與晉察冀和東北代表團談
話時，強調要搞好團結，結束那些無原則的爭論；在與晉綏代表
團談話時，則指出從分局到支部的黨員，凡阻礙土改者「一律必
須以組織手段掃清。……怕丟地位、丟面子等等，都是小資產階
級的思想意識和保守性，都妨礙了革命。」隨後，他以中央工
委的名義向中共中央報告說，這次會議「決定兩個大問題，即
通過平分土地的《土地法大綱》及普遍整黨」。關於整黨，他
的想法是：

> 各區首先由上而下進行，召集各級幹部大會，查階
> 級、查思想，宣佈平分土地政策，總結過去土改經驗，進
> 行打通思想、調換幹部、整理組織及規定紀律諸項工作，
> 以便在黨內去掉平分土地的障礙。（同上，第95-96頁）

此外，他還就如何建立農會等問題向中央作了詳細彙報。

　　1947年10月10日，是中華民國國慶，俗稱「雙十節」。新華社在這一天發表了中共中央〈關於公佈《中國土地法大綱》的決議〉和《中國土地法大綱》。決議認為：

> 　　中國的土地制度極不合理。就一般情況來說，佔鄉村人口不到百分之十的地主、富農，佔有約百分之七十至八十的土地，殘酷地剝削農民。而佔鄉村人口百分之九十以上的雇農、貧農、中農及其它人民，卻總共只有約百分之二十至三十的土地，終年勞動，不得溫飽。這種嚴重的情況，是我們民為我所用，被侵略、被壓迫、窮困及落後的根源，是我們國家民主化、工業化、獨立、統一及富強的基本障礙。為了改變這種情況，必須根據農民的要求，消滅封建以及半封建性剝削的土地制度，實行耕者有其田的制度。（《晉綏日報》，民國三十六年年十月十三日）

決議指出，最近召開的全國土地會議，總結了土改經驗，制定了《土地法大綱》，希望各地民主政府和農民大會及相關組織認真貫徹執行，完成中國革命的基本任務。

十三、

晉綏土改再掀高潮

1、晉綏邊區農會成立

9月1日，也就是新華社發表〈學習《晉綏日報》的自我批評〉社論的同一天，《晉綏日報》在頭版頭條的位置發表了河曲縣寺 村群眾改造農會的消息。其中有這樣的話：

> 群眾揭發了過去農會委員是上級委派的，所以從沒跳出地主、二流子的圈子，不但未給農民辦事，而且包庇了地主。在六十個農會會員中，就有地主五個，富農三個，二流子十三個，他們控制了農會，壓制貧苦農民，農民都不願挨近他們。

於是，寺堰村重新審查了農會會員，將這些人清除出去。在第二版上，也有清洗農會幹部的幾則報導。

9月10日，晉綏邊區農會籌備委員會成立。籌委會在「啟事」中宣告：

> 去年「五四」，中共中央批准咱們農民實行土地改革的要求，今年「九一」，新華總社又號召咱們徹底平分土地，咱晉綏邊區三百萬農民，……為了徹底解決土地問題，徹底消滅封建剝削壓迫，打倒賣國賊、封建勢力頭子蔣介石、胡宗南、閻錫山、傅作義，全體農民覺得很需要有農民自己的領導組織，好領導農民自己團結起來作鬥

131

爭，並鞏固鬥爭的勝利，才能在經濟上、政治上徹底翻身。因此成立晉綏邊區農會是一件很當緊的事。（《晉綏日報》，民國三十六年九月十二日頭版）

該籌委會的主任是趙林，副主任是賀龍、李井泉、張稼夫、武新宇，委員有譚政文、羅貴波、杜心源等十六人。在這份名單中，沒有行署主任續范亭以及邊區主要領導人牛蔭冠、劉少白等人。

9月18日，邊區農會籌委會改名為邊區農會臨時委員會。籌委會在「通告」中說，改名的原因是為了「直接領導各地農民鬥爭，鎮壓反抗徹底平分土地的分子，批准各級農會成立，給各地農民鬥爭撐腰」（《晉綏日報》，民國三十六年九月二十日頭版）。改名之後，其主要負責人員沒有變動。

2 、群眾要怎麼辦就怎麼辦

9月24日，晉綏邊區農會臨時委員會發表〈告農民書〉。〈告農民書〉的開頭幾段是這樣的：

> 農民兄弟姐妹們！
>
> 咱們農民徹底翻身的日子來到了！
>
> 共產黨在去年發了個「五四」指示，實行土地改革政策，批准咱們農民打垮地主階級，徹底消滅封建，實行耕者有其田的要求。現在，共產黨又發出號召，實行徹底平分土地政策，咱們全邊區農民堅決擁護。本會根據共產黨的政策和邊區農民的要求，提出以下的主張，希望我全邊區農民，不分男女老少，大家一致團結起來，為徹底實行下列主張而鬥爭。
>
> 第一，要徹底打垮地主階級，徹底消滅封建！

（1）地主階級必須徹底打垮。不論大小地主，男女地主，本村外村地主，以及隱藏了財產裝窮的地主，化裝成商人、化裝成農民的地主，大家都可以清算。混進共產黨內的地主，混進新政權內的地主，混進八路軍的地主，以及混進工作團、學校、工廠、公家商店的地主，混進農會、民兵的地主，不管他是甚麼樣人，如果是騎在農民頭上壓迫剝削，大家要拿去鬥，就可以拿去鬥。所有的地主階級，必須在政治上，把他們的威風打垮，做到徹底消滅他們的封建壓迫；在經濟上，把他們剝削去的土地、糧食、耕牛、農具、以及其他一切財產，全部拿出來，做到徹底消滅他們的封建剝削。地主階級當中，罪大惡極的反動地主，不管他是甚麼樣的人，大家要怎樣懲辦，就可以怎樣懲辦。

（2）富農，和對地主不同，但是富農的封建剝削和封建壓迫，也必須消滅。富農多餘的土地、糧食、耕牛、農具、以及其他一切多餘的財產，也必須拿出來。富農當中，罪大惡極的惡霸富農，大家要怎樣懲辦，就可以怎樣懲辦。

（3）農民當中少數的惡霸、敵偽爪牙和地主的狗腿子，大家要怎樣懲辦，就可以怎樣懲辦。

（4）中農是咱們的基本群眾。中農當中，有的有長餘的土地，不能算是封建的部分，但是為了幫助其他農民翻身，長餘的土地，應當抽出來分。但只能抽出長餘的土地，不能動其他財物。在政治上，允許他參加農會，同樣享受農會會員的權利。農民、工人、小商小販、城市貧農，他們互相間的借、請短工等等，不能

算是封建剝削。如果他們當中有借貸糾紛，可以在農民一家人會議上調解解決。

(5) 雇農、貧農，是實行徹底平分土地最堅決的分子。應當以他們為骨幹，團結全體中農、工人、小商小販、城市貧農，和地主階級作鬥爭。雇農、貧農當中，有些人雖然有些小毛病，不能給他們戴上二流子、傻瓜、懶漢的帽子。舊社會看不起窮人的觀點應當取消。

(6) 為了便於大家訴苦清算、統一分配，我們主張以行政村為單位，甚至好些村莊聯合，全區、全縣聯合，進行聯合鬥爭。少數人為了私分鬥爭果實，包辦鬥爭，不讓大多數人參加，應當反對。為了本村、本族、本姓人多分鬥爭果實，不和外村、外族、外姓人聯合鬥爭的姓族觀念，也應當反對。

(7) 怎樣鬥爭？我們主張：要查階級，評身分，吐苦水，挖窮根，徹底宣佈地主階級的種種罪惡，以便提高全體農民的階級覺悟，以便徹底把地主階級打垮。

(8) 徹底打垮地主階級以後，各地農民應當繼續監視地主和其他壞分子的活動。嚴防地主和其他壞分子使用美人計和別的方法破壞、搗亂。我們主張，農民、退伍軍人、公家人，暫時不要和地主女人結婚。已經受了地主利用，和地主女人結了婚的，也應當對群眾表明態度。如果妨礙徹底平分土地，大家應當督促他宣佈離婚。如果他不聽，由群眾處罰。

(9) 不管什麼人，應當嚴格禁止包庇地主、替地主隱藏財產，或私得地主財產。農民如果被地主利用，隱藏地主財產，或私得地主財產，如果他自己覺得這是

罪惡，自動向群眾報告，拿了出來，應當受到鼓勵，如果他不自覺，就由群眾勸說，教育說服，啟發他覺悟，退了出來，將功折罪，如果他頑固不聽勸說，由群眾處理。外村地主隱藏財物在本村查出後，一律交回外村處理。

（10）在還沒有鬥爭以前，地主、惡霸、反動分子、敵偽爪牙等，在準備逃跑或分散隱藏財產，當地農民群眾可以把他先扣押起來，必要時並封存他的財產。

（以下從略）

〈告農民書〉分三大部分，第二部分的小標題是：「要徹底平分土地，和公平合理分配一切果實！」第三部分是：「要徹底發揚民主，並且有權審查一切組織和幹部！」其中提到「黨、政、軍、民和其他一切機關都混進了少數階級異己分子、投機分子、新惡霸、奸偽人員」，因此「共產黨號召咱們，要徹底發揚民主，審查幹部，無論黨、政、軍、民，以及工作團、學校、工廠、公家的商店，和其他一切機關團體，咱們全體農民都有權監督和改造。」

〈告農民書〉強調：

共產黨和毛主席都批准了咱們，有監督、審查、批評、處罰、表揚、教育各級幹部的權利」，「該批評的、該鬥爭的、該處分的、該撤職的，大家都可以批評、可以鬥爭、可以處分、可以撤職。如果是共產黨員，大家認為可以開除黨籍的，也可以大家提出意見開除，告訴當地共產黨的負責人或當地黨支部批准。（《晉綏日報》，民國三十六年九月二十四日）

135

3、什麼是「階級異己分子」

值得注意的是，《晉綏日報》在刊登該文的同時，特意對所謂「階級異己分子」作了解釋：

> 階級異己分子，就是地主等剝削階級分子。他們假裝進步、假裝革命，或隱瞞身分，混進了革命隊伍。他們的特點是溜溝子、拍馬屁、陽奉陰違、兩面三刀、見人說人話，見鬼說鬼話。他們利用各種機會和權力，為非作惡。他們是「掛羊頭賣狗肉」，破壞共產黨的政策，替敵人、替地主階級辦事，欺壓群眾的。這些壞蛋就叫做階級異己分子。

> 此外，有許多地主等剝削階級出身的人，特別是青年知識分子，他們參加革命的時候，是真正叛變了自己原來的地主封建家庭，投降了無產階級，堅決和農民站在一起，反對地主封建，這樣的人，雖然出身於剝削階級，但是他已經轉變了，所以也是很好的同志。這樣的同志應該在土地改革當中，全心全意給群眾辦事，更虛心向群眾學習，嚴格鍛煉自己。對這樣的同志，應和階級異己分子分別開。另外，還有許多地主等剝削階級出身的人，他們參加革命，只是為了抗日或看到共產黨、八路軍好，但是還沒有完全許放棄自己階級的思想，這樣的人，特別需要在土地改革當中，好好考驗、鍛煉、改造自己，必須堅決和自己的家庭，從思想上、經濟上斷絕關係，堅決擁護農民徹底平分土地，和農民一起，為徹底打垮地主階級徹底消滅封建而鬥爭。只要能夠這樣，這些人也可以成為好同志。否則就有走到階級異己分子的前途。（同上）

　　〈告農民書〉發表後，中共中央晉綏分局於9月26日發出通知，認為這是根據晉綏地區的實際情況制定出來的行動綱領，要求每一個幹部、戰士、雜務人員，都有向群眾宣讀的責任，各級機關部隊的負責人應有計劃的組織可靠的同志到群眾中宣讀、解釋。9月29日，《晉綏日報》發表社論指出：

　　　　只有徹底打垮地主階級，徹底消滅封建之後，我們農民才能「把刀把子拿在自己手裏」，掌握管理政治的大權，成為自己土地的主人。

　　社論還要求中農出身的幹部要「堅決服從和執行黨中央的這一正確的政策」，不得以任何藉口壓制群眾運動，否則就要受到群眾的制裁！

劉少奇 與 晉綏土改

十四、

腥風血雨黃河灘

1、開明紳士劉少白

全國土地會議還未結束，會議精神已經傳到晉綏地區，掀起了前所未有的土改高潮，伴隨而來的是一系列曠古未聞的人間慘劇。

還在晉綏邊區農會成立之前，所謂「徹底打垮地主階級，徹底消滅封建」的暴風驟雨就開始了。9月2日，《晉綏日報》刊登一條重要消息，正題是：〈黃河畔上黑峪口千餘農民揚眉吐氣〉，副題是：〈大地主惡霸劉象坤被清算〉。

劉象坤是劉少白的弟弟。在《毛澤東選集》第四卷中，有一篇〈關於民族資產階級和開明紳士問題〉的文章，是毛在1948年3月為中共中央起草的一個文件。該文提到兩位開明紳士，一個是陝甘寧邊區的李鼎銘，另一個就是晉綏邊區的劉少白。

劉少白名象庚，字少白，1883年出生於山西興縣黑峪口村的一個富裕家庭。他十三歲考入本縣嵋山書院，二十歲赴西安參加科考未能中舉，只是被拔為貢生。他不滿足這一結果，便直奔太原，恰逢山西武備學堂招生，遂報名考入這座學堂。當時，閻錫山、黃國梁、溫壽泉等人也在這裏讀書。他本想由此一展才華，不料患了胃病，只好中途輟學回鄉。

1905年，劉少白又考入太原府中學堂深造。三年後，考入山西大學堂（山西大學的前身）攻讀法律。1911年武昌起義後，他

剪掉辮子，參加反清活動。不久清兵攻入娘子關，他返回家鄉避難。那一年除夕，他貼出一副春聯：「革命非必好亂，讀書豈為做官。」在此期間，他還組織民團、發動群眾、興辦女學、鼓動鄉民剪髮放腳。當地知縣聞訊後，以煽動暴亂為名下令逮捕他，他只好化裝出逃。南北議和後，山西省臨時議會成立，他當選為議員，並加入共和黨。此後他繼續在山西大學讀書，並兼任太原陽興中學教員。1918年，劉少白由山西大學畢業，獲法律學士學位。此後，他先後擔任太原陽興中學董事、山西省立工業專門學校秘書長兼國文教員。此外，他還與同鄉好友牛友蘭一起回到興縣，創辦了多所中小學校，為家鄉的教育事業做出很大貢獻。

在劉少白的影響下，他的大女兒劉亞雄從小爭強好勝，不甘平庸，是本縣第一個不纏足的女孩子，也是第一個考進省城的女學生。五四運動期間，她在太原女子師範就讀，因積極宣傳新思想，被學校給予記大過的處分。後來，她考入北京女子師範大學，曾積極參與驅逐校長楊蔭榆的運動。1926年初，她加入中國共產黨，「三一八慘案」發生後，她被校方開除，遂遵照黨的指示前往莫斯科中山大學受訓。

1927年國共兩黨決裂後，劉少白因為女兒的關係，曾掩護過許多共產黨人，其中包括中共山西省委負責人王瀛和他的妻子朱志翰，以及賀毓秀、何述之、陳原道（劉亞雄的丈夫）、趙世蘭（趙世炎的姐姐，李鵬的姨媽）等人。在此前後，他還參加過中共周邊組織互濟會的活動。

第二年北洋政府垮臺後，老校友溫壽泉出任河北省建設廳廳長，邀請他擔任該廳秘書主任。當年9月，他舉家遷往北平虎坊橋60號。不久，傅作義又邀請他擔任工商部天津商品檢驗局副局長（後升任局長）。在此期間，他目睹官場腐敗，給好友牛友蘭寫信發牢騷說：

　　我在這革命不徹底的機關裏工作，心境之惡劣難以表
述。（山西省興縣人民政府、政協興縣委員會編，《劉少白》，
第8頁）

　　1929年劉亞雄由莫斯科歸來，位於虎坊橋的劉公館成為中共
地下活動的秘密聯絡點。1931年初，劉亞雄及其丈夫陳道原分別
擔任中共河北省委（即順直省委）秘書長和組織部長，劉公館不
僅是地下黨人接頭聚會的地點，還負責接收中共中央從上海寄來
的活動經費。與此同時，劉少白還幫助地下黨做了大量工作，並
營救過許多被捕的地下黨員，其中包括王若飛、楊獻珍等重要人
物。為此，王若飛曾多次對家人說：

　　劉老伯的女兒劉亞雄，是我黨較早的經得起考驗的女
黨員之一。他本人亦為黨作了不少工作，我是非常敬重他
的。（同上，第12頁）

2、毛澤東動員劉氏兄弟獻地

　　抗日戰爭爆發後，劉少白提出入黨申請。經王若飛和他的二
女婿安子文介紹，中共北方局於1937年8月批准他成為秘密黨員。
不久，他根據黨組織的指示返回家鄉，以黨外人士的名義在第二
戰區民族革命戰地總動員委員會興縣分會擔任經濟部長，其任務
是徵集糧草，協助八路軍120師開闢晉西北的抗日根據地。為了籌
措資金，劉少白利用閻錫山提出的「國難當頭，有錢出錢，有力
出力」口號，創辦了興縣農民銀行。為此，他動員全縣一百多位
富戶入股，很快就湊了六萬多元股金，其中僅牛友蘭一人就拿出
兩萬三千多塊大洋和一百五十石糧食。晉西北有一句民謠：「河
曲保德州，十年九不收。」這筆錢糧在貧困的晉西北是筆很大的
數字。

劉 少奇 與 晉綏 土改

　　1937年年底，興縣農民銀行在本縣孫家大院（清代名臣孫嘉淦的府第）正式掛牌營業。為表示慶賀，劉少白擬了一副新穎活潑的對聯：

> 大多數農民從此解放鼓起精神打日本
> 這一個銀行開始營業集中財力破天荒

　　銀行開張後，劉少白在一年左右就印了三批紙幣，總金額數十萬元。據說這種紙幣與法幣、白洋、乃至閻錫山發行的貨幣（俗稱「大花臉」、「小花臉」）相比，具有面額小，便於流通等特點，因此很受群眾歡迎，有時甚至出現供不應求的狀況。1939年晉西事變後，興縣農民銀行改為西北農民銀行，劉少白出任行長，主要任務還是為八路軍籌措經費。據曾擔任銀行幹事的牛何之（劉少白的內侄）回憶，農民銀行的錢，大約有「百分之八十是經我手支付八路軍使用的，120師所需款項，多數由民運部長劉亞球和供給部長親自來取，偶爾蕭克同志親筆批條提款，每次數額都在一兩千元，最多的一次提取一萬元。有時銀行現金不足，即開出加蓋銀行印章的便條直接購買物品，事後賣主持條到銀行兌換現款。碰上持條者過於集中的時候，常由我出面接待，做些疏散解釋的工作。」（《劉少白》，第45頁）還有人說：

> 　　興縣農民銀行的十多萬元鈔票，大部分都支付了八路軍，解決了軍需急用。120師借款，大多是由第120師副師長蕭克批示，民運部長劉仰嶠親自來辦理手續，每次兩三千元，最多的一次提款一萬元。有時銀行的現金不夠用，就開一張便條，加蓋銀行印章也可以解決問題，以後再由商店持銀行的便條前來兌換現金。（《西北農民銀行史料》，第6頁，山西人民出版社，2002年版）。

142

　　基於這一原因，西北農民銀行面臨著極大的困難。據《晉綏邊區財政經濟史資料選編》（金融貿易篇）的有關資料顯示：農幣發行後，由於信用無法保證，再加上發行數量過大，致使價格大跌，金融市場非常混亂；為了穩定農幣，邊區政府宣佈以農幣為本位，禁止法幣和白洋流通，結果使貿易大大萎縮；不得已，只好對法幣實行解禁，但是又對農幣造成更大衝擊……（詳見《晉綏邊區財政經濟史資料選編》中〈晉西北貨幣金融工作概況〉、〈晉西北金融政策及銀行業務概況〉、〈晉西北最近的金融情況〉等篇章）。可見劉少白當時面臨的壓力非常沉重。

　　除此之外，劉少白還負有特殊任務。1938年端午節前後，他去延安接洽組織關係，曾會見毛澤東、劉少奇、王若飛、陳賡、成仿吾、徐冰等人。從延安回來後，劉少白受命與中共中央晉綏分局負責人林楓保持單線聯繫，每二十天步行數十里彙報一次工作，同時領取新的指示。對此，劉少白始終是忠心耿耿，兢兢業業，出色地完成任務。也就是說，即使是共產黨統治區，劉少白仍然在從事地下活動。

　　離開延安時，劉少白還帶回幾千冊圖書雜誌，辦了個新運書社，讓牛何之兼任保管，公開出售。牛不理解他的用意，發牢騷說：

　　　　銀行的事還忙不過來呢，賣什麼書，這能賺幾個錢？

他解釋道：

　　　　辦事情要多從政治上考慮，不能只盯著幾個錢。有了錢，可以支持八路軍，動員群眾參軍參戰，同樣是支持八路軍，而且是更大的支持。（同上，第46頁）

劉少奇 與 晉綏土改

　　1942年5月，劉少白根據黨內指示，倡議組織晉西北士紳參觀團赴延安訪問。參觀團團長是牛友蘭，劉少白副之。此行的目的，一是要學習延安經驗，作為晉西北建設的參考；二是讓代表團成員接受教育，認清形勢，為統一戰線服務。到了延安之後，他們先後參觀了陝甘寧邊區的議會大禮堂、抗日軍政大學、魯迅藝術學院，以及工廠、醫院、報社、監獄等處，受到各界人士的熱烈歡迎。7月中旬，毛澤東、朱德、林伯渠、謝覺哉、吳玉章等人接見了參觀團全體成員，毛澤東向大家講解國內外的形勢和持久戰的必要，並介紹了「三三制」與「減租減息」等基本政策。值得一提的是，劉少白此行還帶著三個孩子，其中包括十一歲的兒子劉易成和八歲的外孫劉紀原（劉亞雄之子）。他想送他們來讀書，但是有關部門卻因住房困難不願接收。毛澤東從王若飛那裏得知此事後，毫不猶豫地說：「沒有窯洞可以挖嗎？劉老先生的孩子一定要收下。」這件事讓劉少白非常感動。離開延安之前，他以〈頌毛澤東〉為題賦詩一首，其中有「當世英雄，誰知時機？唯有毛公，決策無疑，持久抗戰，天下風靡；中國不亡，勝利可期，如此偉人，東方列斯。」等諛辭，可見當時的個人崇拜到達什麼程度。參觀結束時，《解放日報》還發表了題為〈送別晉西北士紳參觀團〉的社論。

　　參觀團回來後，劉少白被選為晉綏邊區臨時參議會副議長。當時，正是抗日戰爭最困難的時候，為了開展大生產運動，年屆花甲的劉少白帶頭上山開荒，每天要開一分半到二分荒地，是規定任務的兩倍。開荒後他倡議廣種棉花，邊區政府採納了這一建議，僅興縣就種植棉花數千畝，生產皮棉六、七十萬斤。此外，他還與牛友蘭從外地買回織布機，在興縣城關創辦了蔚汾紡織廠。為了節約開支，他不要馬伕，不要警衛員，不要勤務員。周圍的同事看他年事

已高，勸他留一個勤務員，他說，我自己動手幹活，不僅能鍛煉身體，還能增長知識。

抗戰勝利後，劉少白為籌備全國解放區代表大會來到延安。重慶談判時，中共曾考慮讓他出任國民政府的立法委員，只是因為談判破裂才沒有實現。1946年5、6月間，劉少白要離開延安，毛澤東特地接見了他，並與他共進晚餐。席間，毛向他傳達了「五四指示」的精神，並對他說：

> 中央決定要實行土改，你回去後將你家的土地全部獻給農民，起個帶頭作用。

劉少白當即電告興縣政府要求獻地，回到家鄉後他又說服弟弟劉象坤，將全部土地以及一處四合院和上百棵樹捐獻出來（劉武雄，〈回憶伯父二三事〉，《貢生・士紳・共產黨人：劉少白》第137頁，山西古籍出版社，2003年版）。為此，《晉綏日報》在1946年8月13日在頭版頭條的位置刊登了題為〈劉副議長及其胞弟向農民獻出土地房屋〉的報導。

3、劉象坤首當其衝被鬥死

即便如此，劉氏兄弟在土改後期仍然遭到殘酷的鬥爭和徹底的「清算」。

1947年9月2日，《晉綏日報》在清算劉象坤的報導中，用了這樣三個小標題：「吃租放債養打手，劉象坤行兇霸道數十年」；「廿五年紅軍東渡前後，劉逆勾結反動軍隊殺害人民」；「逼群眾修反共工事，乘機大肆敲詐貪污」。文章說，劉家在抗戰前有一千多垧土地，吃租放債，設局開賭、調戲婦女、欺壓百姓、無惡不作。紅軍東渡時，劉象幹以「防共」為名，直接殺害七人，以告密方式出賣三十六人。他甚至不允許被害人的家屬去

上墳。文章還說，當時劉象坤是「漢奸閻錫山」的村長，為修反共炮臺貪污了兩千多斤洋灰（即水泥，當時一斤洋灰與一斤白麵等值），還有獨吞民工工資、工具等罪行。

因此，在8月26日和27日，興縣黑峪口的八個自然村召開千人大會，鬥爭了「罪惡滔天」的劉象坤。據說會場上擺著皮毛、綢緞、元寶等物品，還捆綁著一夥地主惡霸。劉象坤被圍在中間。《晉綏日報》報導說，新政權成立後，劉象坤依仗哥哥劉少白，依舊作威作福、橫行鄉里，甚至發展到「破壞政府法令政策、抗交公糧、抗做軍鞋、不服抗勤、販運大煙、走私漏稅，無所不為」的地步。

如果真是這樣的話，為什麼直到這個時候劉象坤的問題才暴露出來呢？9月9日，《晉綏日報》以〈清算大地主劉象坤的群運是怎樣發動起來的〉為題刊登一則通訊，介紹了鬥爭劉象坤的經驗。該文說，黑峪口是黃河邊上的一個市鎮，當地群眾大多從事販運，或者在皮匠、木匠、鐵匠、水手、腳夫、吹鼓手等行當謀生。土改工作團是當年6月到達這裏的。一開始，他們進行入戶調查，「從三代算起，主要方式是本人談，每戶寫成資料，相當長時間用在『瞭解情況』」方面。然而，越瞭解情況，情況就越複雜，群眾也越不好發動，工作團的「一些同志」對那些油腔滑調、「到處販賣跑打」的人產生懷疑，「說這裏正正派派的勞動農民沒幾個」。後來，工作團改變了單純依靠貧雇農的作法，把上述各行當無地、缺地的人都當作基本群眾，然後選出二十四個土改代表，領導大家挖窮根、吐苦水，從而「把最大、最普遍的仇恨」集中在劉象坤身上。

2004年初夏，筆者在一位同事的引薦下，拜訪了已經退休的原中共忻州市委宣傳部部長白建華。白先生是興縣黑峪口人，土改時十七、八歲。他說他小的時候，黑峪口因為是水陸碼頭，可

謂商賈雲集，經濟發達。他舉例說，當地生產的一種豆腐乾，由於加工精細，口感特別好，後來就再也不見了。另外，由於劉少白、牛友蘭在當地興辦學校，傳播新思想，人們的文化水平和文明程度相當高。白建華說，那時候真是鄰里和睦相處，居民安居樂業。老百姓婚喪嫁娶，從不大操大辦。如果誰要鋪張浪費，就會被大家恥笑，認為是封建思想作怪，老頑固、老落後。白先生還說，劉家兄弟為人和善，是遠近聞名的老好人。劉象坤雖然沒有出去，卻讓他兒子劉武雄在1932年就參加革命。

2005年月1月3日，《山西文學》副主編魯順民也採訪了白建華，並在當年第10期《山西文學》發表了〈「左」傾風暴下的黑峪口〉一文。白建華說，鬥爭劉象坤的「那一天，行政村八個自然村的群眾幾千人都來開會，會還沒有開一半，劉象坤就被眾人你一拳我一腳，你一捧（應為「棒」）子我一石頭給活活打死了。貧農團都是些年輕後生，力氣大、下手狠，打人的聲音聽得清清楚楚，我當時在場，人多，等明白過來是怎麼回事，人早就躺在地上沒氣了。」白建華還說，劉象坤被打死後，正好他的兒子劉武雄被開除公職，從蔡家崖回來了。劉武雄回來後就碰上批鬥大會，他連家都沒有回，就直奔會場而來，並上臺講了一番話，「大意是他受他惡霸老子的連累，現在決心要和劉象坤劃清界限。」隨後，他「跳下臺來，從民兵手裏接過一把刺刀，衝他老子屍體胸口上捅了兩刀。」鬥爭大會結束後，劉象坤的屍體被人用繩子拖著，扔進了黃河。需要補充的是，當時主持會議的是土改工作團團長段雲。他曾經以中共晉綏分局研究室主任的身分，主持擬定〈怎樣劃分農村階級身分〉，後來擔任過國家計委副主任。

4、村支書慘死黑峪口

劉象坤死後，黑峪口又連續清算鬥爭了七個「地主惡霸」。但是從《晉綏日報》的報導來看，所謂群眾訴苦，大多是家長里短、雞毛蒜皮的事。比如有人去拾柴，地主婆罵罵咧咧的，「說是偷她家棗樹樹枝，嚇得連她家門口再不敢走了」。於是控訴者說：「你連窮苦人的柴水路都斷了！」（《晉綏日報》，民國三十六年九月十二日第二版）

據白建華說，黑峪口村的黨支部書記劉玉明，是紅軍東渡時入黨的老黨員，也成了鬥爭對象。

> 貧農團鬥爭他的時候，也是開了一上午會。在會上，貧農團的人無所不用其極，對劉玉明施以酷刑，打耳光、錐子紮、棒子打，打得死去活來。他被打暈過去之後，有個後生端來一塊窯用的石頭衝著他的腦袋就砸了下去，哪裡想到腦袋骨真是硬，這一砸，劉玉明居然突然蹦了起來，蹦起來就給哪些人跪下了。他央求說：群眾對我有怨恨我沒意見，怎處理我也沒意見，我今年三十六歲，家裏還有一個老母親快七十歲了，給我留條命行嗎？」劉玉明話音剛落，一個積極分子又拿起棒子向他頭部打去，他終於應聲倒下。眾人以為他死了，也像對待劉象坤似的，把他用一根繩子拖到黃河岸邊，扔了下去。沒想到劉玉明在河灘上又活過來，掙扎著要站起來。於是幾個積極分子下到河灘，端起刺刀在劉玉明胸脯上扎了兩刺刀。

白建華說，劉玉明死後，「有一個叫任花油的漢子，家裏有病人，他聽人說吃上人的心臟能治好病，立馬跑下河灘用刺刀將劉玉明的胸膛挑開，把心臟掏出來，用布包好，回去居然在爐

子邊焙乾就那麼吃了。」事後，劉玉明的母親精神失常，妻子哭瞎了雙眼，並被分配給失去一條腿的老紅軍。這位老紅軍叫任全義，是白建華的入黨介紹人，如今已九十多歲，據說還健在。

5、副議長劉少白被鬥

不久，劉少白也成了鬥爭的對象。9月20日，《晉綏日報》刊登「本報編輯部」和晉綏新華總分社的文章──〈關於『客裏空』的檢查〉，檢討了去年獻地時報紙刊登的消息：

> 把劉少白這個地主階級的代言人，描寫得煞像擁護土地改革似的，不僅如此，作者更在介紹劉少白的簡歷中為之大捧一番。

為此，該文痛心地說：

> 你看我們為地主階級做義務宣傳做得多麼漂亮，真是筆下生花了！

就在《晉綏日報》刊登〈關於『客裏空』的檢查〉的第二天，也就是9月21日，興縣黑峪口村召開二千餘人的鬥爭大會，向劉少白進行「說理鬥爭」。大會通過決議，撤銷劉少白臨時參議會副議長的職務，並要求將大會揭露的事實在報上披露。於是，《晉綏日報》接受群眾的要求，10月1日在頭版頭條的位置刊登這個消息，文章的標題是〈向劉少白進行說理鬥爭〉。

文章說，劉少白除了包庇劉象坤之外，還有兩個具體的問題，一是獻地，二是為大地主李韶榮辯護。獻地本來是毛澤東的意思，但是在大會控訴時，有人說他表面上是「獻地」，實際上是在「讓地」，即把土地「『讓』給原來的佃戶，沒有經過農會就把地分給全村農民了」。意思是說，劉少白利用獻地耍花招、

搞陰謀，對抗土改運動。至於為大地主辯護的問題，報紙是這樣
說的：

> 今年春天，興縣李家灣大地主李韶榮，偽造軍區首
> 長私章，詐騙貿易總公司黃金案發生後，李之兒媳找到劉
> 少白訴「苦」，劉當即去信質問邊區首長。自稱『人民代
> 表』，並污蔑公安總局扣押李韶榮孫子是「非法」的行
> 為，公然為李犯辯護。

這就是說，面對「爺爺『犯法』、孫子連坐」的現實，作
為臨時參議會副議長的劉少白不應該多管閒事，否則就是為地
主辯護。

劉少白逝世後，有人回憶這件事的時候是這樣說的：李家
灣（行署所在地）的地主李韶榮因為交不出底財，被關押在縣政
府內。為了對他進一步施加壓力，當局把他的兒子抓了起來，兒
子說不知道，又把他十來歲的孫子也抓起來。李家媳婦走投無
路，哭哭啼啼找到劉少白，說一人犯法，為什麼要讓兒孫頂罪？
劉認為她說得有理，便直接上書晉綏分局書記李井泉。沒想到李
見信後大發雷霆，將這封信交給邊區公安局長，並在分局黨校的
講演中大罵劉少白是地主階級的代言人，捐獻土地是假開明，是
想收買人心，與牛友蘭是一路貨色。（劉武雄，〈回憶伯父二三
事〉，《貢生・士紳・共產黨人：劉少白》，第130頁）於是劉少
白被武裝人員從縣城押送回黑峪口被批鬥，並當場被撤銷副議長
的職務。

十五、
蔡家崖「鬥牛大會」

1、牛友蘭其人其事

被李井泉破口大罵的牛友蘭，是興縣地區首富。當年八路軍120師開到這裏，牛家將自己的五座宅院和一所花園全部捐獻出來，供軍區司令部和邊區行政公署使用，賀龍、李井泉、續範亭等人就長期住在牛家大院。毛澤東1948年路過晉綏時，也住在這裏。牛友蘭不僅捐獻了自己家的住宅，還把兒女和幾乎全部的財產都貢獻給共產黨領導的革命事業。如今，牛家大院成了革命紀念館，供後人瞻仰，還是對青少年進行革命傳統教育的基地。殊不知就在1947年土改的時候，牛家父子的遭遇比劉氏兄弟更淒慘，更令人髮指、駭人聽聞。直到現在，這個問題在黨史或地方史中都非常敏感，也成為牛氏後人不堪回首的一件往事，是不能觸動的一個心病。

牛友蘭，字照芝，1885年出生於山西興縣蔡家崖村。據說興縣牛氏於明末清初從陝西米脂遷來時，家境比較貧寒，直到牛友蘭的父輩才富裕起來。牛友蘭的父親叫牛錫瑗，他不僅雇了長工，還讓五個兒子讀書，其中除長子早逝外，次子牛照荃、三子牛照藻都在外面做過縣官，寄回來的錢由四子牛照藩投資土地和工商業。抗日戰爭前夕，牛家除五座宅院、一所花園和兩千多坰土地外，還在城裏開了「複慶永」、「福興永」等商號，成為當地首屈一指的富戶。

151

牛友蘭排行第五，他1906年考入京師大學堂（北京大學前身），開始接觸新思想，逐漸「認識到中國貧窮落後是因為帝國主義列強的侵略和清政府的腐敗所致，為使中國能富強，遂立志追隨孫中山先生的民主主義革命，從事社會改革和發展新文化教育事業。」（《晉綏愛國民主人士牛友蘭》，第10頁，中國工人出版社，2001年版）

1909年，牛友蘭因病輟學回家，遂結婚生子。據說大兒子出生時，正值他二哥和三哥在外做官的消息傳回家中，老父親說這是雙喜臨門，便給孫子取了個小名叫「官子」。但是牛友蘭不喜歡這個「官」字，便改為「冠子」，取名「蔭冠」。

牛友蘭回鄉後，正值清末新政和辛亥革命之際，為改變家鄉落後的面貌，他投身於教育事業，與劉少白一道創辦了興縣第二高級小學和興縣中學。為了破除迷信，他曾經搗毀廟裏的神像，因此有人說他父母去世是神靈的懲罰。後來，他還參與反對國民黨的愛國學生運動和抗日救亡活動。

2、從科學救國到投身革命

牛蔭冠長大後，先在父親辦的學校讀書，後來考入太原進山中學。高中畢業後，他抱著科學救國的理想，於1932年考入清華大學電機系。清華大學自1929年送走最後一批留美預備班學生後，開始依靠自己的力量培養人才，「以求中華民族在學術上之獨立發展，而完成建設新中國之使命」（〈國立清華大學校條例〉，轉引自《抗戰前的清華大學》，第80頁，中央研究院近代史研究所，民國89年版）。1931年梅貽琦擔任校長後，為了配合教育部發展實科教育的政策，以適應社會需要，決定在原有土木工程系的基礎上，增加機械、電機兩系，成立工學院。梅校長是第一批庚款留美學生，在美國專攻電機專業，為此他劃出專區，

撥出專款，除了將原工藝館改為土木工程館外，還新建了水力試驗館、電機工程館、機械工程館和有關工廠、實驗室及風洞等教學設施。這些設施少數由本校教師設計製造，大部分從歐美先進國家購買，與美國一般大學的水平不相上下。難怪在清華工學院上述四館落成時，北洋大學工學院院長李書華會說出這樣的話：

> 以具有四十年歷史之北洋工學院，與現在之清華大學工學院相較，不啻天淵之別。（同上，第116頁）

正因為如此，當年能夠考入清華大學、特別是考入清華工學院者，可謂鳳毛麟角。據統計，1932年清華大學錄取的山西籍學生只有四人（參見《抗戰前的清華大學》，第181頁，表7.10「清華大學畢業生籍貫統計」），而牛蔭冠就是其中的一位。另外，清華大學電機系從1935年才開始有畢業生：1935年三人，1936年十一人，1937年十三人，1938年十七人。四年的畢業人數在全校排名倒數第三（參見《抗戰前的清華大學》，第177頁，表7.7「清華大學各系歷年畢業生人數」）。這些先進的實驗設備供少數師生使用，其條件真是得天獨厚。牛蔭冠應該是1937年畢業的。可以設想，如果他能夠安心讀書的話，應該是中國第一代電學專家。可惜他的志向不在於此，而是走了另一條路。

入學後，牛蔭冠很快就參加了中共週邊組織社會科學家聯盟（簡稱「社聯」），開始從事革命活動。為此，他感到精力有限，難以應付繁重的學習任務。經過長期考慮，他決定轉到經濟系。對於這件事，他後來是這樣說的：

> 我在生活道路的十字路口開始思考起來，差不多經過兩個多月的思想鬥爭，我終於徹底認識到了改造社會乃是當時的第一重任。於是我拋棄了出國留學的機會，置個人成名於

不願，毅然棄工從文，轉到了經濟系學習。（《牛蔭冠紀念集》，第93頁，中國商業出版社，1996年版）

1935年，中共的北平地下黨組織因「社聯」不易開展工作，決定集體轉入宋慶齡發起的中華民族武裝自衛會。1935年秋，牛蔭冠參加了北平學生賑濟聯合會組織的赴山東賑災活動。「一二九」運動時，北平學生賑濟聯合會改組為北平學聯，牛蔭冠也投入轟轟烈烈的「一二九」運動，並加入中國共產黨及其週邊組織中華民族解放先鋒隊（簡稱「民先」）。隨後，牛蔭冠擔任清華大學黨支部組織委員，不久又接替蔣南翔任中共清華大學地下黨支部書記。此外，他還擔任過北平西郊區委組織委員、北平市委組織部幹事。韋君宜回憶說，當年牛蔭冠非常活躍，「他曾跟我編在一個小組」，大家都叫他「牛頭」（同上，第114頁）。

1936年暑假期間，山西學生的抗日救亡活動在閻錫山的支持下搞得轟轟烈烈。為了爭取主動，中共中央北方局利用閻錫山願意用本地人的心理，派遣剛從北平軍人反省分院釋放出來的薄一波返回山西，與閻錫山「共商保晉大業」。薄一波回到山西後，以太原綏靖公署主任辦公室秘書的名義，在犧盟總會任常務秘書並主持日常工作。這一年年底，中共北平市委書記安子文要派牛蔭冠回山西協助薄一波工作。當時牛蔭冠還沒有畢業，安子文問他：

你在清華的學習差半年就要畢業，拿不到文憑怎麼辦？

面對組織的安排和考驗，牛蔭冠毫不猶豫地說：

我拿不到文憑沒關係，挽救民族危亡重要，為解放全人類，黨需要我幹啥，我就幹啥。（同上，第16頁）

隨後，他毅然放棄學業，回到山西，開始了職業革命生涯。

3、牛蔭冠與山西犧盟總會

當時，正值綏東抗戰爆發，山西抗日救亡活動吸引了全國關注，中共北方局又派大批人員又來到山西。其中有楊獻珍、董天知、韓鈞、周仲英、馮基平、廖魯言、馮基平、劉亞雄（劉少白之女）等人。牛蔭冠回到山西後，為了避嫌，他根據薄一波指示，先到太原綏靖公署找到清華同學牛佩琮，再通過對方介紹，來到犧盟總會負責太原市犧盟會的籌備工作。這樣一來，他與薄一波就可以更默契地配合了。

「盧溝橋事變」爆發後，劉少奇來到太原重新組建北方局。在此期間，他起草一份〈山西農會章程〉，讓人交給牛蔭冠，希望在犧盟會主辦的刊物上發表（當時犧盟會的刊物有《犧牲救國》、《大眾園地》等），以便擴大影響。對於這件事，牛蔭冠在1985年回憶說，當時他在原稿上加了一句話：「防止流氓混入農會」，劉少奇看了後，對北方局的人說：「找牛蔭冠來，我跟他談談！」牛奉命前往，一見到劉少奇，劉就責問他：「你知道什麼叫流氓？」他一聽這口氣，只好說：「我也不清楚，反正不是好人吧。」劉少奇看他態度還不錯，便對他說：

> 你這裏說的流氓，是一種勇敢分子。農民運動在開始的時候，正派農民不敢參加，要觀望。就是勇敢分子敢參加，你不能把他們拒絕在農會之外。他們的流氓習氣是可以在運動中改造好的。實在改造不好的，等農民運動起來時再淘汰他們也不遲。你不要先把他們攔在外頭呀！（同上，第296-297頁）

　　從這裏可以看出劉少奇發動農民運動的一貫思想。晉綏土改中出現的問題，從這裏可以找到某些答案。

　　盧溝橋事變後，山西組建決死隊等武裝（統稱「新軍」），以彌補正規軍隊之不足。薄一波根據劉少奇的指示，開始把主要精力放在爭取掌握槍桿子方面。經薄一波推薦，北方局同意牛蔭冠負責犧盟會的日常工作。1937年9月底，在牛蔭冠的主持下，犧盟會全省第一次代表大會在太原召開，牛代表犧盟總會作了一年來的工作總結，並當選為犧盟會七常委之一。這七人除了閻錫山的親信梁化之以外，都是中共地下黨員。從此，牛蔭冠成為犧盟總會的實際負責人。

　　在牛蔭冠的主持下，犧盟會發展很快。據統計，到1939年5月，其成員達到八十九萬人，再加上其下屬組織工人、農民、青年、婦女等救國會會員，總人數達到三百萬，佔山西全省人口的四分之一左右。此外，在太原失守前，閻錫山還發給犧盟會五千支步槍、兩百支挺衝鋒槍，牛蔭冠把這些槍支分發給各縣犧盟會，讓他們馬上成立地方武裝。

　　1937年11月初太原失守前，犧盟總會撤往臨汾。牛蔭冠向閻錫山提出舉辦縣長訓練班的建議，然後將犧盟會骨幹派到各縣擔任縣長。當時山西共有一百零五個縣，就有七十個縣換了新縣長，其中絕大多數是犧盟會幹部。1938年初臨汾失守後，閻錫山撤到陝西宜川，犧盟總會提出「誓死不渡黃河」、「寧在山西犧牲，不到他鄉流亡」等口號。不久，安邑縣犧盟會特派員兼游擊支隊政治部主任趙輝找到牛蔭冠彙報工作，並要求解決武器、彈藥等問題。牛帶她去見閻錫山，閻聽了彙報後，答應給一批武器彈藥和經費。後來這支游擊隊被改編為政治保衛旅的一個支隊，該旅在晉西事變後納入八路軍序列。趙輝在當時名氣很大，李公樸在《走上勝利的山西》一書中說：

　　　　敵人進攻安邑時，犧盟特派員趙輝女士率領人民武裝自
衛隊不斷戰鬥，維護了縣、區政權。（同上，第28頁）

後來在部隊改編時，趙輝被牛蔭冠調到鄉寧犧盟中心區工作。
　　趙輝說：

　　　　就是這一次，在胡西安同志的熱心、積極促進下，我
和牛蔭冠定下了終身關係。（同上，第233頁）

　　1939年下半年，山西新舊軍隊之間的摩擦日益嚴重。當時
第二戰區司令部駐紮在黃河西岸的陝西宜川縣秋林鎮，犧盟總會
和二戰區政治部駐紮在離秋林鎮五里的上葫蘆村和下葫蘆村。當
時筆者的父親因為在二戰區政治部工作，家就住在上葫蘆村。文
革期間，父親被迫寫了許多資料，在他的印象中，牛蔭冠「對薄
一波很佩服，同犧盟會和政治部的一般工作人員談起來，總是常
常提到『一波同志』如何如何，突出地給薄一波樹立威信。」到
了1939年年底，「牛蔭冠和當時住在二戰區政治部決死二縱隊政
治主任韓鈞……對犧盟總會出版的《犧牲救國》、政治部出版的
《黃河戰旗》抓得很緊，而且擴大了篇幅，縮短了刊期，突出地
以反頑固鬥爭為中心，他們二人在這個時期寫了許多文章（韓鈞
寫得最多）。」除此之外，他們還衝擊了閻錫山的另一個組織同
志會舉行的提燈遊行，並針鋒相對地組織了火炬遊行。（智力
展，《無產階級文化大革命期間為各地寫的調查材料的剩餘底
稿》下冊，第8-14頁，未刊本）

　　與此同時，牛蔭冠根據北方局指示，開始轉移犧盟總會的
幹部。他以出差和下去調查為名，採取分期、分批談話的方式，
在一個月之內秘密動員四百多名幹部去了晉西北、晉察冀和陝甘
寧等地。後來韓鈞返回駐紮在汾西的決死二縱隊，於12月初發表

通電與閻錫山決裂，並誓師討伐以王靖國、陳長捷為首的「頑固軍」，從而引發了被毛澤東稱為第一次反共高潮的「晉西事變」。

4、牛氏父子毀家抒難

「晉西事變」爆發後，閻錫山曾連續舉行高級軍政人員會議商討對策。二戰區政治部主任梁化之也同牛蔭冠、劉岱峰等人多次密談，希望不要把事態擴大。後來，閻錫山還「召見牛蔭冠、劉岱峰、呂調元、胡西安、梁膺庸、陳光鬥、張韶芳等，商量解決晉西政變的問題。陳光鬥首先發言主張實行和平解決，接著牛蔭冠、劉岱峰等發言，主張懲辦王靖國、陳長捷，認為決死二縱隊是正義行動，應該支持。」閻錫山聽了他們的發言後「拍桌大怒」，認為「如此說就沒有商談的餘地」。過了幾天，梁化之以犧盟會核心組織民族革命青年團的名義，發表〈告犧盟、決死隊全體書〉，指出張文昂（決死二縱隊政委）、韓鈞是「左傾盲動」行為，破壞了統一戰線，並要求和平解決「晉西政變」。過了幾天，牛蔭冠等人「聯名發表了一個《關於晉西政變》的小冊子，主要內容是支援決死二縱隊的正義行動」。（智力展，《無產階級文化大革命期間為各地寫的調查材料的剩餘底稿》上冊，第161-163頁，未刊本）

在這種情況下，二十七歲的牛蔭冠於12月9日把新婚妻子送回晉西北，準備隨時出走。不久，閻錫山派牛蔭冠以第二戰區司令長官代表的名義去河南同第一戰區司令長官衛立煌談判。牛蔭冠認為這是閻錫山借刀殺人之計，他在離開駐地之後，勒過馬頭投奔了延安。到達陝北綏德之後，他又在王震、滕代遠的安排下轉赴晉西北，回到老家興縣。1940年初，晉西北行政公署成立，他出任行署副主任（主任是續范亭）兼黨組書記。

　　就在牛蔭冠返回家鄉之前，犧盟會在興縣已經非常活躍。他的父親牛友蘭為了支持犧盟會的工作，決定每月贈送一百元大洋為活動經費。120師到達晉西北後，牛友蘭聽說八路軍沒有棉衣，還急需一批資金和糧食，便帶頭捐獻兩萬三千元大洋、一百五十石糧食和大批棉花、布匹。這些大洋成為劉少白創辦興縣農民銀行的主要基金（銀行基金為三萬元），所捐棉花、布匹，解決了八路軍一個團的冬裝。（《晉綏愛國民主人士牛友蘭》，第18頁）

　　牛蔭冠回來後，新政權正面臨嚴重的經濟危機，牛友蘭又在1940年3月主動拿出三萬元（法幣），幫助他們渡過難關。在《牛友蘭先生傳略》中還有這樣的記錄：

> 　　1941年，邊區政府採取過激措施徵集糧、款。牛友蘭先生雖然處境也很困難，但能為政府排憂解難，再大困難也在所不惜，他表示：「不惜犧牲一切，追隨全區同胞在政府領導下，共圖復興民族國家，各種抗日負擔提前辦理，絕不人後。」邊區政府在全區開展擴兵、獻糧、獻金、做軍鞋的「四大動員」中，牛友蘭先生捐出八千銀圓和一百二十五石糧食，並動員本家婦女捐獻金銀首飾，支援抗戰。（同上，第18-19頁）

如此數額的個人捐獻，不僅在當地絕無僅有，在中共歷史上也不多見。

　　為了解決戰爭造成的物資緊缺狀況，牛友蘭早在1937年就受犧盟會委任縣長張幹丞的委託，籌款一萬元，辦起了興縣民眾產銷合作社和興縣紡織廠（後改為晉西北紡織廠），解決了部隊和機關的被服供應。當時工人幹活屬於抗日救亡活動，沒有報酬，牛友蘭就動員自己的家屬和親戚到工廠勞動。1941年，行署以牛先生年事已高為由，派人接替他的廠長職務，工廠產權、產品、

利潤也歸政府所有。牛友蘭離開工廠時沒有索要籌建資金和任何財物。此外，他還鼓勵牛家許多人參加革命，侄女牛蔭英、牛蔭蟬因此而犧牲。（同上，第19-20頁）

　　1942年牛友蘭率晉西北士紳參觀團赴延安訪問，受到毛澤東等人接待。回來後他在《抗戰日報》上撰文介紹此行的印象，把延安比為「創建新中國的試驗場」，把毛澤東譽為「場內的一位偉大的工程師」。他還說：

> 延安的新政治、新經濟、新文化是促進社會進步的動力，從延安看到了中國的未來，看到了新時代的曙光。

抗戰勝利後，牛友蘭寫過〈議會的新舊對比〉、〈痛悼「四八」死難烈士〉等詩文，還不斷發表斥責國民黨政權的言論。（同上，第151-158頁）

　　從許多資料可以看出，為了革命、為了抗戰，牛友蘭很早就房無一間、地無一壟了。1941年4月2日《抗戰日報》刊登一篇記者採訪，說牛友蘭從1942年開始，就離開蔡家崖「住在x村一個破落的院子裏」（《晉綏愛國民主人士牛友蘭》，第159頁）。《興縣文史資料》第六輯有一篇文章說：

> 1940年2月，晉西北行署民政處了布〈減租減息辦法〉後，牛友蘭將自家全部的地租放賬等契約賬簿一併銷毀，減輕了興縣人民的負擔。（同上，第84頁）

但是，到了土改的時候，他仍然在劫難逃，成為鬥爭的主要對象。

5、慘無人道的「鬥牛大會」

　　就在《晉綏日報》發表晉綏邊區農會臨時委員會〈告農民書〉的第二天，即1947年9月25日，該報頭版頭條的位置，刊登了

李井泉於9月18日在蔡家崖行政村農民大會上的講話。據報導，李是列席旁聽這個大會的，當農民們鼓掌邀請他講話時，他很興奮地站在主席臺前，向在場的群眾大聲說：

> 農民大會開得很好，你們這裏開，別的村子也要開。全邊區都要開，徹底平均分配土地，是大家的事情，大家的事情大家管，大家發表意見，大家討論決定，大家來辦。

緊接著，他向大家明確指出：

> 要徹底平分土地，就先要鬥到（倒）地主階級，……大家提出要鬥牛友蘭家，我也贊成，牛家過去剝削、壓迫過這裏的農民，並且還剝削、壓迫過全興縣的老百姓，因此希望推代表到各地去，邀集各地農民派代表來參加，並且要很好的準備，因為牛蔭冠四二年問他拿出契約做調查研究，牛友蘭不願意拿出來。

李井泉告訴大家：過去天天說老百姓翻身，但是因為土地問題沒有徹底解決，翻了身的只是少數人，「所以共產黨毛主席提出徹底平分土地的意見」。他還說，在幹部中、隊伍中，有許多混進來的階級異己分子和投機分子，「今後老百姓要管幹部，群眾要撤幹部的職就撤，群眾要怎樣辦就怎樣辦。」

同一天，《晉綏日報》在第二版發表通訊，報導了蔡家崖農民大會的「盛況」：

> 會場上佈置有地主階級用農民的血汗所製成的綾羅綢緞衣物及生了鏽的四、五千白洋和金鐲等展覽品，正面高懸著毛主席、朱德司令、賀司令員的巨像，旁邊一條標語上寫著「農民組織起來，徹底平分土地」，極引人注目。

據說參加大會的有蔡家崖行政村所屬的十七個自然村的五百多人，大家一致同意按人口徹底平分土地。

為了突出重點，該報還以「群眾要求盡速開會，鬥爭大地主牛友蘭」為題，報導了牛蔭冠在現場的表現：

> 到會群眾一致認為：要平分土地，首先得徹底鬥倒地主，比如該村大地主牛友蘭還沒有被鬥倒，群眾要求最近就開鬥牛大會。在場旁聽的牛蔭冠同志為了擁護群眾這一要求，起來向群眾檢討自己過去的立場沒有站穩。他向群眾反省：「直到『五四』指示後，我還幫助牛友蘭開紡織廠，今天我已認識了這些嚴重錯誤。」接著他向群眾表示要決心改正錯誤，並要求群眾審查他，看他夠不夠格做一個共產黨員。後來石楞子貧農郭增玉、劉寶則都對牛家地主剝削、壓迫他們作了沉痛的控訴。

> 貧農劉寶則並質問牛蔭冠說：「你當八路軍，好處咱沒看到，你知道政策法令，四○年以後你家變賣了土地，但銀錢保存起來。」有些群眾接著說：「看他以後的事實表現罷。」

6、關於鬥牛大會的幾種說法

隨後，蔡家崖召開了「鬥牛大會」。關於「鬥牛大會」的具體情況，筆者沒有找到詳細的報導和現場記錄，但是官方、學界和民間卻有幾種不同版本的說法。

羅平漢《土地改革運動史》中說：

> 9月26日，蔡家崖又召開有五千人參加的所謂『鬥牛大會』。鬥爭會上，已經六十一歲的牛友蘭反綁著雙手，被迫跪在主席臺上。鬥爭會進入高潮時，兩個農民按住他

的頭，將一根鐵絲殘忍地穿進他的鼻孔，又強迫牛蔭冠牽著連著鐵絲的繩子，甚至還用燒紅的鐵鍬烙在牛友蘭的背上……經過這次殘酷的鬥爭後第八天，牛友蘭死在關押他的窯洞裏。

曾經擔任過晉綏邊區革命紀念館館長的賀巨明說：

> 1947年秋，由於我們工作的失誤，晉綏土改工作出現了嚴重「左」的傾向，導致了牛友蘭等一批曾與我黨真誠合作、作出不少貢獻、並一直擁護黨的事業的開明士紳無辜被鬥。蔡家崖村當年參加過「鬥牛大會」的白棟則老人回憶說：「會場上主要是要底財，沒有誰能說出牛友蘭幹過什麼壞事，沒人恨他，鬥爭會不好開。突然跳出一個臨時來的叫王明友的保德縣人，從婦女頭上拔下一根髮簪，穿插在牛友蘭的鼻孔樑上，拴上繩子，逼著他兒子牛蔭冠拉著鬥，也沒離開會場。很快會場發生混亂，鬥爭會也就散了。會後，牛友蘭被關在禁閉窯裏，沒多天就聽說死了。」（《晉綏愛國民主人士牛友蘭》，第48頁）

歷史學家趙儷生在回憶徐中舒先生時，也順便提到這件事。他說：

> 我的老同學牛蔭冠（此人解放後擔任過幾個省的財政廳長，還當過財政部副部長）家是山西興縣最大的富戶，土改時，牛是土改組的組長，坐在上邊，他的父親跪在下邊。遊街時用鐵絲像穿牛鼻一樣穿了他父親的鼻子，由牛蔭冠牽著。據說這件事後來被「上邊」知道了，可「上邊」並不欣賞，據說還下了一道什麼「文」。（《籬槿堂自敘》，第157-158頁，上海古籍出版社，1999年版）

這樣看起來，牛友蘭的鼻子究竟是象徵性地用婦女的髮插了一下，還了真的用鐵絲穿透了？是幾種說法的分歧所在。為此，魯順民在〈這一腔心事說與誰〉（《山西文學》，2004年第11期）中寫道：

> 據說，在26日的「鬥牛」大會上，牛蔭冠也坐在大會主席臺上，結果有人將他推到站著的地主那邊。農會主席說：這是咱自家人，怎麼放到那一邊，讓他和農民坐在一起。

緊接著魯順民又引用中共山西省興縣委員會為紀念牛蔭冠寫的〈家鄉人民深切懷牛蔭冠〉一文說：

> 牛蔭冠牽著牛友蘭的鼻子開步走的時候，會場上像啞了一樣出現了短暫的寂靜，父子倆沒走多遠，群眾中有人打報不平，當場把牛友蘭的手銬和腳鏈搗掉，大會在一片混亂中不得不宣告結束。

他認為：

> 這就是民間記憶裏牛蔭冠「拉死他老子」的前後背景。

7、老作家胡正的現場回憶

但是，魯順民並沒有滿足這種模糊不清的記憶。為了尋找事情的真相，他採訪了著名作家胡正。胡正當時擔任《晉綏日報》的編輯兼記者、對這件事情記憶清晰，印象深刻。因此魯順民對這次採訪作了詳細記錄：

> 那一天，胡老作為《晉綏日報》的記者，被派到蔡家崖鬥爭牛友蘭大會的現場採訪，上午九點多，晉綏分局書

記李井泉到達現場巡視大會的準備情況。大會開始之前，主持鬥爭的貧雇農骨幹力量被集中在一孔窯洞裏，商量大會進行的程式一類事情，牛蔭冠也被圍在中間。胡老隨李井泉進去之後，李井泉即對牛蔭冠說，你要和牛友蘭劃清界限。這種口氣與9月16日（引者按：應為18日）的講話一脈相承，並無相左的地方。李井泉巡視完之後就離開了會場，但是他的夫人和秘書留了下來，在主席臺那裏監督大會的進行情況。

　　主持大會的是晉綏分局宣傳部長周文，還有興縣專區行署書記馬林，和胡老是老相識，胡老對馬的為人有很深的瞭解，胡老說，馬林是晉綏本地人（保德人），對牛友蘭先生的歷史相當清楚，對「鬥牛」行動有很大的抵觸情緒，但分局書記的夫人和秘書都在會場，況且都是延安過來的老革命，又不好說什麼，只得按部就班把大會進行下去。因為是聯村鬥爭，來的人很多，周圍的幾個村子人都來了。牛友蘭和一群被鬥的地主、富農和一些「壞幹部」跪在會場前面，他們跪的地方都均勻地撒著料炭。鬥爭到高潮，要押著一群鬥爭對象遊街，當時一些人將牛友蘭按倒在地，把一根鐵絲穿進牛友蘭的鼻孔裏頭，並說：「牛蔭冠，過來，牽著老牛遊街。」

　　牛蔭冠也沒有辦法，就過去把鐵絲牽在手裏。當時有一個細節許多資料沒有披露，就是牛蔭冠剛把鐵絲牽在手裏，鐵絲就把鼻翼下面的脆骨拉斷了，頓時鮮血直流，會場上的人都很震驚，以為是牛蔭冠給用力扯斷的。正因為如此，才有了其後關於牛蔭冠七七八八的說法，而且這種說法在大會結束後當即就沸沸揚揚傳開了。其實當時的情況並不是這樣，胡老說，他就站在跟前，看得清清楚楚。

當牛蔭冠接過貧農團的人遞過來的鐵絲，牛友蘭也很吃驚，當然也很生氣，看著牛蔭冠就擺了擺頭，鼻翼下面的骨頭相當地薄，也相當地脆，一下子就拉斷了。

群眾都知道牛友蘭先生對抗戰的貢獻，心裏早就憋著一股子氣，鬥爭在這個時候再也進行不下去了，而且會場開始亂了起來，馬林馬上讓人放掉牛友蘭，去掉手腳上的鐐銬，扶老人回家休息。結果，牛友蘭回家之後就開始絕食，好多人都勸老人進食，但誰勸也不起作用。老人在絕食三天之後憤然棄世而去。

值得注意的是，胡正還披露了當時發生的另外一件事。

他說，「鬥牛大會」其實是一場聯村鬥爭地主大會，也就是說，鬥爭的並不止牛友蘭一個人，周圍各自然村的地主、富農都在鬥爭之列。那一天，木欄崗村的鬥爭對象被押到會場鬥爭。其中有一個人是村裏的一個二流子，土改工作組進駐木蘭崗之後，這個人很快被當作貧雇農的中堅力量和依靠對象加以重用。

土蘭崗土改工作組組長是李佩芝，李是王若飛的夫人，從延安撤到晉綏邊區。事實上，晉綏土改急邊「左」傾，除了康生曾經指導過晉綏土改工作之外，留下來直接參與土改工作的延安老幹部起了很大的作用。

她所依靠的這個人毛病不少，有小偷小摸的毛病，因為小偷小摸，曾經被村裏一個富裕中農打過，在土改鬥爭中，這個人公報私仇，一下子就把這個富裕中農給打死了，群眾對這件事情很不滿意，認為他不能領導農民翻身，不配作村裏的幹部。

李佩芝說：

你們怎麼能不懂得貧雇農的窮苦呢？正因為貧窮，所以他才去偷人。不能因為有這樣那樣的毛病就模糊階級界限。

這件事也就不了了之。

但這個人不爭氣，後來偷了軍區一匹布讓軍區抓了起來，這一次也當作鬥爭對象押到會場。牛友蘭遊街是將近中午發生的事情，正當牛友蘭被拉斷鼻翼的時候，李佩芝端著碗飯送到會場給這個人吃，說：

再鬥爭也不能不讓人吃飯呀。

群眾正對牛友蘭被鬥心中有氣，這下子可找到了出氣的由頭，圍住李佩芝就講理，李佩芝還振振有辭地說她那一套階級界限的理論，群眾說：

他偷村裏人不算錯，偷軍區的布還不算錯嗎？

木蘭崗村的人都圍住李佩芝講道理，人越聚越多，人們對鬥爭大會的情緒越來越大，最後會場的秩序大亂，鬥爭大會再也進行不下去了。到下午時分，下起小雨，木蘭崗和蔡家崖兩個村的群眾就是不離開會場，圍住工作團要個說法，要求工作團懲辦二流子，這樣一鬧就鬧到傍晚。其間，晉綏分局的宣傳部部長來會場疏散群眾，是一派和稀泥的態度，但最後還是贊同李佩芝的觀點，什麼事都可以說，但階級界限不能模糊。群眾的情緒更大了。李井泉聽到這件事，下命令給工作團，一定要說服群眾離開會場。馬林同情群眾，怎麼對群眾說都不起作用，到半夜，雨下得大了，群眾才陸陸續續離開會場。（「世紀中國網」，〈這一腔心事且說與誰〉，http://www.cc.org.cn/newcc/browwenzhang.php?articleid=5211）

另外還有關文章說，當時牛友蘭不僅戴著腳鏈、手銬，還有人「用成捆點著的香燒他的身體」（《晉綏愛國民主人士牛友蘭》，第147頁）。

8、「鬥牛大會」之後

「鬥牛大會」之後第三天，備受折磨和侮辱的牛友蘭在家中絕食而死。另外，他的侄子、在120師副官處擔任會計的牛蔭越，也因為被八路軍清洗回家自殺身亡。牛友蘭去世後，牛蔭冠也離開工作崗位，被派到黨校「學習」。有人告訴他，他父親去世的時候，馬林在場，老人對馬林說：「你們的事業是正義的！」（《晉綏愛國民主人士牛友蘭》，第48頁）

這位馬林，文革前擔任山西省政協副主席時，住了劉少白住過的房子，因此與筆者家也是鄰居。筆者記得在1960年前後，他已經六十多歲。當時沒有退休制度，他雖然身體不錯，卻一直「養病」在家。因為是老革命，又無所事事，便經常鬧些笑話。他有過四次婚姻，但都離異，因此老頭急著要找個對象。聽說有一年輕女子本來有男朋友，卻要嫁給他，急得省政協副秘書長找來這位女子談話，勸她不要這樣。後來馬林找了個四十歲上下的老處女，還是到過延安的老幹部。一開始兩人甜蜜得很，但沒過幾天就被馬林趕出家門，只好在機關的客房裏暫住。文革中，山西是奪權最早的省份，馬林與另一位省政協副主席何英才聯名寫支持奪權的大字報，成為被「結合」到省革命委員會的老幹部。遺憾的是筆者當時年紀太小，沒有採訪到他當年的經歷。

「鬥牛大會」前後，牛蔭冠已經離開工作崗位，被送到黨校「學習」。龔子榮在〈回憶牛蔭冠同志二三事〉中說：

> 1947年冬，在晉綏土改整黨中，我任黨校教育長。牛蔭冠同志調來黨校學習。在「鬥牛」大會後，為了瞭解牛蔭冠同志的思想狀況和安定他的思想情緒，我曾和牛蔭冠同志談過一次話。他表現得豁達大度，能想得開。對黨無怨言，對群眾運動有著正確的認識。同時，他還向我提

出，在這樣大的群眾運動中，領導上要注意掌握和防止發生過「左」的和不正確的傾向，表現出一個共產黨員對待黨和群眾運動的正確態度。

他還說，有一次牛蔭冠在支部大會上發言時，談到在「鬥牛」大會上，一開始有人把他推到地主那一邊，但貧協主席卻說：

　　這是自家的人，怎麼放到那一邊，讓他和農民坐在一邊。

這時，他「真是感到極大的溫暖和黨的親切。感動得落淚不止。」（《牛蔭冠紀念集》第172-174頁）

曾在綏蒙工作的鄭天翔說，當時他也來到晉綏分局黨校，發現「牛蔭冠『拉死他老子』，似乎是黨校裏的一個熱鬧話題」。一開始他因為不熟悉，不好意思打聽，後來才知道，為了「消滅壓在中國人民頭上、嚴重阻礙社會生產力發展的封建剝削制度，……蔭冠同志不僅無條件擁護並且長期為之奮鬥。大義滅親，蔭冠同志已經做出榜樣。」他還聽說，晉西北根據地初創時，牛蔭冠回來擔任領導職務。剛剛「走馬上任，就親自批准處決了當地十幾個地主惡霸，其中就有他的表弟。他是一個原則性很強的人，晉西北人民是看得見的，感受到的。如果他的父親牛友蘭是一個惡霸，或漢奸，或進行反共、反八路軍的活動，或反對土地改革運動，對他進行嚴厲處置，蔭冠同志是變遷不手軟的。」（同上，第176-178頁）

從他們的回憶中，可以推想出牛蔭冠在土改中的思想狀況和真實表現。

對於晉綏邊區在土改中發生的這些情況和變化，劉少奇非常滿意。10月23日，他致電彭真、聶榮臻、康生、劉瀾濤並告訴薄一波：

> 晉綏報告他們由邊區農會臨時委員會發了一個〈告農民書〉，作用很大，農民根據此書自動起來扣押地主並請派人去分田。你們除公佈《土地法》外，是否也發一個告農民書，望考慮決定。最近你們在會議上印發的文件似乎太多，可能會推動中心。（《劉少奇年譜》下卷，第102頁）

由此看來，晉綏土改在劉少奇眼裏已經摘掉「落後」的帽子，變成學習的榜樣。

1948年春，飽受折磨的牛蔭冠離開晉綏，奉命到山西榆次擔任了晉中行署主任兼黨組書記。晉中行署歸華北局管轄，薄一波以華北局第二書記的身分與組織部長劉瀾濤與牛蔭冠談話時，要他不要計較土改中的事。這顯然是牛友蘭冤案多年未能平反的一個重要原因。

十六、
張老漢的回憶

1、「殺你沒商量」

2004年1月22日，是農曆正月初一。《山西文學》副主編魯順民利用回鄉過年的機會，還採訪了七十四歲的張六和（化名）老漢，並在當年的《山西文學》第4期發表了〈關於土改，我對你說〉的採訪手記。據魯順民說，一開始，張老漢聽說他要瞭解土改的情況，還有一絲不快，甚至有點生氣，懷疑他不懷好意。但由於關係比較熟，雙方很快就消除隔閡，暢談起來。

張老漢是河曲縣城關人。1947年土改時，張老漢才十六、七歲。他母親是在抗戰開始時被日本人炸死的，死得很慘，找到屍體時，連腦袋都不知去向。下葬的時候，他父親只好在紙上畫了一個頭像黏在脖子上。後來他父親沒有再娶，依靠給死人剃頭、油棺材、做紙紮謀生。在父親的影響下，張老漢從小也學會做紙紮。但由於生意不好，生活非常困難

張老漢說，土改時他三叔參加了貧農團，要他跟著鬧土改。一開始他爹不同意，三叔就數落起他爹來：

> 你說你半路打光棍，娶不起個老婆，這是為什麼？是地主封建剝削的！你說你這每天辛辛苦苦做紙紮，做些下三濫營生，還得給人低聲下氣，和死人打交道，這是為什麼？是地主封建剝削的呀！

三叔告訴他爹：

總之，這一回輪到咱們出頭、出氣了，窮人要翻身了！

張老漢的父親比較怕這位三弟，稱他是「三閻王」。經他一說，也就同意了。這樣一來，張老漢就參加了少先隊。少先隊員大多是十五、六歲，比兒童團員大，卻不夠參加民兵的年齡。張老漢說：

那時候給公家幹事沒報酬。三叔說了，革命成功之後一併給。爹曾經問過，如果革命成不了功該怎麼辦？三叔說，休說這些破楔子話——萬一不成功，也就不成功，沒事兒啦！——你還得跟上受害，殺你個沒商量。

張老漢回憶說，那時他們家雖然住在河曲縣縣城裏，但是：

城裏頭這一攤也是一個村，村裏頭經常在街面上走的是民兵。那時候河對岸就是國民黨區域，兩國交兵，禁河禁渡，一到凍河的時候民兵們天天巡河放哨。每個人發一顆子彈、兩顆手榴彈。手榴彈是保德造的，質量不好，一炸兩半，扔過去之後，人家對岸的兵踢上一腳理都不理，知道不會傷著人。但民兵威風，背一桿槍，誰也不敢惹，全城都聽他們指揮。白天一般上午都是處於警戒狀態……，下午人們才敢上街擺攤子做一陣兒買賣。

張老漢說，當時除了民兵組織外，還有農會、村委會。土改一到，過去的推倒重來。成立了農會臨時委員會。臨委會成員一律叫秘書、頭兒叫主任，土改開始後，先是劃身分。為此，城裏的臨委會七、八個人，還有貧農團成員，一家一家轉，一家一家摸底。張老漢還記得，有一天，一個名叫呂品賢的人來到他家，一進門就哭喪著臉說：

叔呀，不能活了，我現在是地主身分！

他父親看到呂品賢那樣子，忍不住笑著說：

你要是地主，我就是豪紳了。

據張老漢說，這個呂品賢出身於富裕人家，祖上開過好幾家商號，但是他遊手好閒，抽大煙、吸料面，把一份好端端的家業敗落了。到後來，他連老婆都賣了，成了個吹鼓手，「成天在死人攤子上混飯吃」。土改時要查三代，因此被劃為地主。張老漢還記得，有一次他們跟著民兵在巡邏，碰見呂品賢在街上吃羊雜碎。民兵張全喜看見後，罵道：「狗兒的，好活的吃雜碎呢。」一邊罵，一邊撲上去按倒就打。因此，呂品賢到他家的時候，身上紅一道紫一道，鼻青臉腫的。

2、「起浮財、挖底財」中的小故事

說起定身分，張老漢印象很深。他說，當時分得特別細，僅僅是地主，就有地主、化形地主、破產地主之分。地主指的是有房、有地、有長工，平時不幹活，秋後收租的人。化形地主指的是「裝酸哭窮，小裏八氣，其實有家有資的人」。破產地主指的是呂品賢這一類人。此外，還有富農、生產富農、富裕中農、中農、下中農、貧農、雇農等等。還有最後一種叫惡霸，不管有地、沒有地，只要為人不好，就是惡霸。地主惡而霸，當然是惡霸地主；窮鬼惡而霸，叫做「窮惡霸」。

張老漢說，身分一定，就開始鬥爭了。當時「定下調調」叫做「起浮財、挖底財」。「起浮財」就是沒收家裏的糧食、家具、衣服和住宅。「挖底財」就是要將地主富農隱藏起來的財

產，主要是洋錢、銀兩全部挖出來。就算是冰凍三尺，也要把底財挖出來。

> 從那時候開始，城裏頭每天聽見打人、鬥人，呼號連天，聽也聽不下去，有時候半夜睡夢裏就聽見嚎叫，是地主讓鬥得餓不住勁了。剛開始我們少先隊還不讓參與，而且也不知道怎麼個鬥法，後來，民兵農會裏人手不夠，也將我們叫了去。

張老漢說：

> 鬥爭的方法不外乎捆人、打人。定下身分，民兵農會齊行動，按圖索驥，那叫沒一個跑。有的地主鬼精，聽見風聲不對，沒等鬥爭就將銀錢交出來，還有的早就跑得連鬼影子都沒有了。跑哪兒了？踏冰跑黃河那邊的國民黨區了。

所以民兵和少先隊的任務，一是監視地主、富農戶的行動，防止他們外逃，規定他們不經同意不能外出，外人也不能跟這些人家打交道。二是協助民兵、貧農團進行鬥爭。

張老漢還說：

> 鬥爭前，要開會。開會的主要成員除了農會、貧農團的成員之外，還有定為貧雇農的人。大家在一起拿著名單一個一個過，誰家家底如何，估計有多少財產，看見的、看不見的都一個一個過篩子，大家你一言我一語在會上吵吵。其實，這些窮漢到底是沒見過個錢，誰家有、究竟有多少，貴賤說不出個數，最後就按誰家的「鋪攤攤」大，就從誰家開始，一戶一戶過，誰也不能空過。

為了說明這種會議不允許貧雇農以外的人參加，張老漢還舉了一個例子。他說，有一次，沙口貧農團正開會，過去的村警喬蘭湊進來聽，大家一見他進來，就不說話了。但是喬蘭卻耍起村警的威風，說：

大家說哇，怎麼我一進來就不說了？

這時，貧農團的人厲聲讓他出去，他不但不走，還說：

你們又不是開黑賭場，我在一會兒都不行？我就不走你倒怎麼呀你們？

貧農團的人說：

你不走？你不走你看我怎麼呀。

一邊說，一邊抓了一把早已經預備好的生石灰，上前撲在喬蘭的眼窩上。

喬蘭一見這陣勢，扭身就跑，還捂住臉嗚哇亂叫。貧農團群情激憤地說：

正定下他個惡霸要鬥爭他，沒想到他自己送上門來了。

於是大夥兒一拍大腿，決定追打。張老漢說貧農團：

一夥人都是二不溜青皮後生，一路追到喬蘭家裏，幾個後生七手八腳將喬蘭按倒在炕上，又往眼裏揉了些石灰，揉得喬蘭直是個乞討，嚎叫得都不像人地哭了。最後大家看見他實在搓不住勁才罷手。說：再讓你看，狗日的。

經過這麼一折騰，喬蘭的眼睛當下就瞎了。直到「文革前還瞎著個眼到處轉。」

3、鬥地主的幾種方式

在談到如何鬥爭地主時，張老漢說：

> 後來我參加過幾次，主要鬥爭方式有幾種。

一種是「磨地」。地下鋪上些稜角銳利的料炭，沒有料炭就撒一些菠菜籽。菠菜籽六稜八瓣，有黃豆顆子大，鋪在地上比木銼還鋒利。有時候是將料炭和菠菜籽兒攪和在一起。然後將人一把推倒，兩個人提住腳跟在上面來回拉。發展到後來，將被鬥的那些地主、富農上衣脫掉，光著上身正面拉了反面拉，折磨得這些人媽媽、老子直叫喚。張老漢說：

> 一般人根本經不起這麼折騰，三下五除二就將埋洋錢的地方交待出來。也有骨頭硬的，死活不說。

比如：

> 東門上的「周二幹幹」，這是他的外號，叫什麼不知道，大家都叫他「周二幹幹」。有錢。他在藥鋪裏有股份能沒錢？但他平時裝窮，兩個兒子，大的在歸綏做生意，冬天連隻棉鞋都買不起，冬天回來腳指頭凍掉兩、三個，老二在藥鋪裡拉斗子司藥。他就裝窮慣了，實際上是小氣，叫他個「二幹幹」一點也不虧。我給你說，他幹到什麼程度，每年大年初一天不亮就出來，背個驢毛黑口袋挨家挨戶討一回吃，說是吃上百家飯，福氣自臨門。一上午

能討得半口袋油糕。貧農團對他的底細一清二楚，知道他有兩個錢呢。

但他就是不說。不說，好，拉你一回磨。

對於當時的情景，張老漢幾十年後仍然歷歷在目。他說：

> 記得鬥爭他的時候婦女會也參加了，二幹幹周掌櫃當下被兩、三個婦女會唾了個風雨沒漏，臨了還是被脫光上衣磨了地。頭朝後、腳朝前，兩個貧農團手提腳後跟就拉著周二掌櫃磨了一圈。拉得風快，地上的料炭、菠菜籽還不過癮，誰不知道給扔進兩塊青石蛋，聽見周二掌櫃的腦袋在青石蛋上嗑得 響。拉一圈，乞告一回，說哪裡哪裡藏著洋錢呢。貧農團照那地方掏下去，起出二、三百。不多，再拉，三回、五回，婦女會張毛女實在憤恨得不得了，在周二的肚皮上放了一盤小石磨，讓大家沒想到的是，她放上小石磨之後，一屁股就坐在那扇小石磨上，像坐了一掛馬車似的，指揮說：「拉上走，看他說不說。」

看女人都鬥爭這樣堅決，後生們也不示弱，一下子就把周二拉出大門，拉出城門，繞城圈子轉。最後周二掌櫃臉白得像一張紙一樣，在半路就承認下他把洋錢全部藏在園子地的藍池底下。後來，底財果然起出不少，總共有二十四個木頭盒子，白花花的有三千多塊大洋。至於周二幹幹的下場，也可想而知。張老漢說：

> 到後來，張毛女從磨子上下來才發現周二幹幹幾輩子就咽了氣，後腦勺子被磨塌，腦漿都拉了一路，後脊背的肋骨白生生的，一根是一根，就像打場的鏈枷……

還有一種方法是「坐圪針櫃」。張老漢介紹說，這種辦法是先把放衣物存糧食的躺櫃抬出來，抽去中間的檔板，活像個長方形棺材。然後在底子上均勻地撒上剁碎的棗樹圪針，再把被鬥的人脫光衣服，赤條條地扔到裏頭，蓋上蓋。櫃子底上有一根樑子，兩頭上下晃動，就像幼稚園裏娃娃們耍翹翹板似的。於是人就在裏面從這頭晃到那頭，再從那頭晃到這頭。晃兩下後問一句，直至說出藏金銀的地方為止。

張老漢說：

> 死鬼余務本，買賣開得有多大？當鋪、雜貨鋪，糧倉好幾處。（日本人）大轟炸之後，子孫們陸陸續續都跑過河到歸綏一帶，生意也隨之北移。全家就留下他一下七十多歲的老漢看門。耳朵有些背。有些看不起貧農團。問他，他連眼睛都不抬，不抬眼睛就抬你，將他抬進了圪針櫃。搖來搖去反正是個不做聲，不吭氣，打開櫃子一看，老東西死球了。

還有一種叫做「扔四方墩」。四方墩就是長城的烽火臺，三丈來高。張老漢說：

> 對那些頑固不化、死活不說的，或者鬥爭上了火的，將他拉上四方墩一推，直死無活。為了保險起見，貧農團的人在四方墩下面鋪滿石頭蛋子，開始還扔一兩次不憚其煩，直到摔死，後來見扔下去不死，乾脆用石頭蛋子往腦袋上砸，一砸就沒命了。

談到這種刑罰時，張老漢也有具體事例。他說：

有一回鬥爭韓聘衛的老婆，韓聘衛是個教書先生，人品也不錯，但還是劃成地主，對，是化形地主。貧農團見他老婆每天提個籃子撿料炭，氣不打一處來，捆起來就打，說你那麼有錢還裝窮，快快交出來。韓家師娘不怕誰，打死打活一句話：「打死也沒錢。」貧農團最後將她推下四方墩，摔死了。死的時候已經受過百般刑罰，磨地坨針櫃、火燙鉗子夾，上身被剝光，往下推的時候，田××將她的褲帶鬆開，揪往褲腰，上手將她推下去的時候，人和衣服輕易地分離開來。第二天，田××就將那打褲子賣在了估衣攤子上。田××也是個少先隊員。

張老漢還說，在五花八門的刑罰中，「我那妻姥娘死得最慘。一個寡婦人家守著一攤子家業，有磨房，當鋪，百貨生意，還養兩支大船，經營著糧庫，常年下雇工有三十多人。被磨了地，捆起來打過，火柱燙過，最後還在耳朵裏鑽上撚子點燈……我給你說……最後，最後在人民法庭上槍崩了。」

4、當年不許收屍，至今談虎色變

說到這裏，張老漢頗有感觸地說：

有人民法庭？人民法庭我給你說是這麼回事。和文革時候的批鬥大會差不多，由幾個人控訴，底下是人山人海。其實許多人都是聽過昔日富豪的名頭，沒見過面，都是來看希罕的。控訴罷，土改工作團的人問：「貧雇農弟兄們，大家說，這個人，該怎麼辦。」只要底下有一個人說：「打死他！」……這人立刻就被拉出去。用這種方式，還有許多平時為人不好、脾氣不好惹下人的民兵、

農會幹部被槍崩了。這叫做：「貧雇農要怎麼辦就怎麼辦。」

晉綏土改進入高潮時，已經是滴水成冰的冬天了。張老漢清楚地記得當時：

> 冰天雪地，被鬥死的人都不允許去收屍，誰要收屍就認定是狗腿子，一旦定成狗腿子，鬥爭起來比真正的地主還厲害。後來，那些被鬥死的、被搶斃的，都赤紅溜棍扔在野地裏，遠遠地就看見一群狗圍著屍首爭搶。屁股在雪地裏露出來很搶眼，我給你說。屍體上的衣服早被人脫光了。

對於後來的「糾偏」，張老漢也有自己的看法。他說：

> 槍崩的後兩天，也就是臘八過後那幾天，說是槍崩錯了。不僅僅是她，許多人都槍崩錯了，要糾正。球，人死了怎麼糾？這種混亂局面大概持續了三個多月，很快就結束了。打死多少地主，沒稽究，不知道。但僅我知道的就有十多個。反正挺亂，有好幾次，貧農團開控訴大會，說著說著把縣委書記、縣長就揪上臺去鬥開了。要不是土改工作團在那麼著陣，他們也玄。

張老漢承認，他也參與過這些事。人們叫他「鬼六子」，就是那時候起的。他還說，他曾經請教過早年在衙門裏當劊子手的人，這人叫「三板漢」，是個塌鼻子，害楊梅大瘡落下的病。三板漢教他一種方法，叫「小鬼搬磚」，就是電影裏演過的「坐老虎凳」。後來他對三叔說了，三叔馬上把這種法子運用到實踐

中。最多的時候能往受害人腳下墊七塊磚頭，「聽見骨節圪叭叭響，是那種碎裂的聲音。」

張老漢說，時至今日，土改的影響還在。有一次，他要給大兒子申請宅基地蓋房子，村裏拖了三、四年也不批。有人給我傳話，說是需要往上送黑錢才能辦成。張老漢說：

> 我給他有條×錢。我就找到村主任×××家裏，一進院，不說話，先看他那幾間大正房。他看著我來者不善，說六叔你有事進家裏說，站在外頭能看出個靈芝、牡丹？

張老漢不理他，只是說：

> 我是看你這房子，什麼時候土改我該分哪一間。

一句話嚇得他臉都白了。沒過幾天，蓋房子的宅基地就順利地撥下來了。

說到這裏，張老漢哈哈大笑起來。

十七、

如何分配土改「果實」

1、幾種分配方法

鬥了地主之後，就該分土地、分房屋、分財物了。

《土地法大綱》要求徹底平分土地，但是在實際操作中，卻不那麼簡單。就土地而言，有水田、旱田，也有坡地、園地，有的肥沃、有的貧瘠、有的近便、有的偏遠。仔細分來，可謂三六九等，差別很大。就分配對象來說，是按人口分配，還是按勞動力分配，需要考慮。另外，分了土地以後，有沒有條件和能力耕種，也是問題。房子的情況與此類似，因為同樣人口的貧雇農無房戶，不可能分到一模一樣的房子。至於包括牲畜、農具、衣物、糧食在內的財物分配，則更難做到公正、合理、平等、有序。如果再考慮到人為的因素，就更不好辦了。

1947年12月5日，《晉綏日報》第二版刊登一篇文章：〈介紹碧村的分配方法〉。文章說，該村從10月初開始分配，總結出幾種分配方法。第一種是：

> 將果實折價，依貧苦程度，由農會大會決定每戶應分數量，由個人去選擇。

具體來說，是先將財物按米折價，再把貧苦農民分成十個等級，規定每個等級可以分幾斗幾升，同等級還要按貧苦程度決定順序，最後讓個人選擇自己所需要的財物。第二種是「按需要搭配」。這種方法是先讓貧苦農民申報自己需要什麼，再

進行調查、登記，最後由「分配委員按照各人的需要負責搭配」，並首先滿足最貧苦者的需要。第三種是「估量搭配」。這種方法也是先由個人申報需要什麼，然後經大會審查，「由分配委員會根據貧苦程度、人口多寡，估量搭配。」

文章認為，三種分配方法中，第一種比較好，特別是分配大量土改成果時最合適。

> 其好處是：首先滿足了最貧苦群眾的要求，每人能夠選擇稱心適意的物品。分配委員不能有所偏愛，將好的東西搭配給他願意搭配的人。

相比之下，後兩種方法、特別是第三種，就有不少缺點。

2、「折價分配」模式

12月12日，該報第四版又發表署名孫達可的文章，題目是〈退贓還債的「百貨商場」──介紹寇莊對衣服傢俱按等自挑的分配〉。這篇文章生動地描述了當時分配土改「成果」的真實場景和整個過程，既有文采，也是一份難得的歷史資料。出人意料的是，就是這樣一篇文章，也成為反面教材，受到嚴厲批判。為了說明問題，並瞭解當時情況，現將該文照錄於下。

> 最近朔縣寇莊對鬥爭果實的分配，土地、糧食、布匹、牲畜等都好辦，惟有衣服、家具難分，後經群眾討論，想出用趕集式，按等順序，自由挑選的辦法，把果實分配場，成為農民收回自己血汗，地主退贓的「百貨商場」。結果，農民既各自得到自己所滿意的東西，對貧雇農的照顧，也更明確徹底，特介紹如下：

（1）紅火熱鬧，百貨俱全。

　　分衣服那天，是在廟裏，二百多件衣服，掛滿了前後兩進廟院，農民們所最喜愛的皮襖皮褲、粗藍大布，一堆一堆的。叫不上名，見也沒見過的紅綢綠緞，光華耀眼，還有什麼狐皮、灰鼠、氈毯被褥、大氅斗蓬、絨帽皮鞋等等，一繩一繩的掛著、堆著，有些竟因為許久埋在地下，而漚爛了，帶著破傷、發出腐朽的氣味。每件衣服上都用紙塊標明著抵債的評價，幹部們分工，誰招呼那一堆，誰招呼那一繩。

　　為了便於保管，家具的分配場在一個被掃地出門的地主院裏，更是百貨俱全，紅火熱鬧。西北角上，擺滿了貧雇農爭著先挑的犁、鋤、耬、耙等農具，和四輛「扇車」，接著是一排鹽、麴、醋、醬的堆子和整箱的洋火水煙。西南角是數不清的大小銅器和鐵器，新的、壞的，有地主李鴻舉家中舉人賀喜時的「旗座」宮燈，也有惡霸地主武善周，藉日本人沒收、搶奪去的「串壺」、銅杓、鐵鍬、桶箍等……，每樣都是一、二十件，廟上丟了多年的四對鐵燈籠，半套鑼鼓家具，中農侯富山丟了多年的小盤秤，和硬逼著向人要去的「蠅耍」銅燈等等，都擺在那裏，等待著物歸原主。最耀眼的，是東北角上的三十幾頂洋箱、檀木桌椅、金漆立櫃，和一大堆雕刻的門窗隔扇，人們有的指著那幾件是誰家的，因為欠利被「樓院」抬去（地主李鴻舉住著高樓，老百姓管他家叫樓院）。挨著是幾十樣細瓷家具、鐘錶、掛屏、穿衣鏡，以及玉筆筒、瑪瑙瓶、象牙鎮尺、玉帶鉤之類淫奢擺闊的「珍品」。另一角是百多個從地下挖出，藏了糧食、油醋的大壇大甕，

和兩堆「五經四書」、「醒世真傳」一類害人的字紙、字畫、掛畫、喜聯，更是掛滿了三間房子。

這滿院的家具除了碎小不成件的，也都是貼著紙塊，標明頂債多少，幹部們分工負責，各管一部，更有兩個總負責人，隨著進來挑貨的「顧主」幫助挑選，檢點算賬。

（2）誰最窮苦，誰先挑選。

事前根據群眾所劃定的身分，再由群眾討論，分出等層，從貧雇農到中農，共分五等，每個等層，按果實評價總和，與各等層間貧苦差度，決定每人分得的果實數，在同一等層裏，再按三代，受剝削輕重、貧苦程度，決定先後次序，誰最窮苦，誰先挑選。分配時，在鑼鼓歡呼聲中，按著所決定等層次序的名單，被請進場裏挑選，誰先被請進去，誰就更加喜歡，而為大家所羨慕。

一等貧農石醜小，父親剛剛餓死不久，家裏只剩三口人，這回分到衣服果實，值白洋二十七元（編者按：給白洋以合法地位是個政治錯誤。）他伸手先挑了一件最好的羊皮襖、一條棉褲，接著拿起一件洋布灰大衫、一條單褲、一頂皮帽、一雙皮鞋、一領子、一條褥子，和丈五白布，家具果實，他共分到值白洋二十九元，他笑眯眯的，一進場便先給他那新分到的大犍牛抱起一張好犁，轉身掛了五十斤鹽、三大包水煙，他說可以換糧吃，鍋、坑席、鏟子、水罐、爐盤、鐵鏈、飯碗、飯盤、籮、籮架、串壺、板凳、鞍架，……他什麼都沒有，什麼都需要，在這些零用東西上，他挑的不能放手，還是工作團同志們勸他挑

了一頂評價七元、「樓院」的大洋箱，最後又搬走了三塊石蓋、一把鍘草刀、四個大甕，並搭配了碟碗、茶盤、茶壺、小秤等家具，和五斤銅製錢、三塊曲。看的人們都說：「這可真是翻過來了，有吃的、有穿的、又有用的（按：石醜小另外分糧三石七，布九四）。誰窮誰先挑，東西又好，價錢又便宜！」

在挑選中，還可以看出身分，真正窮苦的貧雇農，對那些綢緞衣服、細瓷家具，理都不理，專挑破皮襖、爛棉套。貧農戚有，不同意大家說他是半二流子，那天，一伸手竟先挑了一把酒壺、一個酒瓶，和茶壺靠椅，於是大家都吵起他是半二流子。破落地主李映喜、李登元，都裝成貧農，那天，李映喜竟先挑了他當年頂洋煙賬的幾件檀木雕刻桌椅，李登元是先挑綢大衫和精緻的茶點桌、魚碗，於是引起工作團同志的更加懷疑，後來果然都鬧清了。

（3）眾人關心，大家滿意。

由於身分等層的劃分，特別是同一等層內，誰前誰後，分配次序的決定，都是經群眾討論來的，大家比三代，比窮苦，比誰受的剝削大，因此，誰在誰前邊，大家都很注意，而互相議論，在挑選中間，更是大家都注意，場裏還有什麼東西？那件被誰挑走了？快輪到自己了！自己該挑什麼？自己挑完，也還注意誰在挑啥？挑時，好些是一家男女老少都進場，和趕集一樣，王德、王新月一家父子五人，在場裏開起家庭會議，父親和王新月，是看中了那套厚茸茸、毛板全好的皮襖、皮褲，冬天好出門鬧生產，新月的媽媽，卻看中了那床紅洋布面的棉被子，因為十來年

了，全家五口沒蓋的，爭論一陣，還是為鬧生產的意見勝利了，新月的媽媽，也就笑嘻嘻的抱起了那件皮襖。這樣一直挑到最後，人們都是由他自己決定，在兩件之中，願挑哪件，因此都挑到了他自認為滿意的東西。

分家具從早飯後，中午只休息一陣，一直挑到陽婆快落了，院子裏四周窯頂上，還是擠滿了黑壓壓的人，一陣鑼鼓、一陣歡呼，比唱台大戲還紅火，分衣服那天，還唱起秧歌，更是鑼鼓喧天，熱鬧非凡，外村來參觀的男男女女，也足有百多人，把個兩進院，擠得滿滿的。

（4）事後檢討，利多弊少。

這樣趕集式的「百貨商場」分配辦法，事後搜集群眾反映，加以檢討，好處是：1.不但由群眾依身分劃分等層，而且由群眾規定同一等層內的先後次序，階級路線，更為明確精細。2.每個人所分的果實，都由自己挑選決定，人人取得自己所滿意的東西，評價即使稍有出入，個別幹部即使搞鬼，便宜也為在前邊的貧雇農所得。缺點是：1.各戶前後次序，雖由群眾規定，但對個別戶，還考慮欠周，不夠恰當。2.對較貴重的衣物與大家都想要的實用物品，還難自由挑選，而事前計畫不夠，以致後來不得已，把狐皮斗篷、扇車之類的東西，只好動員幾家中農鈞分，對鹽、煙等物，又只好限制，不能完全貫徹自挑原則。3.特別是因為分價與挑貨，很難碰得正好，遂對前邊的貧雇農放鬆，分的超過原規定數，後又將評價提高，使個別下中農，對此有些不滿。

3、「折價分配」受到批判

這篇文章給人的感覺是領導土改也真不容易。面對如此複雜的問題和局面，工作團和貧農會居然能想出這種辦法，既要執行政策，又要盡可能維持「公平」。從作者的口吻來看，也非常欣賞這種辦法。但是《晉綏日報》發表這篇文章，卻是供批判用的。

其實，《晉綏日報》發表〈介紹碧村的分配方法〉時，就在編者按中說：

> 我們發表碧村分配果實的幾種方法，目的是希望各地的土地改革同志對這一分配問題展開討論，交流經驗，到底哪一種方法（不限於本文中的三種方法）最能滿足貧雇農要求，則有待各地在實際分配中，依靠貧雇農去研究。根據實際經驗證明，作價分配，並不能完滿地滿足貧雇農要求，相反地有利於中農，因此實質上是富農路線的分配方法。本文只作為一個參考資料，以供各地土地改革同志研究，使分配工作真正作到充分切合貧雇農的利益。

也許是感到這樣做力度不夠，未能引起廣泛注意吧，該報在刊登孫達可的文章時，又專門配發長篇批判文章：〈打價錢分果實辦法要不得——評寇莊與碧村的分配辦法〉。文章在編者按中指出：

> 達可同志〈退賍還債的「百貨商場」〉一文，介紹了朔縣三區寇莊打價、限價分配果實的方法。那篇文章是9月間寫的，寄來之後，因有原則錯誤未予發表。但是這種分配方法後來流傳到興縣黑峪口一帶，5日本報二版碧村分配方法中之頭一種，聽說就是從這裏學來的。又聽說各地類

似的作法頗為不少,因此覺得有加以批判之必要。現將達
可同志的文章刊出,連同碧村分配方法,一併提出我們的
意見,以供各地同志參考,並且希望引起進一步的探討。
如有不同意的意見,希望展開討論。下面是我們的意見,
先從達可同志一文談起。(《晉綏日報》民國三十六年十二月
十二日頭版)

這篇文章從八個方面進行批判。因篇幅太長,將它縮寫如下:

(1)需要的不給,給的不需要。

　　正確的分配原則,本來應該是按照貧苦程度與實
際需要,缺甚分甚,首先滿足貧苦農民的要求;但是
打價、限價的分配方法恰好相反。這一點,從達可同
志的文章中可以看得很清楚:

　　王新月一家五口,十年沒蓋過被子了,如果按
實際需要分,他們應當分到被子。但因分法限定價
額,為要取得皮襖,就不得不忍痛割愛。於是在十
年之後的偉大土地改革之後,這個五口之家,還是
沒有蓋的。

　　「一等貧農石醜小」,一方面是他所需要的東西
沒有分到,另一方面是他所不需要的東西分到了。他
需要的東西是「鍋、炕席、鏵子、水罐、爐盤、鐵鏈
……」,但是他所分到的東西卻是「碟碗、茶盤、茶
壺」,還有三塊曲,這是吃茶喝酒的東西,不是「一
等貧農」當前所需要的。

(2)給貧農限制,給中農包票

　　如果按照貧苦程度與實際需要,缺甚分甚,而不
打價、限價,那麼王新月家便可以理直氣壯地再要一

床被子，石醜小也可以再要幾件東西。他們可以和中農們比家當、講道理。中農們如非家中確實缺少而又無力購買，便沒有理由也參加分配，多佔便宜。單看各家的分配價額，一等貧農比五等中農確實要超出好多，這就使貧雇農感覺「比人家中農分得的東西已經多了，還好再說什麼呢？」而中農們反倒理直氣壯起來，感覺「我這一份已經比你們少得多，連這一份都不給我那怎麼行？」因此寇莊分到後來，給中農的比原訂價額稍微差了些，他們就「對此有些不滿」。這就是說，打價、限價的結果，叫貧農為難，而使中農氣壯。因此，它必定要走富農的路線。

（3）少數突出，苦樂不均

　　寇莊的分配，一方面是沒有滿足貧苦農民的需要，另一方面在某些物品的分配上，卻又超過了一部分農民的實際需要。「一等貧農石醜小」，一家三口就分了九匹布，而他另外還「先挑了一件最好的羊皮襖、一條棉褲、接著拿起一件洋布灰大衫、一條單褲、一頂皮帽、一雙皮鞋、一領　子、一條褥子和丈五白布。」這是穿的、戴的。吃的上面，這個三口之家「分糧三石七」而外，還「轉身掛了五十斤鹽、三大包水煙，他說可以換糧吃」。此外還分了一條大犍牛和「大洋箱」等各種日用家具。至於王新月家是甚麼身分，作者沒有寫。他一家五口十多年沒蓋過被子，想必也是個貧農吧？可是他家能分到的東西比起石醜小來就少得多，以致皮襖與被子都不可兼得。同是貧苦農民，分配如此懸殊，多的多，少的少，苦樂不均。這種不公平、

不合理的狀況，不但影響貧雇農內部的團結，而且直接影響以後經濟生活的發展。這也是一種富農路線。

（４）村不離村，本位主義

石醜小之所以分得那麼多，還因為寇莊是一個很富裕的村子，它的果實特別多之故。相比之下，山地村莊的貧苦農民（比如興縣四區），不要說鋪蓋，炕上有塊破席片都稀罕。本報11月20日報導的保德化樹塔是一個不算窮的村子，但是在今年天旱的時候，全村義倉僅餘三十斤糧，而一個貧農單身漢張紅奴，竟因為幾斤糧為難到服毒尋死的地步。按照「天下農民一家人」的精神，寇莊應該取出很大一部分來幫助山地貧苦農民翻身才對。工作團不向這方面引導，而把它一股腦集中分配到這個村子，顯然是極不合理的。這是一種村本位主義，同時又是另一種富農路線。

（５）商人作風，包辦代替

以上三種富農路線，好像與打價、限價沒有多大關係，其實不然。你看他們的工作原則，和一個「百貨商場」多少相似：第一，它是「打價、限價，先來先挑」。第二，它是「搭配起來，一次分定」，這就像「百貨商場」裏的「大拍賣」，而且「貨物出門，概不退還」。至於幹部們的組織分工，當然也像一個「百貨商場」。由此可見，這場分配不但抹煞了群眾的要求，而且抹煞了群眾的習慣，是商人作風，不是農民作風，是幹部包辦代替，不是群眾自己的意願。

按作者的說法，這是「經群眾討論、想出來的」。如果真是這樣的話，恐怕也是中農想出來的。因為這種作法離不開能寫、會算和懂物價行情的人，

除了地主、富農，這種人多半是中農。因此只有他們才會積極主張和支持這種辦法

（6）限價排序，遏止鬥爭

分配工作本來是一場劇烈而深刻的鬥爭，是貧雇農路線與富農路線的鬥爭，也是貧雇農起來與中農及舊幹部黨員中有富農思想分子的鬥爭。其中有經濟意義，也有政治意義。若不是貧雇農起來積極鬥爭，確實掌握領導權（政治果實），徹底戰勝富農路線，分配工作是無法做好的。可是打價、限價與「按等順序」以及搭配起來一次分定等辦法，恰恰遏止了這種鬥爭。既然按等順序依次輪流，那麼分在後面的要想過問、爭論就被遏止了；既然搭配起來，那麼願要這件不願要那件的爭論便被遏止了；既然一次分定，那麼要求重分、要求調整、要求修改的爭論也被遏止了。達可說這種方法是群眾規定的，這當中自然有爭論，但是更尖銳的爭論一般還在具體東西的分配上。由於限價順序，後面的鬥爭被腰斬了。

打價、限價是對貧雇農的限制，也是對中農的保證，因此被遏止的乃是貧雇農的鬥爭。出現這種情況，是因為寇莊工作團的思想本來就傾向於中農。你看分到後來，為「動員幾家中農夥分」狐皮斗篷和扇車，他們感覺是多麼「不得己」！個別中農「對此有些不滿」時，他們又多麼重視。而王新月一家在土改之後依然蓋不上被子，他們卻不當回事，反而說新月他媽抱起那件皮襖（同時也丟下那條被子）時，是「笑嘻嘻的」。

（7）恩賜觀點，取樂心情

　　出現這些問題，從根本看是因為寇莊工作團有恩賜的觀點，在思想上看不起貧苦群眾，也不相信他們。所以就要按照自己的趣味與愛好去開設「百貨商場」，而不管群眾是否需要。他們不管石醜小迫切需要鍋、炕席、鏟子之類的東西，而勸他挑了一個「大洋箱」，是站在群眾之上來「佈施」群眾、「打發」群眾，同時又在看群眾的「紅火熱鬧」。他們的思想深處，潛藏著一種城市市民和商人追逐新奇、趣味、刺激的瘋狂情調，甚至是封建紈絝子弟的情調。

（8）批評了對的，表揚了錯的

　　至於碧村的三種分配方法，實際上是兩種。一種是打價、限價，一種是按照貧苦程度與實際需要，自報公議，缺甚分甚。文章作者特別推薦前一種，舉出它的兩大好處，說後一種有許多缺點。這是批評了對的，表揚了錯了。他們說前一種方法「首先滿足了貧苦群眾的要求」，根據寇莊的事實是不可能的。他們說「每人能夠選擇稱心適意的物品」，其實做不到。他們說「分配委員不能有所偏愛，將好的東西搭配給他愛搭配的人」，也過於樂觀。比如在碧村鄰近的王家塔，一個中農當分配委員，把好被褥藏起來，貧雇農分時他說已經分出去了，輪到中農分時他又「想了起來」。

　　總而言之，打價、限價分配果實的辦法，根本不合乎農民的習慣和貧雇農的要求，如果再搭配起來一次分完，就更不利於貧雇農了。農民的習慣與要求是「抽補」、「缺甚補甚」，按照貧苦程度，首先

滿足貧雇農要求。衣服家、具多分幾類，多分幾次為宜。誰該不該分，該分什麼，可以自報公議，由貧雇農首先討論，再和中農一塊展開爭論，不要一次分完，也不要一次分定，多爭論幾次，多修改幾次，不忙作最後決定。分配能否公平合理，關鍵就在於爭論。爭論之後，大家都沒有意見了，各取各的東西就是了。對於貧雇農來說，打價、限價是有害無益，根本要不得！

4、分房、分地、分老婆

在土改中，除了分地、分房、分東西之外，還要分老婆。

魯順民採訪白建華之後，在〈「左」傾風暴下的黑峪口〉一文中說：

> 「左」的表現最嚴重的，莫過於把那些鬥爭對象的老婆、閨女給當鬥爭果實硬性分給貧雇農。鬥死的不必說，就是沒有鬥死的也分。

劉象坤被鬥死後，他那五十多歲的老婆被分配給一個貧雇農。

> 這個貧雇農還有些看不上她，過了兩年多就蹬蛋了。

王作相被打死後，他的閨女被分配給一個貧農，這個貧農還不錯，兩人湊湊乎乎過下來。貧農團長任奴兒也分了一個四十多歲的女人。這個女人的丈夫土改時跑到內蒙，人還活著就把人家的老婆當作土改果實分了。土改過後，那人從內蒙回來，不敢進村，就住在黃河對岸陝西神木一個村子裏，透過傳遞消息，終於把老婆接走了。這兩口子有一個閨女，也分給一個年輕後生，後來也跑到內蒙了。

　　文章說，任奴兒這個人不討厭，就是有點懶。他懶到什麼程度，恐怕許多人不會相信。有人在地裏碰見他，給他兩顆葫蘆，他只拿一個，還是揀小的，說大的太重拿不動。到了棗樹地，主人讓他摘點棗子充饑，他只摘一把就懶得再摘了。土改後三年多，他就在新分的窯洞裏餓死了。

　　文章還說土改時：

　　　　不僅僅地富和鬥爭對象的女人被分配掉，就是富裕中農也不例外。富裕中農馮萬禮的閨女就分給了貧雇農。

在被分配的婦女中，最典型的是任公純的閨女任有蓮。任公純出身貧寒，因為受到牛友蘭資助，考入太原第一師範。畢業後通過考試在內蒙當了縣長，後來又經過商。他有三個女兒，都讀過書。土改時，任有蓮和母親被關押起來，要硬性分配給貧雇農。由於母女倆死活不從，便遭受繩子抽、棒子打、、烙鐵燙等酷刑。最後，農會給她挑了一個軍人。任有蓮結婚後，一直不回婆家，直到1955年才離了婚。

十八、

在幹部中製造恐怖

1、把土改與整黨結合起來

前面提到，由於劉少奇認為：「有了徹底的政策，還要有貫徹徹底政策的純潔的黨組織」，因此土改必須與整黨結合起來才能取得成功。在這一思路的指導下，晉綏地區把改造黨、純潔黨組織放在非常重要的地位。

1947年10月，晉綏分局在其主辦的《土改通訊》上發表了〈關於興縣木欄杆自然村萬分問題的研究〉，以指導全區的土改工作。18日，晉綏邊區舉行大會，一方面祝賀人民解放軍在陝西清澗一帶打了勝仗，一方面慶祝《中國土地法大綱》頒佈。西北局書記習仲勳首先在會上講了話。他介紹了西北戰場的大好形勢之後，興奮地說：

> 還有一件值得慶祝、和軍事勝利有同等意義的就是雙十節中共中央公佈的《中國土地法大綱》，《土地法》頒佈後就要廢除封建剝削制度。……如此沒有這方面的勝利，就不能保證軍事上獲得更大勝利。

緊接著由賀龍講話。他說有四件值得慶祝的大事：一是蘇聯、南斯拉夫、保加利亞、波蘭等歐洲九國共產黨開了代表會，組織了情報局，加強了世界革命的力量；二是晉綏和陝甘寧實現了統一領導；三是中央頒佈了《土地法大綱》；四是全國各個戰場解放軍都在打勝仗。關於土改，賀龍也承認：

　　　　晉冀魯豫就作得很好，政治上、經濟上都徹底打垮
　　了地主階級。在今年、明年全解放區的土地問題就可以解
　　決，我們晉綏明春也可以基本上解決。

為此，他提出今後的任務，是要徹底發動群眾解決土地問題，改
造政權、改造黨。此外還要加緊生產、多打糧食。（《晉綏日
報》1947年10月18日頭版）

　　所謂整黨，主要是清洗幹部隊伍中的階級異己分子，在幹部
中製造恐怖。由於整黨必須與土改緊密結合起來，僅僅在1947年
10月後半月，《晉綏日報》就刊登如下報導：

　　臨縣郵局清洗了地主郵工張成全（10月18日二版）；

　　靜樂縣把階級異己分子秦德趕出黨校，交群眾處理（10月19
日二版）；

　　興縣胡家溝群眾在審查共產黨員的同時，還改造了農會（10
月20日頭版）；

　　三分區機關部隊為純潔組織，清洗了特務連和紡織廠的地主
王龍、趙書甫（10月20日二版）；

　　交城米家莊經群眾公審後鎮壓曾任抗聯主任的任達榮（10月
21日二版）；

　　保德南河溝翻身農民為純潔黨組織審查黨員，並介紹七名貧
雇農入黨（10月23日頭版）；

　　興縣稅務局在三查運動中清除地主王佔元（10月23日二版）；

　　興縣碾子村舉行貧農大會，扣押村公所書記、階級異己分子
劉晏昌，並將包庇地主分子的支部書記張連升撤職，交群眾審查
（10月25日頭版）；

　　軍區後勤部清洗了合作社經理李廣幹、老幹部劉熙同（10月
27日）；

忻東擴幹會接受群眾要求，清除三區財糧幹事、階級異己分子賈玉柱（10月29日二版）；

九地委清洗機關秘書、地主出身的梁新林（10月30日二版）。

隨著運動的進展，土改工作團也面臨同樣的災難：

1947年10月27日，《晉綏日報》刊登通訊，報導了興縣高家村工作團不相信並拋棄貧雇農，決定讓負責人汪濤向群眾承認錯誤的消息；

11月10日，該報報導了崞縣前沙城工作團小組長在分配衣物時一手包辦，使貧農利益受了損害；

11月23日，興縣蔡家崖行政村召開貧雇農大會，認為工作團給地主、富農撐了腰，壓制了貧苦群眾；

11月24日，該報報導了靜樂縣鬧林溝群眾鬥爭受到工作組的壓制，組長尹曉樓已被送回原籍交群眾處理的消息；

11月26日，該報又報導說，臨縣趙家崖貧農已經自發地奪回了領導權。

2、大批幹部成為鬥爭對象

縱觀當時的《晉綏日報》，有關清洗幹部的報導連篇累牘。陽曲縣甚至在深入土改的過程中，發現邊區「特等鋤奸英雄」、公安局偵察員王俊德原來是個大惡霸，因而將他扣押起來交群眾處理。為此，區長、縣長等有關人員也受到牽連（11月13日頭版）。與此同時，臨縣安業村群眾還審查了抗屬和退伍軍人，撤銷了部分人員的資格（同日二版）。不久，保德縣委組織部劉芝茂及其父親被清算（11月15日頭版）。一個地主的兒媳婦因為想改嫁某部隊醫院的教導員，該教導員被群眾捆綁起來，交部隊處理（同日二版）。

11月27日，《晉綏日報》發表〈為純潔黨的組織而鬥爭〉的社論，對運動給予充分肯定。社論說，中國共產黨不僅要領導中國人民完成反帝、反封建的任務，還要領導中國人民走社會主義的道路，因此它在城市主要吸收工人階級的先進分子，在農村則要吸收貧雇農入黨。但是在抗日戰爭中，由於統一戰線的需要，一大批地主、富農、流氓也湧進黨內。對於這種情況，賀龍、關向應十分重視，曾多次強調要注意黨內不純的問題，並保持了軍隊內部的純潔性。相比之下，地方上雖然也清洗過一批壞分子，但是並不徹底，有時還流於形式。「至於1943年以來所發動的減租鬥爭，（由於）沒有認真執行少奇同志的指示」，使黨內不純分子與地主、富農結合起來，就成為壓在群眾頭上的「村蓋子」和「縣蓋子」。「農民在打倒地主之後，認為翻了身但還抬不起頭。」有些地區的「三三制」，也成了地主、富農的「清一色」，「三朝元老兩朝紅」的現象比比皆是。

為了清除黨內的階級異己分子，社論要求不能用思想教育的辦法或自上而下的審查，而要走群眾路線，讓他們「向群眾低頭，承認錯誤，群眾也一定會嚴格的批評、鬥爭或處罰他們。」否則就不能揭開這些「村蓋子」和「縣蓋子」。

社論認為，許多地主富農出身的幹部，雖然也參加了革命，並贊成打倒地主階級，但是在自己的家庭問題上，或「企圖減低身分」、或以「開明地主」家庭自命、或「以功臣自居」、或藉口執行上級任務，來逃避、抵制群眾的審查。這其實是「更加暴露自己的惡劣品質，而激起群眾加重批評處分。」

社論指出：

> 今天的問題很明白，在尖銳的階級鬥爭中，絕不容許掩蓋自己、逃避責任，同樣不容許模棱兩可，兩面態度，

因此黨號召我們每一個人都必須在鬥爭中承受嚴格的考驗，……勇敢的起來揭發自己、揭發別人，只要不隱瞞身分和錯誤，只要把貪污的東西全部交出來，只要堅決和自己的地主家庭斬斷關係，只要把過去的兩面派行為坦白出來，並決心將功贖罪，就可以宣佈他無罪，既往不咎，或將功折罪，或戴罪立功。但如果要自甘落後，仍想繼續投機取巧、兩面三刀，企圖推卸自己的罪責，或進行公開抵抗，則將要受到群眾的嚴厲懲辦。

社論最後說，純潔黨的組織「是為了戰爭與土改」，因此一定要走貧雇農路線，不能走幹部路線或中農路線。

今後凡黨員和幹部，都須首先經過雇貧農會議的審查，然後才由農民大會審查（地主、富農不准參加），各級農民代表會，則負責審查各級組織。至於混入各種組織的階級異己分子、投機分子，則不受以上規定的限制，只要當地群眾要求拿去清算、懲辦，就可以拿去清算、懲辦。凡經雇貧農會議、農民大會或各級農民代表會審查的幹部，除了被群眾處分、撤職、開除者外，只要向群眾低頭承認錯誤，群眾認為還可以繼續為人民辦事的，仍可由群眾介紹送回原機關工作。

11月31日，晉綏分局發出通知，認為該社論：

不僅指出了晉綏黨內組織不純的嚴重性，而且概述了嚴重問題的歷史根源，及其當前對於我黨和人民事業的危險性，特別是對於以後建黨與改選一切組織提供了新的明確的基本方針。

因此分局要求土改工作團和全體幹部要認真學習這篇社論和劉少奇給晉綏分局的信。對於上述情況，當年任晉綏分局組織部副部長的龔子榮在一篇文章中說，他雖然沒有直接領導晉綏土改和整黨工作，但是卻比較瞭解當時的情況。他認為，在土改中，「分局某些領導同志比康生有過之無不及，對康生要推行衝破『五四指示』，要打亂（重新）平分土地，則亦步亦趨，唯恐不及。」許多地方甚至提出「反對中農路線」的口號。（《貢生・士紳・共產黨人劉少白》第96頁）

龔子榮還說：

> 晉綏分局領導同志對中央說，他們「始終肯定黨員、幹部多數是可以教育的」。據我所知，分局領導從1947年初開始，整整一年，從思想認識到實際行動，都是把黨的組織和黨員看成一團糟，認為晉綏黨組織不能領導土改。

面對這些情況，他深感晉綏分局的領導人在受到中央的批評後（詳見下文），仍然在推卸責任。他問道：

> 你們大概忘記了〈為純潔黨的組織而鬥爭〉的社論、忘卻了《晉綏日報》上盛氣凌人的「編者按」了吧？（同上，第97-98頁）

3、群眾為什麼要鬥幹部

由於土改與整黨同時進行，再加上「為純潔黨組織而奮鬥」的口號，致使大批幹部成為鬥爭對象。當時有些非常流行的說法，比如「掀蓋子」、「搬石頭」之類，就是把幹部當作壓在群眾頭上的「蓋子」和「石頭」，一定要掀開、搬掉。

薄一波回憶說，在全國土地會議上，形成了這樣一個看法：

　　　　區村幹部完全不受地主、富農影響者不多，多年來改
　選，大多是完全不對群眾負責、不受群眾監督，在工作中強
　迫命令，其中自私貪污及多佔果實者甚多。以前是貧雇農
　者，由於當幹部，現在大多成為中農或富裕中農與富農，
　他們怕群眾揭發、報復。脫離群眾最甚者，常為村中五大
　領袖，即支書、村長、武委會主任、治安員、農會主任。
　　（《七十的的奮鬥與思考》上卷，第434頁）

這種說法基本上反映了當時的實際情況。

　　不過，土改運動的倖存者趙登雲還提供了另外一種說法。
趙登雲是山西省五寨縣杏嶺子鄉雞房村人。當年五寨縣隸屬於晉
綏邊區，如今歸忻州市管轄。雞房村位於五寨、岢嵐兩縣交界
處，原屬岢嵐，是太原通往綏遠（今內蒙古）的交通要道。1987
年8月16日至18日，忻州報記者任復興採訪了他。2002年5月28
日，任復興將採訪整理好，於2005年3月8日以〈一塊「石頭」的
回憶〉為題，發表在「真名網」上（http://blog.zmw.cn/user1/70/
archives/2005/1738.html）。

　　趙登雲說，抗日戰爭前，閻錫山倡導鄉村建設，普及教育，
趙登雲在岢嵐縣三井鎮高小畢業後回家鄉當了閭長。八路軍來了
以後，他在鄉里當了秘書，並加入共產黨。當時鄉上面是區（相
當於現在的鄉鎮），他因為有點文化，於1940年下半年被區長提
拔到區裏當助理員，分管徵糧工作。

　　他們那個地區屬於游擊區或叫「交叉區」，日本人稱之為
「治安區」。治安區炮樓林立，戒備森嚴，還要良民證。為了完
成徵糧任務，趙登雲每天黑夜下鄉派糧、派兵、派軍鞋，到了雞
快叫的時候才離去。1943年至1945年，趙登雲因為工作成績顯
著，當上了三井鄉鄉長。他說：

　　岢嵐數我那鄉任務重，一千二百大石公糧，一石二百六十斤老秤份量，往（晉綏根據地首府）興縣送，有日期哩哇。

　　如果「派的公糧多，出不了公糧，（就要）變價掏白洋。二十畝地說不定派十石公糧，硬是派哩。……十畝地叫出二十石公糧，其實連五石也打不下。」如果沒有糧食，就要折算成錢，該多少糧，就交多少錢。因此趙登雲說：

　　　　那地方老百姓真個艱苦哩，他們整天提心吊膽，便編了句順口溜：「白天怕的是日本人，黑夜怕的是趙登雲。」

　　趙登雲還說，徵糧的手續非常簡單：

　　　　那時割個條條（引者按：打個白紙條）就完了。收你五百斤糧食，給你割個條條就完事了。沒個數，沒個正規。

　　除徵糧之外，徵兵也是基層幹部的一項重要任務。趙登雲說，他在三井鄉時，一年要徵一兩次，徵完年輕人徵壯年，全鄉一年要徵三十多人。如果有人逃跑，肯定會被捉回來。

　　　　如果你不好好幹，也有硬辦法。

　　由於趙登雲工作積極，總能完成徵兵、徵糧的任務，因此被縣上傳令嘉獎，三井鄉也被評為模範鄉。他說當時：

　　　　還獎了我個新民牌水筆哩。全縣開大會，得的獎狀。

　　那時候，人們稱鋼筆為自來水筆，是一種珍貴而時髦的東西。多少年後，趙登雲還自豪地說：

那會兒水筆可難哩，幹部們都用毛筆。有大襟襖，兜叉（引者按：指衣服口袋）裏裝個鉛筆，哪有蘸筆！新民牌水筆幹部都也心愛那東西。

4、一個模範鄉長的遭遇

談到土改的遭遇，當時趙登雲也沒有料到。他說：

到了1947年割完洋煙以後（引者按：晉綏邊區種鴉片十分普遍），收了洋煙稅，晉綏邊區發了〈告農民書〉，搞村村點火、處處冒煙，土地改革、整黨。最後一句是「群眾要怎麼辦就怎麼辦」。

不久，所有的區、鄉幹部都被調回縣裏開會。在半路上住宿時，被三井鄉派來的民兵按倒在地，帶上鐵絲擰成的手銬，關進了禁閉室。

趙登雲還記得，這個禁閉室是一個油坊，「三四丈深的窯，圈了一百二十來個人。」被禁閉的人不是地主、富農，就是基層幹部，也不分男女，全關在窯裏。因此那些地主、富農們說：

我們活在毛主席時代，不用說啦，該打倒哩。你們打倒地主、富農的，怎麼也坐禁閉哩？

聽了這話，趙登雲覺得不是滋味，卻無言以對。

被關押期間，趙登雲每天只能解兩次手，還戴了三天背銬，據說這是一種很殘酷的刑罰。至於三井鄉為什麼要派民兵來扣押他，趙登雲心裏十分清楚。他說這主要是在三井徵兵、徵糧時得罪了人。當時，他覺得就是被關押起來「也不怎地。因為糧食負擔最重的是地主、富農，和我圈到一塊了，貧農們負擔不重」，所以他回到「三井肯定死不了」。

不久，趙登雲被押送回三井鄉接受批鬥。他說那天是：

> 臘月初二，到半前晌一下集中下全鄉的一千多人。解
> 決那地主、富家們是各村管、各村解決哩。解決我、鄉支
> 書、鄉秘書、全鄉的問題，男女千數人，大院滿滿一院。
> 有工作團，貧農團選的主席，癡四老婆，他老漢是農會秘
> 書來的，挨過打。咱心中一盤算，就怕死去哩。反正我不
> 想死。鬥地主有打死的，有各人（自己）死的。每天解決三
> 個。打死兩個。一個岢嵐醫院魏錫五家老子，不說，自己牆
> 上碰死。還有十二紅家老婆，被烙鐵、火鍬子燙死了。

鬥爭開始後，大會主席先把趙登雲押出來，讓大家提意見，
說：「頭一個解決趙登雲」。趙登雲回憶當時；

> 這個說，他還對我態度不好，要糧。那個說，檔案
> 裏保險加上言語啦。我考慮……這是些雞毛蒜皮，有的事
> 沒，有的事有。

隨後，谷河村五十多歲的高天保控訴說，他當了兵、參了
戰，趙登雲把他老婆賣了。趙當著群眾辯駁說：

> 不怕，這不在我說，不在他說，如果賣了，有人、
> 有證。他老婆有離婚證。究竟是當兵前離的婚，還是離了
> 婚當的兵？兩回事。他和老婆關係不好，區上辦了離婚手
> 續，後來當了兵。部隊有規定，當了兵的老婆走了的，要
> 追回來。高天保的部隊來信，後來我將真實情況向上反映
> 了，不屬於解決問題的範圍……

說到這裏，高天保父子便拿著胳膊粗的大棒，要打趙登雲，
被主席臺上的人攔住。但是大會主席卻說：

　　你說話群眾就不敢提意見了。

　　隨後，大會主席又向台下徵求意見：

　　怎麼辦咧？

有群眾說：

　　打哇！
　　穿衣裳打哩還是脫了衣裳？
　　脫了衣裳哇！

　　當時正下著大雪，趙登雲只知道在「揚風攪雪天，倒著雪花子」的情況下，有人把他的衣裳一脫，先是兒童團十二、三歲的娃娃用鞭子抽，打了一陣，他就覺得腦袋空空，兩眼發昏。

　　趙登雲說：

　　高天保父子拿兩個烙鐵、兩把火鍬。烙鐵是厚四方片，不是瘦尖尖烙鐵。火鍬是長火鍬。在車　輠木頭圪墩裏倒上車脂油，插進裏頭燒紅。每天燒，燙地主也拿這燙哩。一開會準備鬥爭，就把這燒上了。挨上燒紅了，就燎就燙。那會兒上素油，火是好點著的，車　輠裏插著一窟子鐵器。他們倆在我脊背上燙遍了。最屬害的是拿紅紅的四方烙鐵，在我背上右撥浪骨下邊狠狠按住燙，我一下子就死過去了。

　　不知過了多長時間，趙登雲甦醒過來，睜開眼一看，見他們又在鬥支書。有些好心的鄉親把他遮住，悄悄說：「你不要睜開眼，睜眼還要打你哩。」趙登雲雖然痛得要死，但心裏十分清楚。他看到人們把支書的褲子脫了，在屁股上亂燙，燙了半天沒

有燙死，便帶了下去。到了臘月初八，鄉支書與兩個哥哥一塊兒自縊身亡。

趙登雲說：

> 我初四走開。他們初八在三井吊死的，疼不過。他家姓康，弟兄五個，支書他是老四，老五是岢嵐公安局除奸股股長，在興縣黨校學習，又被專門尋回來。三個哥哥是農民。老五說，咱革命多少年，都在外前（引者按：當地方言，即外面）工作哩，我們這幾個就受這制，快死了吧！⋯⋯他們把襯衫連成繩，銬子也不戴了，弟兄兩個先把打傷的老四先吊上，他們兩個也都上吊死了。

三井鬥爭大會結束後，趙登雲戴著背銬、騎著毛驢，被送到原來被抓的地方。工作團怕他死了沒法向三井群眾交代，便給他吃了兩劑泄火的中藥。過了些時候，兼任工作團團長的岢嵐縣張縣長終於讓他取保回家，他給雞房鄉的貧農團寫信，才被保了回去。

趙登雲是被人用擔架先抬回他妹妹家的。當天晚上，為了給他洗刷一下，只好把衣服豁開。這時，他妹妹把他身上的「膿痂子、蝨子，滿滿鬧下一升，有四、五碗。」據說他當時就連「眉毛上也是蟣子，蝨子吃成圓圪蛋，不會爬。」隨後，趙登雲被抬回雞房鄉自己家中，因為傷痕累累，他疼得死去活來。幸虧當地老百姓有一種用大黃治療燙傷的偏方，才保住了生命。

採訪時，趙登雲向任復興展示了他的背部。任復興看到他的「大半個背部覆蓋著傷痕，尤其是右胛骨下面被四方烙鐵狠狠烙過的地方，收縮為橫向的、約長十釐米、寬兩釐米、深半釐米的小溝。」面對這種情景，任復興為他能活下來感到慶幸。

休養幾十天之後，趙登雲才能勉強活動。但是未來的日子怎麼過，卻成了最大難題。他回憶說：

> 家被那裏給定下富農，（土地財產）沒收了，老婆、娃娃沒法活。我說，我給咱討吃哇，我有好討處哩，去岢嵐工作過的地方，有要處，能要上。

趙登雲脊背疼得不能背東西，他就領著弟弟，自己要飯，讓弟弟往回送。

老鄉們看到老趙要飯來了，都紛紛解囊相助。有的給米，有的給麵。有時候趙登雲要下東西，就求人給他捎回去。於是人們從一個村送到另一個村，幫他傳遞回去。

大家看到他落到這種地步，有人說：

> 吃飯吧，吃了飯我們和你出去要。落到這個地步上麼，哎！

有人說：

> 這是運動，是政策。

也有人說：

> 再不要伺候他們了。什麼時候也是老牛力盡刀尖死，伺候君王不到頭！（當初）你可積極來哩，看你落下個甚結果？

有人甚至說：

> 你伺候共產黨落不下個好，誰也扯求蛋！你看你落下個甚結果？重受苦種地哇，再不要上這圈套啦！

在眾說紛紜中，給他印象最深的大概要算秦家莊的馮喜增了。日本人在的時候，他在岢嵐東街當街長。土改時坐了二十來天禁閉。他對趙登雲說：

> 你們年輕人，一個字兒瞎鬧哩！我給日本人當了一年多鄉長也沒事，連油皮也沒戳著，群眾也沒意見。你也是個鄉長，我們也當，沒被鬥成你這個樣！

土改基本結束後，有人讓他到晉綏二分區地委黨校學習。二分區地委在五寨。五寨老戰友說：「你出來可以到大西哩（晉綏幹部南下四川一帶，當時叫「到大西」）。」他說：「不能幹了，身體還不能走，幹個甚！」後來他在村裏當過會計和主任，1954年初級社成立後，五寨縣人事局叫他到店坪鄉當秘書，每月工資二十三元。但由於不習慣，又回了村。

上世紀八十年代落實政策時，趙登雲兩次去岢嵐縣信訪辦公室，希望給自己平反。信訪辦工作人員讓他寫個申請，結果組織部批示說：「有困難，可以找當地政府解決」；但是他的問題不在落實政策的「檻檻」裏。

任復興採訪趙登雲時，發現當時的雞房村只剩下二十戶人家、二千多畝地，不通電，不通路，人都快走完了。這位在土改運動中遭受殘酷迫害之後倖存下來的趙登雲，已經七十多歲了，還擔任著村委會主任。

十九、

關於晉綏土改的歷史記錄

1、腥風血雨，慘不忍聞

關於晉綏土改，大陸的相關出版物從來不敢持否定態度，只是在談到「左」傾路線的時候才涉及到一些「陰暗面」。即便如此，也可以從中看出不少問題。比如有一本名為《興縣革命史》的小冊子，在肯定土改運動的成就之後說：

到了土改後期，運動搞得越來越「左」。很多地方出現了亂打、亂鬥、亂殺的現象。他們不僅鬥地主、鬥富農；同時鬥黨員、鬥幹部。情況反映到康生那裏，他不但不制止，還說什麼群眾發動起來了，有氣憤，打幾下也可以嘛！不久，亂打、亂鬥的歪風盛行，興縣魏家灘一天打死六個人，三區安月村一次打死三個老百姓，四區官莊一天打死四個所謂的「地主」。黑峪口集中了數千人，把抗戰以前的老共產黨員、本村的黨支部書記劉玉明同志活活打死，扔進了黃河。石盤頭把群眾公認的好村長王如林同志也給打死了。尤其嚴重的是將原晉西北臨時參議會副議長劉少白同志，從臨參會武裝押送回黑峪口進行批鬥；原晉西北行政公署副主任牛蔭冠同志也作為批鬥對象，讓他用繩子牽著其父牛友蘭的鼻子遊鬥；原晉綏高等法院院長孫良臣被遣送回固賢，交群眾審判，結果也被打死了。開明紳士王作查被打死以後開腸豁肚，屍體被扔進黃河裏。

這樣一來，不僅搞亂了土改的步驟，在群眾中引起極大的恐慌，而且挫傷了很大一部分人的積極性。（《興縣革命史》第236-237頁，1985年2月印行，非正式出版物）

在《山西通史》中也有這樣的記載：

> 據興縣1948年6月22日的統計，全縣八個區二百九十個村莊，土改中被打死的即有一千零五十人，其中地主三百八十四人，富農三百八十二人，中農三百四十五人，貧、雇農四十人；自殺的共有八百六十二人，其中地主二百五十五人，中農三百四十五人，貧、雇農十一人；被鬥爭掃地出門後因凍餓而死的共六十三人，其中地主二十七人，富農三十三人，中農三人，上述三項共死亡一千九百七十六人。至於被揪鬥、被批判者，更是不計其數。在亂打亂殺中，不少知名的民主愛國人士也未能倖免。（《山西通史》第九卷，第146-147頁，山西人民出版社2001年出版）

《土地改革運動史》的數字相差不大：

> 據1948年6月興縣的一份調查報告顯示，土改時該縣被打死的地主三百八十四人，富農三百八十二人，中農三百四十五人，貧雇農四十一人，合計一千一百五十二人。自殺的地主二百五十五人，富農二百八十五人，中農三百零九人，貧雇農十一人，合計八百五十九人。另外還有餓死的地主二十七人，富農三十九人，中農三人，合計六十三人。三項共計死亡二千零二十四人。（《土地改革運動史》，第184頁）

儘管這份報告可信度不大，但是也可以看出在短短幾個月間，一個人口很少的縣，居然會有這麼多人死於非命。

2、亂打亂殺，製造恐怖

土改運動不僅席捲農村，還波及到城鎮。《山西通史》說：

> 朔縣城在1947年11月份，山上的群眾衝進城內，大鬧七天，全城被清算鬥爭的達五百五十八戶，其中工商業者就有二百七十四戶；朔縣六十一座煤窯中，就有四十五座發動了清算，而其中只有七座是屬於奸霸分子的。臨縣城、三交鎮、磧口鎮、柳林鎮、離石東關、朔縣城、崞縣城、原平鎮、五寨鎮等九個城鎮，原共有工商業者二千二百三十五戶，後因為不斷加重其稅收，致使七十戶縮小營業，二百六十八戶停業，二者合計佔到工商業總戶數的百分之十五。（同上，第146頁）

另據偏關、河曲、平魯、離石、興縣等縣區的統計資料，在三萬九千七百零一家農戶中，定為地主、富農的就有八千八百二十九戶，佔總戶數的百分之二二點三。實際上地主、富農為二千七百九十四戶，只佔總戶數的百分之七點五。（《晉綏革命根據地史》第506頁，山西古籍出版社，1999年版）

晉綏分局黨代會有關土改的統計數字是：

> 全邊區共死黨員幹部三百五十七人，其中縣級幹部七人，區級幹部三十三人，村幹部與黨員三百一十七人。黨員、幹部慘死的狀況是十分驚人的。（《貢生·士紳·共產黨人劉少白》，第97頁）

還有人說：

> ……在興縣蔡家崖行政村五百五十二戶中，評定地主
> 富農一百二十四戶，佔總戶數的百分之二二點四六，比平
> 均數將近高出兩倍，在全區四萬三千個農村黨員中，作出
> 了開除一萬名黨員的決定。（《中共黨史辨疑錄》，774頁，
> 山西教育出版社，1991年版）

據偏關、河曲、平魯、離石、興縣等地的部分統計數位顯示，
在三萬九千七百零一戶中，原訂地主八千八百二十九戶，佔
總戶數的百分之二二點三。臨縣一百二十一個行政村中，有
九千三百五十七戶被打成地主富農。另外，興縣工作團還發動四
鄉群眾進入縣城扣押四十多戶商人，連同過去被押解回鄉的共有
七十七人。臨縣招賢鎮二十二座鐵廠，大多數廠主被鬥，其中有
些還是翻身農民或工人辦的。

　　晉綏分局後來在〈關於土改工作和整黨工作基本總結提
綱〉中也承認，由於「沒有禁止使用肉刑」、「未能嚴禁亂打亂
殺」，致使當地土改「發生亂打亂殺、錯死和死人過多的嚴重現
象，不僅不必要地處死一些地富分子，而且死了相當數目的勞動
人民，曾有一個很短時期，造成社會秩序紊亂、群眾恐怖的嚴重
現象。」（《晉綏邊區財政經濟史資料選編》農業篇，第502頁）

　　這些資料僅僅反映了土改運動的部分內容和某些側面，事
實上從前面的敘述中我們已經看到腥風血雨的土地改革，可謂慘
絕人寰，曠古未聞。據說為了節約子彈，當年比較流行的刑罰
除了捆綁、吊打、烙鐵燒、木棍抽、錐子扎之外，還有「砸核
桃」（用石頭砸腦袋）、「磚頭會」（讓磚頭像雨點似的向人
砸去）、「坐飛機」（把人吊起來，迅速落在下面矗立的尖樁
上）、「倒拖蔥」（把人的兩隻腳拴在牲口尾巴上，頭朝下在荏

子地裏拖，與「磨地」相似）、過篩子（把人脫光放在帶刺的鐵篩子裏篩）等等。至於千奇百怪污辱人的花樣，更是舉不勝舉。楊尚昆說：

> 當時晉綏的黨校裏，竟召開「搬石頭」的會，會上指定一部分座位，掛著「王八蛋席」的牌子，凡是家庭身分是地主、富農的幹部，讓他們座到「王八蛋席」上去。（《楊尚昆回憶錄》，第250頁）

這種「待遇」與那鮮血淋淋、慘無人道的鬥爭會相比，根本又算什麼。

3、餓殍遍野，死傷無數

上述餓死人的數字顯然是有問題的。據一篇紀念牛蔭冠的文章說：

> 1947年到1948年初的嚴重旱災，威脅著晉西北大片區域，有些地方顆粒無收。加之在土改運動中，一部分人大吃二喝，浪費了不少糧食。到了第二年春季，老百姓幾乎人人餓肚子。縣政府發放了一部分救災糧，規定浮腫的人每天給三兩糧食。

當時上面已經決定調牛蔭冠擔任晉中行署主任，但李井泉要求他留下來，幫助搞救死、救荒的工作。於是他「跑到災情較重的小善、南寨底，和村幹部一起研究救災辦法。大夥說：『現在把榆樹根都刨完了，不少人吃糠咽菜，由於營養不良，已經餓死好多人了。』」有一次開會，村黨支部書記回去好長時間不回來，牛蔭冠覺得不對頭，出去尋找，發現他蹲在茅坑裏站不起來。牛問他怎麼啦，他說大便不下來，牛就要幫他往出摳。這位支書不好

意思，但「牛蔭冠看見他難受的那個樣子，於是把他一把捺倒，幫他把糞便摳出來。」（《牛蔭冠紀念集》，第193頁）

對於餓死人的情況，牛蔭冠後來回憶說：

> 由於土改的錯誤，加以對沒收地、富的糧食保管得不好，被浪費了，大批群眾受饑餓，死亡的人不計其數，逃荒都來不及，每天在黨政軍機關門口堆好幾十口群眾要飯吃，說：「你們要吃飯，我們也要吃飯。」廣大群眾情緒低落，不知道自己的命運如何，基層幹部死的死了，逃的逃了，沒有逃走的好多幹部都躺倒不幹了。土改分得地主、富農的一部分糧食沒有人管理，群眾裏頭有一些地痞流氓就自己動手大吃大喝浪費了。等到第二年春耕的時候，人沒有吃的，種地沒有種籽。

他還說：

> 根據毛主席的指示，晉綏黨派了許多工作組下鄉去開展「救死救荒」的恢復工作。……我在去晉中以前，晉綏分局留我參加了興縣高家村的工作組。工作組下去後，規定了一個辦法：看誰的腿腫到發黑的程度時，每天發給二兩糧食，不到這個程度的人，不給發糧食（因為沒有這麼多糧食）。實際上，一個人的腿腫到發黑的程度，發給二兩糧食也救不了他的命，更談不到下地生產。

牛蔭冠認為：

> 晉綏土改中犯的左傾錯誤的惡果是相當嚴重的，這樣的惡果同「文化大革命」十年浩劫相比較，很多地方是相類似的，所不同的是，晉綏土改發生在一個根據地，「文

化大革命」發生在全國。這說明，歷史的錯誤不是不會重演的，要避免今後類似錯誤的發生，必須很好地研究黨史，認真總結歷史的經驗教訓，而且要深刻地對幹部進行教育。不然的話，歷史上的錯誤還會重演。對於這個重大的問題，必須引起全黨的注意。（同上，第322-323頁）

1948年5月13日，中共中央晉綏分局在〈救災救死緊急動員令〉中公開承認：

> ……據最近各地反映，確有不少地區因領導上注意不夠，致餓死人的現象相當嚴重。僅神府、寧武、崞縣、神池、神木、府穀、岢嵐、興縣八個縣的極不完整資料，已餓死群眾三百七十餘人。神府一縣即餓死一百零四人，死亡耕牛四百零六條，殺死羊一萬六千一百六十五隻，佔全縣羊的百分之四十點四。流亡討吃仍相當普遍。目前此種現象尚在繼續發展，現距夏收尚有一個半月，正值青黃不接之緊急關頭。根據過去的荒年經驗，死人最多亦在這一時期內。（《晉綏邊區財政經濟史資料選編》農業篇，第546頁）

為此，該動員令提出「進行公私群眾性募捐，搶救人命！」和「做出具體的行動計畫，為救災救死而鬥爭！」等口號。但是縱觀其六條措施，幾乎都是空話。

4、改組政權，清洗幹部

另外，開除和批鬥共產黨員、解散基層政權的情況也比比皆是。據《晉綏日報》1947年10月20日、23日報導，興縣二區的區委組織部長劉初，曾經被群眾撤職，到審查時群眾說他毛病很多，鬥地主不堅決，就讓他休息（開除出黨）了。保德縣三區南

河溝的農民在兩天裏開會審查了該村二十一名黨員，並將其中的十三人開除，三人留黨察看，另外讓五人參加。與此同時，大多基層政權被改組、解散，許多縣委和縣政府被定為「地主窩子」而解散，縣長、縣委書記、縣委委員因各種罪名而被撤職查辦，有些案件直到文化大革命以後才平反。

晉綏地區的〈告農民書〉，為其他地區樹立了一個榜樣。東北局在1947年12月初發表的同名文件中是這樣寫的：

> 徹底打垮地主，徹底消滅地主的封建經濟基礎，凡屬地主，不論大、中、小地主，不論男的、女的地主，不論本屯的、外屯的地主，一切土地和財產必須全部沒收，交給全體農民和農會接收處理。過去的地主留地太多的，一定要拿出來，底產未追挖的，一定要追挖。

> 徹底打垮地主的威風，凡是漢奸、惡霸、反動的地主，大夥要怎辦就怎辦，頑抗、造謠、狡猾的地主，大夥要鬥就鬥。

> 揭破地主的花招，凡是混進共產黨、解放軍、民主政府、公家學校、公家工廠商店、貿易稅收鐵路及一切公家機關的地主，如果藉公家掩護，進行陰謀破壞，挑撥離間，窩藏地主的公家人，也一定要鬥。

> 斬斷地主的社會關係，凡是與地主有聯繫的狗腿子，為地主藏東西的貧苦人，要爭取坦白、悔過。

> 富農的封建剝削也要取消，富農多餘的糧食、房屋、牲口、農具及其它財產也要交出來，由農會處理。漢奸、惡霸、反動的富農，大夥要怎辦就怎辦。頑抗、造謠、耍尖頭的富農，大夥要鬥就鬥。

可見，這幾乎是晉綏〈告農民書〉的翻版。

二十、

毛澤東批評晉綏土改的眞相

1、關於劉少白「平反」

許多人認為，是毛澤東扭轉了晉綏土改恐怖混亂的局面。比如龔子榮在其回憶文章中是這樣說的：

> 1947年12月，中共中央在陝西米脂縣召開會議，開始糾正「左」的偏向，並批評了晉綏邊區土改中的嚴重錯誤。毛澤東從《晉綏日報》得知劉少白被鬥後，十分生氣，要晉綏分局領導人立即來見他。毛澤東嚴厲批評了前來的晉綏分局副書記，說：「像劉少白這樣的人都被你們鬥了，以後還有誰跟我們合作？回去趕快糾正！」

他還說：

> 1948年2月中旬，中共晉綏分局副書記張稼夫，來到寨子溝找到劉少白，要他去黑峪口向農民道歉，了結此事。……不久，《晉綏日報》登出消息說，劉少白取得了農民的諒解，恢復了副議長的職務。

山西興縣檔案史志館在《劉少白傳》中寫道：

> 當時在《晉綏日報》擔任地方新聞編輯的張友說，他清楚地記得，1946年（引者按：1948年之誤）初春邊區縣長會議宣佈給劉老平反，恢復其臨參會副議長職務時，談到劉老

歷史上對黨和人民的貢獻，其中提到劉老在白區營救王若飛的事蹟時，王若飛的夫人李培芝（在晉綏參加土改），當場就掉下了眼淚，躲到另外一間屋子裏哭去了。（《貢生·士紳·共產黨人劉少白》，第98頁）

查張友與劉獻珺等人合寫的《民主戰士劉少白同志》，其中也有這樣的內容：

> 毛主席看到《晉綏日報》有關鬥爭劉少白的報導後，非常生氣，立即指示晉綏分局派人到毛主席駐地陝北米脂縣楊家溝。毛主席對晉綏分局派來的同志說：「你們犯了錯誤，不該鬥劉少白先生，回去趕快糾正。」（同上，第116頁）

這裏有兩個問題。第一，這些資料都說毛澤東是從《晉綏日報》看到劉少白被鬥，並發現晉綏邊區在土改中犯了錯誤。如果真是這樣，他對該報刊登的〈告農民書〉和〈為純潔黨的組織而鬥爭〉等一系列文章為什麼不表態呢？第二，從龔子榮的回憶中可以看出，劉少白要想平反，就必須向農民道歉，「取得農民諒解」，才能了結此事。可見所謂平反是非常勉強的。至少晉綏分局是不願意主動給劉少白平反的。

這一點，可以從劉少白的兒子劉易成的回憶中得到證實。劉易成說，雖然毛澤東批評了晉綏的領導，「可是晉綏邊區在糾正這一錯誤上，未能認真執行主席的指示。我父親放回後，把我們一家六口趕出了原住處，在一個小山溝裏找了個窯洞，供給也斷了。每月給一百多斤小米，所以那一段時間我們是挨了餓的。我母親紡紗可以稍微賺一點，但不能解決問題。記得那時我與紀原（引者按：劉亞雄之子）到煤窯上背炭，還沒走到煤窯，肚子已

餓了，腿也發軟。一直到春節過後，張稼夫同志（分局副書記）才親自來到我們住處跟我父親談了話，又回到黑峪口，取得了農民的『諒解』，報上發了消息，說恢復了副議長職務等等。」

劉易成還說：

> 1948年，華北召開會議，成立華北政府，電召我父親參加，結果晉綏邊區推遲通知他，致使他到達晉察冀時，會議已經結束。（同上，131頁）

可見劉少白官復原職以後，仍然受到當地領導人的排擠，就連上面邀請他開會也被耽誤。

劉少白到達河北平山縣以後住在南莊，距西柏坡大約二、三里路。這時他在上書毛澤東時談到土改的問題，毛給他回了一信。劉少白沒有留下書信底稿，我們只能從毛的回信中看出他的不滿。

毛澤東回信的全文如下：

> 少白同志：
>
> 九月十五日大示讀悉。我們的工作是有錯誤的。好在現已一般地糾正，並正在繼續糾正中，正如你在五事第二項所說那樣。情形既已明白，則事情好辦，你也就可以安心了。大函已轉付彭真同志。黨籍一事，請與彭真同志商酌。
>
> 敬頌大安！
>
> 毛澤東
>
> 十月二十日

（《毛澤東書信選集》第308頁，人民出版社，1984年版）

在此之前，周恩來因為接到劉亞雄一信，也致函劉少白表示問候。（《貢生・士紳・共產黨人劉少白》，第9頁）

1949年以後，劉少白長期擔任山西省政協副主席，但他沒有工作多久就以「養病」為名長住北京了。據興縣檔案史誌館所寫的《劉少白傳》透露，1957年反右期間，正值劉少白回省參加政協會議。他的大女兒劉亞雄怕他惹禍，「就叫正在留蘇預備部學習的易成『逃學』兩天，到太原把父親劉少白接回北京，他回到家中，卻一直不知道兒女們為保護他而費的一番苦心。」（同上，第103頁）

1966年文革開始後，劉少白再次受到衝擊，他的女兒劉亞雄、劉競雄，女婿安子文和外孫劉紀原都被抓、被鬥，兒子被懷疑是「蘇修特務」。有人說，到了1968年冬，年過八旬的劉少白拄著拐杖，走出家門，要找毛澤東、周恩來反映情況。但沒走多遠，就暈倒在馬路上，被一個解放軍送了回來。於是，劉少白「憂傷成疾，抑鬱難排，12月10日凌晨4時，飲恨長逝，終年86歲。」（同上，第105頁）

對於劉少白之死，他的外孫安民卻另有說法。安民是安子文和劉競雄的兒子，他說：

> 「文革」開始後，我們整個大家庭被株連，……老人儘管在土改初曾受到打擊，毛主席四八年找他談話，也給他寫信平了反（可見主席書信集），他沒有動搖對黨和所走道路的信念。但這次「文革」的來臨，他再也想不通，於六八年底數十天不進食抗議而死。（同上，第13頁）

這個為中共革命事業操勞一生的「開明紳士」，居然會以這樣一種方式結束自己的生命。

2、土地革命的兩個文件

如果說劉少白還能得到毛澤東眷顧的話，那麼牛友蘭就沒有那麼幸運了。牛友蘭的兒子牛旭光說：

> 晉綏解放區土改時，晉綏分局書記李井泉同志在推廣康生的土改試點經驗時，出現了嚴重「左」傾錯誤，牛友蘭先生被錯鬥而遭不幸。當時毛主席正在轉戰陝北，當發現晉綏的問題後，提出了嚴肅的批評說：「劉少白、牛友蘭這些人是不該鬥的。」指示晉綏領導立即糾正「左」的錯誤。

他還說：

> 1948年初晉綏邊區在糾正土改中的「左」傾時，由馬方明同志主持晉綏分局的工作，在一次幹部大會上，賀龍同志說：「土改時不該那樣鬥爭牛友蘭，也不該那樣對待牛蔭冠同志。這件事發生在司令部的鼻子底下是很不應該的。」

後來，李井泉也對牛蔭冠說：「我們在土改中犯了錯誤，毛主席批評了」，表示要他諒解。但是，由於牛友蘭已經去世，「加之『左』的影響沒有完全克服等原因，問題長期沒有正式結論。」直到1989年7月，中共興縣縣委才做出「為牛友蘭平反昭雪的決定」。（《晉綏愛國民主人士牛友蘭》，第133-136頁）這時，距1947年的「鬥牛大會」已快半個世紀了。

其實，毛澤東對於晉綏土改的態度並不像人們說的那麼簡單。早在1947年11月12日，任弼時給毛澤東寫信就說：

　　　　新式富農的土地和財產是否應完全如舊式富農同樣處理，也值得考慮。下面由富農手裏拿出多餘財產等，多是採取逼、吊、打的辦法；同時，新富農多餘的土地和財產也拿出來，在農會中會產生一種怕變富農的思想。這一問題究竟應如何處理為妥，還無成熟意見，可否規定對新式富農多餘的土地，勸說他們自動拿出來平分（如富裕中農一樣），對他們多餘的房屋、糧食、耕牛和農具，除自願獻出分給貧苦農民處不動，或直接規定不動他們多餘的東西（土地除外，即土地應平分），以示與對舊式富農處理的分別。

基於這種考慮，他認為中央應該「頒發一個大體通用的『怎樣分析階級』的文件」。（《任弼時選集》，第411-412頁，人民出版社，1987年版）

　　任弼時知道，解鈴還須繫鈴人。於是他想起了1933年毛澤東所寫的〈怎樣分析階級〉和〈關於土地鬥爭中一些問題的決定〉，便讓曾三查找，並詢問了林伯渠和謝覺哉等人，終於在11月下旬找到。於是中共中央於11月29日向各中央局、分局發出指示：

　　　　1933年蘇維埃中央政府頒發之〈怎樣分析階級〉及〈關於土地鬥爭中一些問題的決定〉兩個文件，其中地主不分田、富農分壞田等項政策是過左的錯誤政策，但關於階級身分的規定（即兩項文件的主要部分）則是基本上正確的。現將該兩文件之錯誤部分及與階級分析無關部分刪去，經新華總社電告，當作你們的參考文件。望你們根據各地的具體情況，參考此項文件，提出關於階級身分分析

的明確意見電告，然後由中央制定統一的正式文件，公開發表。

毛澤東對這個指示並不滿意，便在其中加了這樣一段話：

> 那時，凡在土地鬥爭尚未深入的地方，發生右傾觀點，不敢放手發動群眾深入土地鬥爭；凡在土地鬥爭已經深入的地方，則發生「左」傾觀點，給許多中農甚至貧農胡亂帶上地主、富農等項帽子，損害群眾利益。以上兩類錯誤均須糾正，而這兩個文件則主要是為糾正「左」傾錯誤而發。目前正當各解放區開展與深入土地鬥爭之時，土地會議之召集、《土地法大綱》之頒佈，給了右傾觀點以嚴重打擊，這是完全必須的。但隨著鬥爭之深入，「左」傾現象勢將發生。此項文件發至各地，絕不應成為妨礙群眾鬥爭的藉口，而應在放手發動農民群眾徹底平分土地的堅決鬥爭中，適當地糾正業已發生與業已妨礙群眾利益的過左行動，以利團結雇農、貧農，堅決保護中農（這是確定不移的政策），正確地執行《土地法大綱》，消滅封建半封建制度。（《毛澤東文集》第四卷，第322頁，人民出版社1996年出版）

這說明，在經歷了殺人放火的土地革命之後，土改中發生的那種慘不忍睹的局面和駭人聽聞的事件，完全在毛澤東的預料之中。至於如何解決這些問題，對他來說則是玩弄於股掌間的事。

3、遲遲沒有下達的文件

明眼人一看，就知道毛澤東這段話的隱含之意是：「糾正左傾」事小，「發動群眾」事大。正因為如此，上述這個文件便遲

遲不能下達，所謂「糾偏」也不可能貫徹執行。直到12月30日，
劉少奇看到土改的混亂局面越發不可收拾，才焦急地致電新華社
負責人廖承志說：

> 總社廣播蘇維埃政府在土地鬥爭中一些問題的決定及
> 怎樣分析階級兩文件，據說每日播送很少，至今未播完，
> 望飭令即速播送完畢，並多播一、二次。因各地在沒收地
> 主、富農的行動中，已因錯誤地分析階級而發生過左行
> 為，損害中農利益，急需此兩項文件也。

第二年1月，東北土改仍然在「暴風驟雨」中血流成河。

　　第二天，劉少奇為中共中央工委起草了關於階級分析問題的
指示，要求各級黨委立即檢查本地的土改工作，如果在劃分階級
身分中出現「左」傾錯誤，應立即糾正和補救。他指出，佔有多
少土地和有沒有剝削關係，是劃分階級的唯一標準。在確定階級
身分時，不要查幾代。此外，他要求各地要根據新華總社廣播的
蘇維埃政府的兩個文件來劃定階級身分，同時還強調了貧農團的
領導作用。（《劉少奇年譜》下卷，第113頁）

　　廖承志從1946年7月至1949年3月擔任新華社社長。中共中央
1947年3月撤離延安後，由於《解放日報》停刊，新華社成為中共
中央的唯一喉舌。這時的新華社也從延安撤退到屬於晉冀魯豫邊
區的河北涉縣，廖承志還兼任晉冀魯豫中央局宣傳部部長，在工
作上接受薄一波的指導。因此，上述劉少奇的電報是發往晉冀魯
豫中央局的。據廖承志的老部下方實回憶：

> 新華社這段期間，雖然外界環境是如此艱苦、複雜和
> 多變，但廖承志同志不慌不亂，鎮靜自如，每項工作都處
> 理十分得當，有條不紊，宣傳報導任務也完成得很好，曾

多次受到中央的表揚。（《廖公在人間》，第80頁，三聯
書店，1984年版）

既然如此，為什麼單獨在傳達這兩個文件時，會拖延一個月之久
呢？出現這種情況只有兩種可能，一是上述資料有誤，二是有頂
頭上司的明示、暗示，否則廖承志絕不敢擅自決定，把這個文件
扣壓一個多月。

對於這個問題，方實是這樣說的：

> 1947年下半年的一個短時間裏，新華社由於遠離中
> 央，在土地改革的報導上犯了「左」的錯誤，宣傳了「貧
> 雇農路線」，貧雇農打江山、坐江山，貧下中農說了算，
> 群眾要怎樣辦就怎樣辦等錯誤口號和主張。經中央批評指
> 出後，很快作了糾正。廖承志同志對待這一錯誤非常嚴肅
> 認真，召開全社編輯會議，傳達中央指示，動員全編輯部
> 進行了一次全面系統的檢查。廖承志同志在會上作了深刻
> 的檢討，主動承擔了責任，並向中央寫了檢查報告。在發
> 生錯誤面前，承志同志總是把責任承擔下來，絕不諉過於
> 人，把錯誤責任推給別人或下級，這一點深深得到幹部和
> 群眾的讚揚。（同上，第81頁）

這段話有兩點值得推敲。第一，說當時新華社是因為遠離中央才
犯了錯誤，顯然不是理由。相反地，從上述回憶中可以看出，他
們在宣傳「貧雇農路線」時，並沒有因為「遠離」中央而拖延時
間。第二，說廖承志主動承擔責任，也可能是事實。根據組織原
則，他不可能把責任推到上面；按照做人標準，他又不願意把責
任推到下面。這也許就是廖公「深深得到幹部和群眾的讚揚」的
原因。

　　無論如何，中共中央11月29日發出的指示，到12月30日新華總社居然沒有播完，這也太不正常、太出人意料了。

4、虛晃一槍的反「左」

　　與此同時，劉少奇對所謂反「左」也反應遲鈍。直到12月18日，他還在一封電報中強調，要在土改中樹立貧雇農的領導地位。該電報是致晉綏分局並上報中央、抄送西北局的，電文說：第一，「關於樹立貧雇農在土改中的領導問題，可以法律上規定許多辦法來保障。例如：解散舊農會及工、青、婦、民兵等舊組織，收回其圖章，再由貧農團負責籌備新農會及工、青、婦、民兵等組織。舊幹部的審查、撤換與處分及新幹部的提拔，以及定身分，各種組織會員的介紹，地主、富農土地財產的沒收和這些土地財產的分配等，均須先經貧農團討論通過後，再提交農民大會討論通過。」這樣就可以保證貧農團自然成為農村的領導核心。第二，只有在群眾充分發動或土地改革業已完成的地區，才能建立代表會議制度。在強調這兩個問題以後，他才談到所謂「左」的問題。電文說：第三，「你們《土改通訊》第二號關於後木欄幹村身分問題的意見，是不妥的，偏於過左的。」第四，「我們不只是群眾的自發運動的追隨者」，還必須努力領導群眾的自發運動，使之變成有系統、有目標、有步驟、有計劃的自覺運動。目前，「群眾已自動扣押了數萬地主，因此，你們再不要鼓吹與煽動自發運動。你們那裏所缺少的是黨對於這種自發運動正確而有能力的領導，因此，運動就常被流氓、壞幹部、富農甚至地主所領導。」（《劉少奇年譜》下卷，第110-111頁）

　　記得劉少奇在抗戰之初曾經因為牛蔭冠在他的一篇文章中加了一句「防止流氓混入農會」，便質問牛蔭冠：「你知道什麼叫流氓？」並且說：

你這裏說的流氓，是一種勇敢分子。農民運動在開始的時候，正派農民不敢參加，要觀望。就是勇敢分子敢參加，你不能把他們拒絕在農會之外。他們的流氓習氣是可以在運動中改造好的。實在改造不好的，等農民運動起來時再淘汰他們也不遲。你不要先把他攔在外頭呀！

怎麼到了這時候，他也把流氓與地主、富農、壞幹部相提並論呢？

就在12月18日這一天，《晉綏日報》發表由陝甘寧邊區政府主席林伯渠、西北聯防軍司令員賀龍、中共西北局局習仲勳在四天前聯合簽署的佈告，表示堅決擁護和接受中共中央公佈的《土地法大綱》，要求：「不論老區、新區，一齊動手，徹底平分一切土地，堅決乾淨消滅地主階級和一切封建勢力」，並號召「大家在貧農團及農民大會領導下，民主商量，要怎麼辦，就怎麼辦。」（《晉綏日報》，民國三十六年十二月十八日三版）

上述劉少奇的電報之所以要抄送西北局，可能與西北局召開的高級黨員幹部大會有關。據報導，這次大會「歷時近月，報告和討論如何完全邊區土地改革的重大問題。」習仲勳在大會上檢討了「西北局過去解決土地問題沒有堅決依靠貧雇農，放手發動群眾，沒有審查和批評各級幹部的思想立場，並及時防止地主思想影響」等問題，並承認自己「犯了自由主義與官僚主義的毛病」。林伯渠以及一些高級幹部都做了檢討，而賀龍則「尖銳批評個別高級幹部對黨鬧獨立所犯的重大錯誤」，並就其他問題做了重要講話。（同上，頭版）

5、毛澤東充分肯定土改

劉少奇給廖承志的電報是在中共中央「十二月會議」（又稱楊家溝會議）閉幕後發出的。這次會議於12月25日至28日（一說

是12月7日至24日，見《土地改革運動史》）在陝北米脂縣楊家溝舉行。參加會議的除了當時能夠與會的中央委員和候補委員外，還有陝甘寧邊區和晉綏邊區的主要負責人。劉少奇沒有出席這次會議。會議討論並通過了毛澤東的兩個報告——〈目前形勢和我們的任務〉和〈關於目前國際形勢的幾點估計〉。此外，「會議還詳細討論了當時黨內的傾向問題以及土地改革和群眾運動中的幾個具體政策問題。討論結果後來由毛澤東同志寫在〈關於目前黨的政策中的幾個重要問題〉一文中。」（《毛澤東選集》袖珍本，第1140頁注釋，人民出版社，1967年版）

在〈目前形勢和我們的任務〉中，毛澤東對土改予以充分肯定，並強調平分土地的重要性。他認為內戰爆發以來，人民解放軍的後方鞏固得多了，「這是由於我黨堅決地站在農民方面實行土地改革的結果」，如果徹底解決了土地問題，就可以獲得戰勝敵人的最基本條件。他還說：

> 1947年9月，我黨召集了全國土地會議，制定了《中國土地法大綱》，並立即普遍實行。這個步驟，不但肯定了去年〈五四指示〉的方針，而且對於去年〈五四指示〉中的某些不徹底性作了明確的改正。《中國土地法大綱》規定，在消滅封建性和半封建性剝削的土地制度、實行耕者有其田的土地制度的原則下，按人口平均分配土地。這是最徹底地消滅封建制度的一種方法，這是完全適合於中國廣大農民群眾的要求的。為著堅決地徹底地進行土地改革，鄉村中不但必須組織包括雇農、貧農、中農在內的最廣泛群眾性的農會及其選出的委員會，而且必須首先組織包括貧農、雇農群眾的貧農團及其選出的委員會，以為執

行土地改革的合法機關，而貧農團則應當成為一切鄉村鬥
爭的領導骨幹。（同上，第1146頁）

接下來，毛澤東對土改的具體政策問題作了解釋，並談到為
什麼要整黨以及純潔隊伍的必要性。他說：

> 抗日戰爭時期我黨內部的整風運動，是一般地收到了
> 成效的。這種成效，主要地是在於使我們的領導機關和廣
> 大的幹部和黨員，進一步地掌握了馬克思列寧主義的普遍
> 真理和中國革命的具體實踐的統一這樣一個基本的方向。
> ……但是，在黨的地方組織方面，特別是在黨的農村基層
> 組織方面所存在的身分不純和作風不純的問題，則沒有獲
> 得解決。1937年至1947年，十一年時間內，我們黨的組
> 織，由幾萬黨員，發展到了二百七十萬黨員，這是一個極
> 大的躍進。這使我們的黨成了一個在中國歷史上空前強大
> 的黨。這使我們有可能打敗日本帝國主義，並打退蔣介石
> 的進攻，領導一萬萬以上人口的解放區和二百萬人民解放
> 軍。但是缺點也就跟著來了。這即令有許多地主分子、富
> 農分子和流氓分子乘機混進和我們的黨。他們在農村中把
> 持許多黨的、政府的和民眾團體的組織，作威作福，欺壓
> 人民、歪曲黨的政策，使這些組織脫離群眾，使土地改革
> 不能徹底。

基於這一判斷，毛澤東認為：

> 解決這個黨內不純的問題，並領導他們前進，是解決
> 土地問題和支援長期戰爭的一個決定性的環節。（同上，第
> 1148-1149頁）

6、毛澤東批評晉綏土改的真相

對於這次會議，張稼夫在《庚申憶逝》中也談到了。他說：

> 1947年底，黨中央在陝北米脂縣楊家溝召開會議，
> 即十二月會議。會議討論和通過了毛主席所作的〈目前形
> 勢和我們的任務〉的政治報告。在會前，毛主席派喬木同
> 志來臨縣調查劃分階級身分擴大化和侵犯私人工商業的錯
> 誤。同時，喬木帶來了毛主席在蘇區劃分身分的小冊子。
> 其中規定地主、富農不能超過百分之八，而當時在臨縣幾
> 個點都在百分之二十至三十，明顯地把一些中農劃到階級
> 敵人陣營中去了。中央的這次會議批評了晉綏在土改中的
> 錯誤。李井泉同志參加了這次中央會議，回來以後，及時
> 發了三個關於糾正「左」的偏向的指示，但有關中央這次
> 會議的情況，就連我和龔逢春同志也不知道。直到1948年3
> 月毛主席路過晉綏和我談話時，才瞭解到中央會議上批評
> 晉綏分局的情況。（《庚申憶逝》，第114頁）

但是細讀〈目前形勢和我們的任務〉全文，毛澤東只是提到在
1931年至1934年曾實行過諸如「地主不分田，富農分壞田」等過
左的錯誤政策，希望這次不要重複，並沒有指出土改中有什麼錯
誤傾向，更沒有對晉綏土改提出批評。

張稼夫所說的喬木，顯然是毛澤東的秘書胡喬木。胡喬木談
到土改時是這樣說的：

> 1947年底，中央召開十二月會議，著重研究了如何分
> 析階級的問題，討論了對中農、中小資產階級、黨外人士
> 和知識分子的政策。毛主席明確提出，要保證土地改革的
> 主流必須反對「左」的浪花。新年前後，他反覆告誡黨的

> 高級幹部,既要反對右的傾向,也要反對「左」的傾向,
> 當前尤其要反對「左」的危險傾向。(《胡喬木回憶毛澤
> 東》,第518頁)

此外他還詳細地介紹了土改的情況,卻沒有說他去山西臨縣調查
土改,也沒有說毛澤東對晉綏土改提出批評。

在《毛澤東文集》第四卷中,有一篇文章可以看出當時毛澤
東對晉綏土改的基本態度。文章標題是〈在楊家溝中共中央擴大
會議上的講話〉。講話分兩部分,第一部分是會議開始時的「講
話」,時間是1947年12月25日,第二部分是會議結束時的總結,
即「結論」,時間是三天後的28日。文章末尾處有「根據中央檔
案館保存的記錄稿刊印」的字樣,可見這篇講稿很可能是毛澤東
的著名文章〈目前形勢與我們的任務〉的原始記錄。由於二者在
內容上差別極大,因此它有助於幫助我們恢復歷史的真相。

會議一開始,毛澤東講了「敵我形勢、統一戰線、英美蘇
關係」等三個問題。在第一個問題中,毛澤東因為蘇聯的日丹諾
夫、莫洛托夫已經對國際形勢有所論述,便著重講了國內形勢。
他指出,目前的國內形勢之所以在政治、軍事和經濟等方面發
生根本性的變化,「是因為我們搞了土地改革,而蔣介石沒有
搞」。

對於正在進行的土改和整黨,他是這樣講的:

> 解放區的土地改革與整黨已經走上了軌道。《土地
> 法大綱》的公佈是一件大事。以前中間派曾勸我們發公債
> 購買地主的土地,現在我們搞平分土地,他們也贊成了。
> 土地會議以前特別是以後,各解放區的土改和整黨都普遍
> 動起來了。晉冀魯豫和東北在這方面工作做得最好,東北
> 在短期內建立了很大的軍隊,主要是得力於土地改革。山

> 東和西北的土地問題最嚴重。晉綏地區工作的方向是正確
> 的，雖然可能有一些缺點和錯誤。賀龍、習仲勳主持的這
> 次會議開得很好，很有必要。近來《晉綏日報》、《戰鬥
> 報》和《邊區群眾報》都辦得很吸引人看了，這就是工作
> 方向正確的一個表現。（《毛澤東文集》第四卷，第328-329
> 頁，人民出版社，1996年版）

從這段話可以看出，毛澤東不但沒有批評晉綏，還肯定了他們的
工作方向。

在談到統一戰線時，毛澤東認為：

> 在土改、整黨工作中反對右的傾向，是反對一些幹
> 部對消滅封建階級、驅除黨內壞分子的鬥爭立場動搖，軟
> 弱無力。當然也要反對「左」的傾向，內戰時期更容易犯
> 「左」的錯誤。

為此，喜歡使用百分比的毛澤東規定了農村階級身分的比例是
「地主、富農只佔百分之八左右，中農、貧農、雇農合佔百分之
九十」，並提出在土改中不要搞絕對平均，不要把中農當作地主
進行鬥爭。此外他還說：

> 其他愛國分子，是指開明紳士，例如地主階級中的李
> 鼎銘、劉少白等形加以照顧是必要的，個別人物還可以留
> 在我們高級政府內。（同上，第331-332頁）

這大概就是人們在談到劉少白時，所謂毛澤東的批評吧。

在28日的閉幕會上，毛澤東對晉綏土改再次予以肯定。他說：

> 在這次會議上，陝甘寧和晉綏兩個區域的負責同志講
> 話講得很好，很令人滿意，說明他們政治上已經成熟了。

晉西北的路線，賀龍同志、李井泉同志、習仲勳同志是正確的，晉綏〈告農民書〉總的是正確的。

在此基礎上，他才提出：

我們這次會議要解決的新的問題，是在中農、中小資產階級和黨外人士問題上新出現的「左」的偏向。中農問題之所以再提出來，是因為晉西北在劃分身分時發生了嚴重的問題，出現了強調不團結中農的偏向。

對於這種「偏向」，毛澤東是很善於分析比喻的。他說：

好比一河水，這河水十個浪頭有八個是好的，但是沒有解決好中農和中小資產階級的問題，發生了偏向，那麼這兩個浪頭就是不好的。（同上，第334-335頁）

這就是毛澤東對於晉綏土改的真實態度。

劉少奇 與 晉綏土改

二十一、

土改被迫轉向

1、任弼時出面「糾偏」

　　儘管毛澤東對晉綏土改予以肯定，但由於再發展下去，混亂局面將難以控制，因此在十二月會議以後，毛澤東開始支持黨內的反「左」意見。

　　1948年1月4日，習仲勳在寫給西北局和中共中央的報告中提出，土地革命時期建立的老區與抗日戰爭時期建立的新區情況不同。老區中農多，貧雇農少，地主富農已經轉化。如果再來一次平分土地，會使百分之八十的農民不同意。他認為，老區的地主富農比新區少得多，地主、富農佔中國農村戶數百分之八的概念在老區必須改變。否則就容易把新富農（即勤勞致富的農民）當作舊富農，把參加勞動多年的地主、富農當作剝削階級去鬥爭，或者把富裕一點的農民當作地主、富農。（中央檔案館，《解放戰爭時期土地改革文件選編1945-1949》，第100頁，中共中央黨校出版社，1981年版）因此「在老區發動群眾運動要堅決反對『左』傾形式主義，如以一般概念進行老區土改，必犯原則錯誤。」據說毛澤東看到這個報告後非常重視，並批示說：

　　　　我完全同意仲勳同志所提的各項意見。望照這些意見密切指導各分區及各縣的土改工作，務使邊區土改工作循正軌進行，少犯錯誤。

隨後，毛澤東建議仲勳到各縣去巡視。

237

劉 少奇 與 晉綏 土改

　　1月12日，任弼時在西北野戰軍前線委員會擴大會議上講話，題目是：〈土地改革中的幾個問題〉。任弼時首先充分肯定了正在進行的土地改革，然後說：

> 　　我現在根據中央最近的決定，講講在這一偉大運動中所發生的、必須引起全黨注意的以下幾個問題。

這些問題是：一、根據什麼標準來劃分農村階級，二、應該堅固的團結全體中農，三、對地主、富農的鬥爭方法，四、對工商業的政策，五、知識分子和開明紳士的問題，六、打人、殺人的問題。

　　任弼時講第一個問題時，以蔡家崖為例，說當地劃分階級是以「剝削、歷史、生活及政治態度」的標準，錯劃了五十多戶。他認為這樣下去，「不是孤立了敵人，而是孤立了自己」，因此在劃分階級身分時，除了「剝削」之外，其他標準都是錯誤的。在談到第二個問題時，他指出土改中出現的「侵犯中農利益，不照顧中農，排斥中農的傾向是非常危險的，是一種反馬列主義的極端左傾冒險主義的傾向。」他要求要團結中農，這「是我們消滅封建和取得戰爭勝利的基本條件。」關於第三個問題，他覺得：

> 　　在經濟上把地主當作一個階級來消滅，這是一件不容易的事，是一場惡戰……，但對地主個人則不是採取消滅政策。

他認為，對地主、富農用「掃地出門」的辦法來打擊他們的威風是必要的，「但並不要每個地主、富農用一樣的方法去鬥」。他還指出，我們對一般工商業者採取保護政策，使他們的財產和合

法經營不受侵犯；對於知識分子和開明紳士要繼續爭取改造。至於打人、殺人的問題，任弼時是這樣講的：

> 我們反對亂殺人，並不是說一個人也不能殺。……我們也反對打人，但是在群眾運動中，如果群眾出於真正的義憤「去打一下壓迫他們、為他們所極端痛恨的人，共產黨人不應該禁止和阻攔，而應該對於群眾的義憤表示同情，否則我們就會脫離群眾。

另外，他還強調：

> 對被審查的幹部，准許群眾放手批評、指責，但不准動手打人。同時，也向被審查的幹部說明，要向群眾好好承認錯誤，並保證以後不許報復，違者由政府用法律制裁。（《晉綏邊區財政經濟史資料選編》農業篇，第440-460頁）

據說任弼時的這個講話經過毛澤東審閱，並增加了一些內容。從這個講話中可以看出毛澤東以及中共高層面對於土改的基本態度已經有所轉變。這就是毛澤東後來路過晉綏時所講的「文武之道，一張一弛」。

2、毛澤東的「鬥爭藝術」

1948年1月14日，毛澤東給鄧小平發出電報，提出幾個問題要他回答：（1）新區土改究竟是按照《土地法大綱》平分，還是暫時不動富農和部分小地主的土地；（2）是否要把新區劃分為鞏固區和游擊區，以便採取不同政策；（3）在新區如何爭取更多的人與我黨合作。（《胡喬木回憶毛澤東》，第520-521頁）

1月18日，毛澤東根據十二月會議的討論，起草了〈關於目前黨的政策中的幾個重要問題〉（亦稱「中央一月決定」），從中可以看出毛澤東領導土改的基本思路。這個文件分四個部分。在第一部分「黨內反對錯誤傾向的問題」中，毛澤東指出：

> 反對黨內的「左」右傾向，必須根據具體情況決定方針。例如，軍隊在打勝仗的時候，必須防止「左」傾；在打敗仗或者未能多打勝仗的時候，必須防止右傾。土地改革在群眾尚未認真發動和尚未展開鬥爭的地方，必須反對右傾；在群眾已經認真發動和已經展開鬥爭的地方，必須防止「左」傾。

毛澤東把這種作法稱之為「鬥爭藝術」，至於鬥爭的是非和原則，似乎並不重要。在第二部分「土地改革和群眾運動中的幾個具體政策問題」中，毛澤東提出了十二條意見：（1）必須將貧農的利益和貧農團的帶頭作用放在第一位，但是「貧雇農打江山、坐江山」的口號是錯誤的，因為它忽略了黨的領導；（2）必須糾正排斥中農的傾向；（3）對地主投資工商業應該採取保護政策，不要把他們打成「化形地主」；此外，這些意見還包括知識分子、開明紳士、新舊富農、老區地主、挖地財（亦稱底財）、亂打亂殺和如何對待幹部等問題。至於第三、第四部分，則著重闡述了掌握政權和統一戰線的重要性。（《毛澤東選集》袖珍本，第1163-1169頁）

1月19日，習仲勳將他在巡視中瞭解到的情況向毛澤東作了彙報。他在報告中提出：

> ……老區的農民，現在都有一種不願當中農的傾向。在邊區的勞動英雄中，那些真正勤苦勞動、熱愛邊區的，

因有餘糧，往往被作為鬥爭對象，這使廣大農民對勞動致富的方針發生了懷疑。

同時他還指出：

> 老區的中農已佔優勢，真正的貧雇農已很少。仍為貧雇農中的人中，有的是因偶然的災禍貧窮下的，有的是地主、富農萬分下降還未轉化好的，有的是好吃懶做、抽賭浪蕩致貧的。如果由這些本來在農村中毫無威信的人組織貧農團領導土改，就等於把領導權交給壞人。這樣運動中就會出亂子，這也是很多地方運動發生嚴重偏差的重要原因。（中央檔案館，《解放戰爭時期土地改革文件選編1945-1949》，第130頁）

第二天，毛澤東根據習仲勳的再次彙報，要求華北、華中等老解放區一定要密切注意「左」的錯誤，凡是犯了這種錯誤的地方，要在幾個星期內糾正過來，不要拖延很久。（《胡喬木回憶毛澤東》，第520頁）

3、毛的善變與劉的緊跟

1月22日，毛澤東又給粟裕草擬一份很長的電報，提出新區土改要分為兩個階段。第一階段應該是先沒收地主的土地，對富農原則上不動，到了第二階段再平分土地。但後來他在致劉少奇的信中說，這封電報沒有發出，而是「將其中某些部分寫入社論中公開發表」了。（《毛澤東書信選集》，第297頁）

同一天，劉少奇在電報中向毛澤東彙報：

此間雖到處發生「左」的錯誤，但因有前次「左」的經驗，及領導上早有精神準備，故在發生後，便立即停止，尚未發生大的惡果。

他認為：

……土地會議後「左」的錯誤以晉綏較嚴重，其他地區還不嚴重。但在土地會議前，則有若干地區犯過嚴重亂打、亂殺的錯誤，但早已停止。（《劉少奇年譜》下卷，第120頁）

兩天後，毛澤東致電劉少奇，要他在阜平召開會議，為完善「中央一月決定」討論以下幾個問題：

（1）為了穩定中農之目的，老區的新富農照富裕中農的待遇，即不得本人同意不能平分；（2）給教堂、祠堂、廟宇留少數園地；（3）保護和平通商傳教的外國人；（4）貨債及農民內部債務之處理；（5）新區執行土地法應與老區不同，在新區應分兩階段，第一階段沒收地主土地，中立富農；第二階段平分土地。第一階段只組織農會，第二階段再組織貧農團。

對於毛澤東的指示，劉少奇自然言聽計從。他很快覆電說：

中央工委決定在兩、三天內討論這些問題，並表示完全同意你給粟裕的電報。（同上，第122頁）

如何在黨內貫徹執行「中央一月決定」和全國土地會議決議這兩個幾乎完全相反的文件，劉少奇可謂煞費苦心。1月25日，

他致電毛澤東，再次彙報對「中央一月決定」的修改意見。他建議在反對黨內「左」、右兩種傾向時，加上這樣的話：

> 在全國土地會議決議尚未在黨內、黨外的群眾中加以貫徹的地區，必須繼續切實貫徹。在這些決議業已在黨內、黨外的群眾中貫徹，和群眾業已發動的地區，必須根據群眾中所發生的新的問題與新的偏向，迅速及時地加以解決和糾正，而不要讓其繼續發展，拖延甚久，損害群眾利益。

此外，他還按照毛澤東關於新富農和工商業者的想法，提出應該把「化形地主」分為兩類。

> 一類是真正轉化以工商業收入為全部或一部生活資料者，這應鼓勵與保護。……另一類是偽裝窮人、小販或商人，以隱蔽目標，保護其封建財產者，必須予以打擊。
> （同上，第122-123頁）

2月3日，毛澤東在致劉少奇的電報中，想法又有改變。他認為土改在不同地區應該採取不同的策略。比如在日本投降以前的老解放區，應該對土地進行調整，而不是重新分配；在1945年9月至1947年8月佔領的半老區，應該按照《土地法》徹底平分土地；在1947年8月以後佔領的新解放區，應該分兩個階段進行土改。這份電報後來被收入《毛澤東選集》第四卷，標題是〈在不同地區實行土地法的不同策略〉。

面對毛澤東的不斷變化，劉少奇終於有些「跟不上」了。2月5日，他在覆電中雖然表示同意毛澤東的想法，但又委婉地說：

老區平分空氣甚高，這一方面使中農有些恐慌，但另一方面又使土地之抽補調整及退出依法果實等容易進行，故我意在這種地區亦不必宣佈取消平分土地。

他還說：

照平山經驗，如沒有這樣的貧農團，則整黨與建立人民代表大會（在鄉村中即農會），就要發生困難，抽補土地及其它工作，亦將有困難。

因此在人民代表大會沒有鞏固、黨支部沒有整頓好之前，貧農團不能取消。（《劉少奇年譜》下卷，第126頁）

4、「承認錯誤」，還是諉罪於人？

劉少奇覆電後，毛澤東分別致電各大區負責人，就老區、半老區（1947年解放軍開始反攻以前佔領的地區）和新區（1947年解放軍開始反攻後佔領的地區）如何實行土改的問題徵詢意見。習仲勳仍然堅持原來的看法，他在回電中表達了幾個意見。關於平分土地的問題，他認為現在的情況不是地主、富農佔有多數土地，而是中農佔有土地，如果要平分，會使農民對土地所有權失去信心。關於貧農團的問題，他認為貧農團本身很複雜，他特別強調有四分之一的人是因為吃喝嫖賭、不務正業變窮了，這種人一旦組織起來，就會在中農身上打主意。他說：

土地再平分，農民都感到把村逼死啦，真正勞動的貧雇農，也抱怨我們給他們造成好多困難。貧農團除此作用外，就再少其他作用。至於生產嗎，在農村，那倒是中農領導貧農。（中央檔案館，《解放戰爭時期土地改革文件選編》，第156-157頁）

薄一波也很快跟進。他在報告中說，老區的地主、富農已經徹底消滅，貧雇農絕大多數已經徹底翻身，土地早已平分，半老區的地主、富農也已大體鬥倒，土地已大體平分，只有新區可以按照《土地法大綱》進行土改。

2月7日，劉少奇致電中共中央，彙報東北土改打擊面太寬（達到百分之二十五）的問題。兩天後，中共中央將該電報批轉東北局，指出地主、富農佔農村人口的百分之八～十。又過了兩天，劉少奇致電毛澤東，提出「是否可以考慮，在東北立即實行大體上的土地國有制」，即沒收地主及富農多餘的土地，歸國家所有，再由各地政府無代價地分配給一切願意耕種的人耕種，而耕種的農民，只向國家交納一定數量的土地稅。這樣一來，就可以在土地使用權的分配上，「按各家庭的勞動力來平均分配。按人口平均，則成為次要標準，並保障農民對土地的永遠使用權。」不久，毛澤東將此電批轉東北局加以研究，但似乎沒有回應。

由於春耕生產即將到來，再加上前一年的嚴重教訓，中共中央委託周恩來起草〈老區半老區的土地改革與整黨工作〉，該文件經毛澤東修改後於2月22日公開發表。這個文件將老區和半老區分為土改比較徹底、土改尚不徹底和土改很不徹底三種類型，要求前兩類地區不再平分土地，而是在調劑之後要確定地權，以利於進行春耕生產。如果在春耕之前不能完成土改任務，應將土改工作推遲到夏季以後進行。

面對餓殍遍野、春耕無法進行的困難局面，毛澤東不得不從2月中旬開始，在不到一個月的時間裏為中共中央起草了〈糾正土地改革宣傳中的「左」傾錯誤〉、〈新解放區土地改革要點〉、〈關於工商業政策〉、〈關於民族資產階級和開明紳士問題〉等一系列指示，就過去實行的所謂貧雇農路線、唯身分論、「群眾

要怎麼辦就怎麼辦」以及如何對待工商業和開明紳士等問題，提出新的意見。

在〈關於民族資產階級和開明紳士問題〉中，他是這樣說的：

> 我們不要拋棄那些過去和我們合作過，現在也還同我們合作、贊成反美蔣和土地改革的開明紳士。例如晉綏邊區和劉少白、陝甘寧邊區的李鼎銘等人，在抗日戰爭和抗日戰爭以後的困難時期內，曾經給我們以相當的幫助，而在我們實行土地改革的時候，他們並不妨礙和反對土地改革，因此對他們仍應採取團結的政策。但是團結他們，並不是說將他們當作決定中國革命性質的力量來看。決定革命性質的力量，是主要的敵人和主要的革命者兩方面。我們今天的主要敵人是帝國主義、封建主義和官僚資本主義，我們今天同敵人作鬥爭的主要是佔全國人口百分之九十的一切從事體力勞動和腦力勞動的人民。這就決定了我們現階段革命的性質是新民主主義的人民民主革命，而不同於十月革命那樣的社會主義革命。（《毛澤東選集》袖珍本，第1183頁）

劉少白的平反之所以那麼尷尬，顯然與這段話有關，因為他並不是「決定中國革命性質的力量」，而是一個「團結」對象。

3月6日，毛澤東致信劉少奇，承認土改中出現的問題「是政策本身就錯了」，並表示「我自己即深感這種責任」。但是他又說：

> ……許多下級黨部擅自決定其自以為正確、其實是錯誤的政策，不但不請求中央甚至也不請示中央局。例如很

多地方的亂打、亂殺，就是如此。……各中央局，自己在某些政策上犯了錯誤的也不少。

他還以晉綏土改為例，批評晉綏分局：

> 對於在定身分上侵犯中農，對於徵收毀滅性的工商業稅，對於拋棄開明紳士，都是自己犯了錯誤。

不過，他認為：

> 這類「左」傾錯誤犯得比較嚴重的似乎還不是晉綏，而是華北、華中各區（從日本投降後開始，投降前也有），晉綏的嚴重程度似乎還在第二位。（《毛澤東書信選集》，第296頁）

這說明毛澤東仍然在包庇晉綏和李井泉等人，同時也可以看出在晉綏土改中出現的那慘絕人寰的悲劇，在其他根據地也普遍存在。

劉少奇 與 晉綏 土改

二十二、
毛澤東路過晉綏

1、晉綏土改開始「糾偏」

中共中央十二月會議召開之前，晉綏土改還在轟轟烈烈的進行之中。比如《晉綏日報》在一篇短評說：

> 土地改革徹底與否，群眾起來與否的標誌，就是要看貧雇農是否形成力量，是否形成領導核心，是否掌握了徹底平分土地群眾運動的領導權。絕不是先看中農起來沒有或其他。而檢查我們工作的好壞，也應以此為標誌。

至於中農，則應該是被領導者和團結對象，因為：

> 貧雇農是農村中的無產階級與半無產階級，中農是小資產階級，黨與政權及一切組織的徹底改造，必須依靠貧雇農。而團結中農，是要貧雇農形成力量之後，由貧雇農自己去團結，而不是工作團或什麼人去團結。……如此貧雇農沒有形成力量，而談團結中農，這完全是空談，或者是富農路線者的藉口而已。（《晉綏日報》，民國三十六年十二月二日頭版）

四天後，該報在頭版以幾乎整版的篇幅刊登消息說，府谷縣傅家鄉成立農委會，解散了鄉公所；臨縣後月鏡貧雇農大會解散了黨支部，三個支部委員被扣押；代縣西旺村群眾在縣農會支援下，將工作團團員馬保同撤職。12月17日，該報在頭版頭條又

刊登通訊：神池縣農會臨委會接受群眾要求，宣佈解散縣委縣政府，並「將地主封建集團縣長李克等二十二人，予以扣押，並號召全縣人民揭露、控訴這些壞蛋的罪行，予以嚴厲制裁」。

但是沒過幾天，他們又開始糾正「左的偏向」了。

1948年1月11日，晉綏分局在〈關於改正錯訂身分與團結中農的指示〉中表示：

> （1）由於強調找「化形地主」，甚至要「查三代」，因此在土改中「錯訂破產地主和富農不少，特別把富裕中農訂為富農，影響了團結中農」。（2）對於錯訂為富農的中農，應該堅決說服幹部群眾予以改正。（3）過去的錯誤，應該由分局承擔，工作團要做好說服善後工作。（4）中農在農會中應當佔三分之一的比例，清一色的貧雇農思想是錯誤的。（5）要反覆解釋我們對中農的政策與辦法，既要使中農滿意，又不至於為土改潑冷水。（《晉綏邊區財政經濟史資料選編》農業篇，第385-397頁）

此外，該指示還對退還糧食、衣物、窯洞、家具、藥品、大洋等問題有所規定。從這些規定可以看出，這種退還的象徵性大於實質性。

1月22日，李井泉就所謂土改的「糾偏」問題，以書面形式向毛澤東做了彙報。他說：「我回來以後，即在分局開會數日，根據中央的精神，檢查了土改中對中農及工商業的左傾問題，已擬出改正脫離中農錯誤的辦法，用電報發各地，並報中央」，至於工商業問題及其補救辦法，也正在擬定。他承認，土改對工商業的破壞，以朔縣最為嚴重。

　　　　鄉村農民數千進城，扣押敵偽人員及地主，沒收財
　　物。領導上未加控制，異常混亂。

在土改過程中，「死人在各地均較多，兩地均約四、五百人左
右，最大部分為惡霸地主。分局規定殺人經縣級批准後，1月份未
發生多殺。」（《晉綏邊區財政經濟史資料選編》農業篇，第462
頁）

　　第二天，晉綏分局也向毛澤東報告說：

　　　　　井泉同志於傳達佈置工作後，即親往綏蒙和二分區指
　　導糾正左的偏向。（同上，第464頁）

從這裏可以看出李井泉所謂「兩地」死人均在四、五百人左右，
是指綏蒙區和二分區。據統計，綏蒙區和二分區分別管轄五、六
個縣，前者有行政村三百九十九個，四十九萬多人，後者有行政
村兩百二十個，三十二萬多人（《晉綏邊區財政經濟史資料選
編》總論編，第635頁）。也就是說，即便按照李井泉輕描淡寫的
說法，在土改中被鬥死的人也達到百分之零點一以上，幾乎每個
行政村都有人被鬥死。當然，真實的數字也許永遠是個謎，但是
從已經掌握的情況來看，死亡率絕不止這個數目。

　　晉綏分局在報告中涉及四個問題：（1）土改中左的偏向，以
老區的興縣、保德、靜樂、臨縣較為嚴重。（2）各地左的行動，
現在基本上已經停止。（3）李井泉回來後，立即召集地區一級主
要幹部，傳達並討論了中央會議的精神和決定。大家雖然在糾正
方式和退還東西的問題上有不同意見，但「由於井泉同志的堅持
和解釋，最後意見趨於一致，通過了有步驟的堅決糾正左的錯誤
的方針。」（4）現在各地土改工作已轉入分配土地，並在分配中
改定身分。分局在糾正左的錯誤上採取了堅決而有步驟的方針。

這個彙報與上述張稼夫的回憶以及劉少白、牛友蘭的平反，有很大差距。另外，該報告還提到：

> ……在井泉由中央返來之前，各地左的行動已基本上停止，這從各地來的報告和新聞稿件上可以看到。現時各地新聞來稿銳減，以致目前報紙只能暫出半張。（《晉綏邊區財政經濟史資料選編》農業篇，第464-465頁）

字裏行間，充滿了對前一階段土改的留戀。

由於春耕在即，如果繼續混亂下去，後果不堪設想，因此《晉綏日報》於1月24日發表社論，題目是：〈關於最近分配土地中的幾個問題〉。從社論中可以看出，土改雖然在轟轟烈烈地進行，但大部分地區並沒有分完土地，這種局面直接影響到即將到來的春耕生產。因此社論呼籲：

> 這是擺在我們面前的迫不及待的第一個重大問題。

社論提出的第二個問題，是在土地分配中出現了「倒寶塔形的情況」，即貧雇農佔地最多，中農次之，地主、富農很少。社論認為這樣會嚴重脫離中農，違背了平分土地的原則。至於給地主分得的土地太少、太壞，社論認為這是農民的階級仇恨所致，雖然可貴但符合政策。第三個問題是究竟要按產量還是按畝數平分土地。社論承認這是「一件比較麻煩的工作」，在分析各自的利弊後，還是主張以畝數為標準來分配。社論指出的第四個問題是「要堅持按行政村統一分配的方針」，分配土地的權力機關為農民代表會議，執行機關為農民代表會議和貧農團委員會。（《晉綏日報》，民國三十七年一月二十四日）從這些問題中可以看出，即使是大政方針已定，重新分配土地也是個非常複雜、非常麻煩的工作。

1月27日，山西崞縣（今原平）一區與城關召開第二屆聯合區代表會議，主要是根據晉綏分局指示解決土改中出現的問題。據晉綏分局社會部部長譚政文在報告中說，會議開始後，首先把毛澤東的〈怎樣分析階級〉宣讀一遍，然後開始討論。有的代表說：

> 這本本是南方的，咱這地方不能幹。

有的說：

> 人家知道咱們鬧錯了，把咱們的門也要打爛哩！

經過縣委領導人的啟發引導，代表們還是顧慮重重，有的不願意說「軟話」（公開認錯），有的怕退還東西，說：

> 糧食吃了，衣服穿了，白洋交貿易局了，怎住回退？

有的乾脆說：

> 東西已經分了，吃進肚裏去，不能往回吐啦！

關於平分土地，大家吵了兩天，認為如果不給地主、富農分維持基本生活的土地，他們會「狗急跳牆，鬧得桔子裏不安，對咱們還是個不利！」這才提出了讓「富農能生產，地主能生活」的解決辦法。（《中共中央文件選集》第十七冊，第102-120頁，中共中央黨校出版社，1992年版）這個報告由李井泉上報中共中央，毛澤東予以充分肯定，認為這個報告「所描述的兩個區的農民代表會議上所表現的路線，是完全正確的。」（《毛澤東文集》第五卷，第79頁）

2、李井泉解釋土改政策

面對嚴重的饑荒和即將到來的春耕，晉綏當局秉承毛澤東的旨意，不得不壓制一下貧雇農的造反情緒，並開始向中農討好。

2月10日，李井泉再次向毛澤東彙報老區貧農和中農的關係問題。他以蔡家崖為例說，這個村共有四十八戶農民，其中老中農十六戶，新中農十七戶，貧雇農十五戶，大體上各佔三分之一。他認為新中農：

> 除土地稍多外，其他副業、家具、財物，均趕不上老中農，因此他們同樣要求徹底翻身。

在此基礎上，他又分析說，在農會和農民代表會中，應該讓貧農和新中農佔三分之二，這樣既可以「避免脫離中農」，又可以縮小貧農團的權力。此外他還提到，為了不影響生產、不影響中農情緒，在某些地區只採取「抽補」的辦法，不再平分土地。（《晉綏邊區財政經濟史資料選編》農業篇，第467頁）這等於否定了全國土地會議頒佈的《中國土地法大綱》，否定了「徹底平分土地」的土改路線。

第二天，中共中央在〈關於糾正土地改革宣傳中左傾錯誤的指示〉中，提出：

> 最近幾個月中，各通訊社及報紙不加選擇地、沒有分析地傳播了許多包含左傾偏向的不健全的通訊或文章。

其中包括：

> 不是宣傳依靠貧雇農、鞏固地聯合中農、有步驟地、有分別地消滅土地制度的路線，而是孤立地宣傳貧雇農路線。……孤立地宣傳所謂貧雇農打江山、坐江山。（中共

254

中央政策研究室編，《一九四八年以來政策彙編》，第240-242
頁，中共中央華北局印）

這說明，直到這時，中共中央才不得不公開糾正所謂「左」的
傾向。

正因為如此，毛澤東對李井泉的報告非常欣賞。他在2月19日
稱讚李井泉說：「你們現在採取的政策是正確的」，讓貧雇農和
新中農在政權中佔三分之二，以保障他們的領導權，「這樣做就
很好，很適當。」他指出：

> 在這種貧農佔少數，新老中農佔多數的地區組織貧農
> 團，硬要指揮一切，這就是冒險的命令主義，是違反全國
> 土地會議的路線的。

同時他還囑咐李井泉說：

> 你們那裏是否有介於新區與老區之間的半老區，……
> 那裏的工作方針應當比老區、新區都有所不同，望你們加
> 以研究，並將結果電告。（同上，第468頁）

從這份電報中可以看出，李井泉的確是毛澤東指向哪裡就打到哪
裡的一員愛將。

2月28日，李井泉在二區農民代表會上發表講話，重新解釋了
土改政策。他首先對土改作了充分的肯定：

> 一條是鬥倒地主，一條是農民分到東西、分到地，貧
> 苦農民有了翻身基礎。一條是有了民主，有話敢講，這都
> 是共產黨批准的、贊成的。（同上，第469頁）

緊接著他也承認在土改中做了幾件錯事，從他的講話中，也可以
隱隱約約看出當時的一些情況。

在講到錯劃身分時，李井泉說：「毛主席講，根據他的調
查，地主富、農佔百分之八上下」，但是「我們有劃到百分之
二十、三十，甚至百分之四十。這是一件大錯。⋯⋯錯下來的結
果怎樣呢？有的人大吃大喝，怕鬥了地主、富農鬥中農，不好好
生產。還有本來就不是地主、富農的，得罪他，他記下仇」，就
鬥人家。（同上，第470-471頁）

在講到貧雇農坐天下時，李井泉說：

> 蔡家崖中農中有（人）說：「過去是幹部包辦，現在
> 是貧雇農包辦」，這就表現中農不服，再加上貧雇農裏面
> 有那麼幾個人不怎麼好，分到東西吃了，不好好勞動，中
> 農提出批評，大家考慮一下對不對？

他還承認，前一階段「報紙批評中農路線，這個提法有錯誤，使
下面容易偏到一面去。」（同上，第471頁）

在講到貧雇農的翻身時，李井泉也知道用鬥地主、分土地財
產的辦法，只能鼓勵不勞而獲，因此他告誡說：

> 我們主張從鬥地主、消滅封建、半封建打下翻身底
> 底，以後要靠貧雇農自己好好勞動。現在貧雇農要求翻
> 身，是不是這樣的觀念，就是地主、富農沒啦，向富裕中
> 農身上打點主意，有這種思想是不對的。

他還說老區土改：

> 沒有那麼多東西了，只能做到使貧雇農適當的滿足。

他承認在土改中把地主、富農劃得比例過大，一方面是因為上面沒有標準，另一方面則是因為下面為了翻身，便要多劃幾戶地主、富農，以便多分點東西。（同上，第472-473頁）

在講到不再徹底平分土地時，李井泉承認：

> ……我們公開主張老區也平分，後來看到老區地主、富農地少，我們改變政策，不要機械平分。有人說政策改了。這一條是改了，不主張平分了。

為什麼要改政策呢？李井泉毫不忌諱地說，這是因為：

> 平分要動中農太多，打得很亂，妨礙生產。……假如中農不生產，我們的軍隊吃什麼？（同上，第473-474頁）

在講到農會問題時，他要求貧雇農小組只應該起保護貧雇農利益的作用，不要管過多的事。

> 這樣，可省得貧雇農小組多開會，減少麻煩，也免得貧雇農發生偏差，脫離中農。（同上，第474頁）

這種說法與當初的〈告農民書〉，以及劉少奇12月18日關於樹立貧雇農在土改中領導地位的指示相比，真是天壤之別。

講話結束時，李井泉知道：

> 現在最難解決的問題，就是下身分、退東西。……現在有些人說，衣服穿了，羊殺了，不能賣老婆、賣地來退。

因此他要求：

> 給訂錯的人賠不是，認錯誤，先消氣，後退東西。
>
> （同上，第474-475頁）

希望用這種辦法來平息土改中造成的禍害。這與延安整風後毛澤東的作法如出一轍。

1948年2月10日，晉綏邊區行政公署和農會臨委會聯合發佈命令，要求在土改中「分配土地的村莊，只要當地大多數農民沒有意見，不要求重分，即認為已經分定，不再變動，地權即歸分得者所有，由各縣政府發級土地證，受到民主政府法律保護，任何人不得侵犯。」（《晉綏日報》，民國三十七年二月十日頭版）2月18日，邊區行署和農會臨委會又聯合發佈春耕動員令。這說明晉綏行政當局還是希望盡快結束土改的混亂局面，把注意力集中到生產上。

3月17日，晉綏分局以農會主任趙林的名義發出〈關於糾正侵犯中農財物賠償問題的指示〉，其中提出要退還中農的種子、口糧、農具、牲畜、白洋、元寶、金子、煙土、衣物和家具，有些東西無法退還，還可以用煙土、農幣和木料頂替。從這裏也可以證明煙土在當地不僅不是違禁物，而且還具有流通的性質。

3、毛澤東路過晉綏

就在土改政策不斷變化，土改運動無法收拾的時候，中共中央決定東渡黃河，向華北轉移。不久，晉冀魯豫中央局與晉察冀中央局合併，成立中共中央華北局，劉少奇任第一書記，薄一波任第二書記，聶榮臻任第三書記。

在此之前，毛澤東在一份很長的電報中對劉少奇說：

> ……許多下級黨部擅自決定其自以為正確、其實是錯誤的政策，不但不請示中央甚至也不請示中央局。例如很

258

多地方的亂打、亂殺，就是如此。但是各中央局，自己在某些政策上犯了錯誤的也不少。例如晉綏分局，對於在定身分上侵犯了中農，對於徵收毀滅性的工商業稅，對於拋棄開明紳士，都是自己犯了錯誤的。但是這類「左」傾錯誤犯得比較嚴重的似乎還不是晉綏，而是華北、華東、華中各區（從日本投降後開始，投降前也有），晉綏的嚴重程度似乎還在第二位，是否如此，請你們加以檢討。

從這份電報中可以看出，至少是抗日戰爭勝利之後，在中共佔領的華北、華東和華中等地，亂打、亂殺的現象就已經非常嚴重了。對於這種狀況，毛澤東是瞭若指掌的。

儘管如此，毛澤東卻不想改變他所提出的平分土地的錯誤政策。3月10日，毛澤東再次致電劉少奇說，他們擬於3月20日動身，4月15日左右可以到達西柏坡。3月12日，毛澤東在〈山西崞縣是怎樣進行土地改革的〉按語中指出：

關於如何在農村中進行整黨工作，我們有了晉察冀平山縣的典型經驗（這是劉少奇同志總結的）。關於如何在老區調劑土地而不是平分土地，（因為那裏已經平分了）的工作，我們有了陝甘寧區綏德縣黃家川的典型經驗。現在又有了晉綏區崞縣這樣一個平分土地的經驗（雖然不完全）。這三個經驗，值得印成一個小冊子，發給每個鄉村的工作幹部。（《劉少奇年譜》下卷，第138頁）

這是對劉少奇與晉綏土改的又一次肯定。

3月19日，劉少奇致電毛澤東，他承認：

各地所發生「左」的錯誤，正如來電所說，確是華北、華東較晉綏、陝北更為嚴重，太行區殺人××多（引

者按，原文如此），山東在去年7月到9月，亦殺了××多人，華中在政策上，特別在工商業政策上，亦犯了不少的錯誤。這些錯誤政策執行的時間雖不久，但損失很大。這主要是在全國土地會議以前及會議時犯的。在土地會議後，則以晉綏錯誤似較嚴重（其詳細情形我們還不知道），晉察冀次之。從最近熱河的來電看，熱河、冀東也有不少錯誤。這些都正在會議檢討中。

第二天，毛澤東覆電劉少奇，告訴他：「我們明天動身民法移，由此到興縣走路及談話十天，坐車去代縣五天，走路到你處十天」，大約在4月15日「可到你處」。（同上，第141頁）

3月23日，毛澤東與周恩來、任弼時率中共中央機關從陝西吳堡縣東渡黃河，進入山西臨縣。26日，毛澤東一行抵達晉綏邊區領導機關的所在地——興縣蔡家崖。

4月1日，毛澤東在興縣蔡家崖晉綏幹部會議上發表講話，就「劉少奇去年春季對晉綏幹部的當面指示和晉綏分局去年6月召開的地委書記會議」作了肯定。（同上，第142頁）

這篇講話分五部分。在第一部分中，他開門見山說：

> 我認為，在過去一年內，在中共中央晉綏分局領導的區域內的土地改革工作和整黨工作，是成功的。

這就充分肯定了晉綏地區的土改運動。緊接著，毛澤東從兩方面分析了成功的原因。

> 一方面，晉綏的黨組織反對了右的偏向，發動了群眾鬥爭，在全區三百多萬人口的二百幾十萬人口中，完成了或者正在完成著土地改革工作和整黨工作，另一方面，晉綏的黨組織又糾正了在運動中發生的幾個「左」的偏向，

因而使全部工作走上了健全發展的軌道。（《毛澤東選集》
袖珍本，第1200頁）

顯而易見，晉綏土改的整個過程完全符合毛澤東的意圖，他對那
裏發生的一切，非常滿意。

毛澤東還說：

> 在反對封建制度的鬥爭中，在貧農團和農會的基礎
> 上建立起來的區村（鄉）兩級人民代表會議，是一項極寶
> 貴的經驗。只有基於真正廣大群眾的意志建立起來的人民
> 代表會議，才是真正的人民代表會議。這樣的人民代表會
> 議，現在已有可能在一切解放區出現。這樣的人民代表會
> 議一經建立，就應當成為當地的人民權力機關，一切應有
> 的權力必須歸於代表會議及其選出的政府委員會。到了那
> 時，貧農團和農會就成為它們的助手。（同上，第1203頁）

這段話表明毛澤東對未來新政權、新制度的設想，與後來他所謂
「人民公社好」，「革命委員會好」是同一條思路。

4、毛澤東肯定晉綏土改

在講話的第二部分，毛澤東分析了晉綏土改「成功的原
因」有兩個：一是「在去年春夏康生同志……的幫助下」，晉
綏分局於6月成功地召開了地委書記會議，批判了土改中右的偏
向。二是「在今年1月以來」，在短時期內「如此迅速和徹底」
地糾正了「左」的偏向。與此同時，他也承認6月的會議：

> 缺點是：沒有按照老區、半老區和新區的不同情況決
> 定不同的工作方針；在劃分階級身分的問題上採取了過左
> 的方針；在如何消滅封建制度的問題上太注重清查地主的

261

地財；以及在對待群眾要求的問題上缺乏清醒的分析，籠統地提出了「群眾要怎樣辦就怎樣辦」的口號。（同上，第1295頁）

在第三部分，毛澤東認為晉綏在抗日時期的領導路線基本上是正確的，因此才「建立了黨的基礎，建立了民主政府，建立了近十萬的人民軍隊」。主要缺點或錯誤是：

> 未能依靠最廣大的群眾，克服黨內和政府內在某種程度上的身分不純或者作風不純。（同上，第1206頁）

既要大規模發展自己的力量，又擔心隊伍不純，這是毛澤東面臨的最大矛盾。

在第四、第五部分裏，毛澤東提出：

> 今後晉綏黨組織的任務，是用極大的努力，繼續完成土地改革和整黨工作，……是在於細心地保存和發展那些為人民群眾所擁護的變工隊、合作社和其他必要的經濟組織，並推廣這樣的組織於各地。（同上，第1206-1207頁）

五十年代初，山西晉東南地區（原屬晉冀魯豫邊區）在農村率先成立互助組、合作社，並在全國各地推廣，是毛澤東這一思想的具體體現。最後，毛澤東還進一步簡述了中國共產黨的總路線和總政策，以及在土改中的總路線和總政策。從「理論高度」來闡述自己的想法，這大概就是毛澤東的「高人一籌」之處。

4月2日，毛澤東又在對《晉綏日報》編輯人員的談話中指出：

> 你們的工作，就是教育群眾，讓群眾知道自己的利益、自己的任務，和黨的方針政策。

他還說：

> 報紙工作人員為了教育群眾，首先要向群眾學習。

為什麼要這樣講呢？因為：

> 同志們都是知識分子。知識分子往往不懂事，對於實際事物往往沒有經歷，或者經歷很少。你們對於1933年制訂的〈怎樣分析農村階級〉的小冊子，就看不大懂；這一點，農民比你們強，只要給他們一說就都懂得了。……要使不懂得變成懂得，就要去做去看，這就是學習。報社的同志應當輪流去參加一個時期的群眾工作，參加一個時期的土地改革工作，這是很必要的。（同上，第1214-1215頁）

在這次談話中，毛澤東還進一步表達了對該報的意見。他說：

> 《晉綏日報》在去年6月的地委書記會議以後，有很大進步。內容豐富，尖銳潑辣，有朝氣，反映了偉大的群眾鬥爭，為群眾講了話。我很願意看它。但是從今年一月開始糾正「左」的偏向以後的這一時期，你們的報紙卻有點洩氣的樣子，不夠明確，不夠潑辣，材料也少了，使人不大想看。（同上，第1216頁）

這顯然是看到李井泉的彙報以後得出的結論。可見毛澤東對前一階段晉的綏土改是完全支持的；對於「糾偏」以來的工作，特別是報紙由此產生的變化，卻反而不大滿意。

接下來，毛澤東還引經據典地說：

> 《晉綏日報》在去年6月以後進行的反對右傾的鬥爭，是完全正確的。在反右傾的鬥爭中，你們作得很認

真，充分地反映了群眾運動的實際情況。對於你們認為錯
誤的觀點和材料，你們採用編者按語的形式加以批註。你
們的批註後來也有缺點，但是那種認真的精神是好的。你
們的缺點主要是把弓拉得太緊了。拉得太緊，弓弦就會
斷。古人說：「文武之道，一張一弛。」現在弛一下，同
志們會清醒起來。（同上，第1216頁）

寥寥數語，披露了毛澤東的喜好和心跡。

隨著戰爭的進展和國內局勢的變化，原太嶽邊區所屬十九個
縣劃歸晉綏邊區管轄，使該區擴大到晉南一帶。與此同時，晉冀
魯豫與晉察冀邊區合併，成立華北局，劉少奇兼任華北局書記。
1948年6月上旬，劉少奇為中共中央起草的一份文件中指出：

華北局準備公開發表決定，宣佈華北土改業已完成的
大部分地區結束土改，發給土地證，……其他各解放區的
許多地區亦有與華北相同的情形，應參照華北辦法，根據
各區情況決定各區執行中央指示的具體計畫，並公開宣佈
以安定人心。（《劉少奇年譜》下卷，第151頁）

與此同時，晉綏邊區的幹部也大批南下，擔任接管新解放區
的任務。至此，晉綏土改基本結束。

二十三、

晉綏土改以後

1、毛澤東的土改策略

就在土改進入高潮的時候，劉鄧大軍進入大別山地區開闢了新的戰場。1948年5月，毛澤東致電鄧小平，就「新區工作策略問題」作出指示。他說：

> 根據陳、謝、李、薄來此討論的結果，我們覺得新區工作的策略問題有全盤考慮之必要。新區必須充分利用抗日時期的經驗，在解放區相當長的時期內，實行減租減息及酌量調劑種子口糧的社會政策和合理負擔的財政政策，消滅性的打擊之對象，應限於政治上站在國民黨方面堅決反對我軍的重要反革命分子，如同抗日時期只逮捕和沒收漢奸分子一樣，而不是實行分浮、分土地的社會改革政策。因為過早的分浮財，只是少數勇敢分子歡迎，基本群眾並未分得，因而表示不滿；而且，社會財富迅速分散，於軍隊亦不利。過早的分土地，使軍需負擔過早的全部落在農民身上，不是落在地主、富農身上。不如不分浮財、不分土地，在社會改革上，普遍實行減租減息，使農民得到了實益；在財政政策上，實行合理負擔，使地主、富農多出錢。如此，則社會財富不分散，社會秩序較穩定，利於集中一切力量消滅國民黨勢力。在一、兩年甚至三年以後，在大塊根據地上，

國民黨勢力已被消滅，環境已經安定，群眾已經覺悟和組織起來，戰爭已經向遙遠地方推進，那時便可進入像華北那樣的分浮財、分土地的土地改革階段。我們認為這一個減租減息階段是任何地區所不能缺少的，缺少了這個階段，我們就要犯錯誤。即在華北、東北、西北各大解放區之接敵區，亦須實行上述同樣策略。此外，「開倉濟貧」口號，證明亦於軍隊不利，只可在準備撤退的大城市及其附近臨時實行，不應普遍實行。（《1948年以來政策彙編》，第323-324頁）

簡單來說，毛澤東土改的策略是：在所謂的新解放區，他要採取與抗日戰爭時期相似的、非常溫和的策略，一方面籠絡人心，一方面保護自己的利益；在所謂的老解放區，他要採取與土地革命時期類似的暴力政策，用製造恐怖的手段來進行戰爭動員，維護自己的權威，鞏固自己的統治。

這種「新區新辦法，老區老辦法」的土改策略，與中國歷史上那些打家劫舍、殺富濟貧的農民起義完全不同。這也許正是毛澤東能夠成事的一個原因。

1948年6月6日，中共中央中原局作出〈關於執行中央五月二十五日指示的指示〉，要求所屬地區要克服「左傾急性病」的錯誤，並檢查了在土改中的一系列教訓。其中包括：

經驗證明，殺人過多，不但不能鎮壓住反革命的活動，反而因此更加增強了敵人的團結和抵抗；引起社會秩序的紊亂、群眾的不安和不滿，這就更便利了反革命的活動。（同上，第336頁）

兩天後，中共中央在一份通報中說，華北局準備公開發表決定，宣佈土改在大部地區已經結束。至於剛剛佔領的地區，則不進行土改。通報要求各地區：

> 應參照華北辦法，根據各區情況，決定各區執行中央指示的具體計畫，並公開宣佈以安定人心。（《劉少奇年譜》下卷，第150頁）

2、史達林對中國土改的意見

1949年10月1日中華人民共和國成立後，毛澤東於12月中旬抵達莫斯科。不久，他在史達林七十歲生日的慶典上發表祝詞說：

> 史達林同志是世界人民的導師和朋友，也是中國人民的導師和朋友。他發展了馬克思列寧主義的革命理論，並對於世界共產主義運動的事業作了極其傑出和極其寬廣的貢獻。中國人民在反抗壓迫者的艱苦鬥爭中，深切地感覺到史達林同志的友誼的重要性。（《建國以來毛澤東文稿》第一冊，第195頁，中央文獻出版社，1987年版）

毛澤東在蘇聯一待就是兩個多月。儘管如此，他還是把國內外的大小事務牢牢控制在自己手中。就土改問題而言，他曾經通過無線電臺向饒漱石、林彪、彭德懷和習仲勳等人發出指示，要求他們在新的佔領區先做好基層政權的建設工作，準備到冬季以後再進行土改。

1950年2月12日，劉少奇為中共中央起草〈關於新解放區土地改革和徵收公糧的指示〉，提出分階段、分地區實行土地改革的方案，並抄送尚在莫斯科的毛澤東和周恩來審閱修改。不久毛、周二人在覆電中基本肯定了這個方案，但對於其中涉及土地分配

的部分提出異議，並要求暫緩發表。理由是毛澤東向史達林彙報中國的土改政策時，史達林曾經對毛所指示。

史達林指示的內容，從覆電中可以窺其一斑：

> 關於新區土改徵糧指示草案電收到。一般甚好，而且亟須適時發出。惟第四部分因涉及分配土地的問題本身，可以暫緩發表。因史達林同志曾在我向其報告土改政策時，提議將分配地主土地與分配富農土地分成兩個較長的階段來做，即使目前農民要求分配富農多餘的土地，我們固不禁止，但也不要在法令上預作肯定。我們雖對中國半封建富農作了解釋，並說明對資本主義富農並不沒收，他仍舉十月革命後的蘇聯為例，要我們把反富農看成是嚴重的鬥爭。他的中心思想是在打倒地主階級時，中立富農並使生產不受影響。去年11月政治局會議時關於江南土改應慎重對待富農的問題亦曾提到過，因此事不但關係富農而且關係民族資產階級，江南土改的法令必須和北方土改有些不同，對於1933年文件及1947年《土地法》等，亦必須有所修改。（同上，第264頁）

毛澤東回國後，立即根據史達林的意思籌畫即將在全國開展的土改運動。3月中旬，他致電鄧子恢等人，專門談到不動富農的理由：

> 第一是土改規模空前偉大，容易發生過左偏向，如果我們只動地主不動富農，則更能孤立地主，保護中農，並防止亂打、亂殺，否則很難防止；第二是過去北方土改是在戰爭中進行的，戰爭空氣掩蓋了土改空氣，現在基本上已無戰爭，土改就顯得特別突出，給予社會的震動特別顯得重大，地主叫喚的聲音將特別顯得尖銳，如果我們暫時不動半

封建富農，待到幾年之後再去動他們，則將顯得我們更加有理由，即是說更加有政治上的主動權；第三是我們和民族資產階級的統一戰線，現在已經在政治上、經濟上和組織上都形成了，而民族資產階級是與土地問題密切聯繫的，為了穩定民族資產階級起見，暫時不動半封建富農似較妥當。（同上，第272-273頁）

4月下旬，他分別致電饒漱石、鄧子恢、鄧小平、彭德懷等幾個大區負責人，要求他們起草關於《土地法草案》和土改指示，供中央參考。那一年五一勞動節，劉少奇準備在幹部大會上發表講話，其中有一段解釋富農的問題。毛澤東看了後覺得累贅，要他「留待將來去說。」（同上，第319頁）隨後，他在寫給鄧子恢等人的電報中兩次強調：

> 鑒於富農出租土地的數量不大，暫時不動這點土地，影響貧雇農所得土地的數量也不會大，現在我的意思仍以為暫時不動較為適宜。（同上，第323頁）

3、毛澤東文過飾非

1950年6月上旬，中共召開七屆三中全會，毛澤東在書面報告中指出，土地改革的完成，是爭取財政經濟情況根本好轉的首要條件。6月中旬，劉少奇在全國政協一屆二次會議作了〈關於土地改革問題的報告〉。劉少奇在報告中講了五個問題：（1）為什麼要進行土改，（2）土地的沒收和徵收，（3）保存富農經濟，（4）關於分配土地中的若干問題，（5）在進行土地改革時若干應該注意的事項。他指出，土改的基本內容，就是沒收地主階級的土地，分配給無地、少地的農民，即把封建、半封建的土地所有制改變為農民的土地所有制。這是中國幾千年歷史上最大↓、最徹底的

改革。土改的基本目的，不是單純地為了救濟窮苦的農民，而是為了使農村生產力從封建土地所有制中解放出來，為新中國的工業化開闢道路。

劉少奇的報告是毛澤東審閱並修改過的。由於史達林的意見與中共在內戰時期奉行的土改路線並不一致，因此毛澤東必須對過去的問題有個交代。為此，他在劉少奇的報告中添加了下面一段話：

> 在1946年7月至1947年10月這一時期內，華北、山東及東北許多地區的農民群眾和我們的農村工作人員，在實施土地改革中，沒有能夠按照中共中央在1946年5月4日頒發的基本上不動富農土地財產的指示，而按照他們自己的意志行動，將富農的土地財產和地主一樣地沒收了。這是可以理解的。因為這一時期，是中國人民和國民黨反動派雙方鬥爭最緊張、最殘酷的時期。土地改革中發生偏差，也以這一時期為最多，侵犯了一部分中農的利益，破壞了一部分農村中的工商業，並在一些地方發生了亂打、亂殺的現象。發生這些現象的原因，主要是由於當時緊張的政治形勢和軍事形勢，同時，也由於我們的大多數農村工作人員沒有土地改革的經驗，他們不知道正確地劃分農村階級身分的方法，劃錯了一部分人的階級身分，將某些富農當成了地主，將某些中農當成了富農。鑒於此種情況，中共中央乃於1947年10月10日頒發了《土地法大綱》，將富農和地主加以區別，但允許徵收富農多餘的土地財產。同年冬季，中共中央頒發了劃分農村階級身分的文件，毛主席發表了〈關於目前形勢與任務〉的文告，任弼時同志也發表了關於土地改革問題的演說。從這時起，農村中發

生的某些混亂現象就停止了，土地改革走上了正軌。（同
上，第386-387頁）

4、〈土地改革法〉的頒佈

隨後，劉少奇還在會上作了關於起草修改〈土地改革法（草
案）的報告〉。會議結束時，通過了〈中華人民共和國土地改革
法〉，於1950年6月30日由中央人民政府頒佈。

該法案除了在總則中要求「廢除地主階級封建剝削的封建所
有制，實行農民的土地所有制」之外，在其他的具體問題上還是
比較溫和的。比如它規定：

> 沒收地主的土地、耕畜、農具、多餘的糧食及其在農
> 村中多餘的房屋。

但對於「地主兼營的工商業及其直接用於經營工商業的土地
和財產，不得沒收。不得因沒收土地財產而侵犯工商業。」
此外，還要「保護富農所有自耕和雇人耕種的土地及其他財
產」，至於中農，就更是「不得侵犯」了。在土地的分配問題
上，該法案規定：

> 均由鄉農民協會接收，統一地、公平合理地分配給無
> 地少地及缺乏其他生產資料的貧苦農民所有。

至於土地改革的領導機構，則要由「縣以上各級人民政府，經人
民代表會議推選或上級人民政府委派行當數量的人員，組織土
地改革委員會，負責指導和處理有關土地改革的各項事宜。」
（《中共黨史參考資料》（七），第79-86頁，人民出版社，1980
年版）

為了配合土地改革法的實施，政務院於8月20日公佈〈關於劃分階級身分的決定〉。該文件以瑞金蘇維埃政府1933年制定的〈怎樣分析農村階級〉和〈關於土地鬥爭中一些問題的決定〉為基礎，加上政務院的「補充決定」形成。這樣一來，整個中國就成了一個等級森嚴的「種姓社會」，地主富農及其子女也成了天生的罪人。

10月7日，中蘇兩國在北京互換《中蘇友好互助同盟條約》及《中蘇五項協定》的批准書。第二天，毛澤東向「中國人民志願軍」發佈開赴朝鮮參戰的命令，致使剛剛結束內戰的中國又捲入一場曠日持久的國際戰爭。

5、、從新華社「內參」看各地的土改運動

從表面上看，1950年在新區開展的土改運動是比較溫和的，但實際上仍然是蘇區土地革命和老區土地改革的繼續。這方面的情況，新華社編輯的《內部參考》有所透露。

《內部參考》創刊於1949年9月，每天一期，以刊登國內外時政新聞和新華社記者的「情況彙報」為主，是專門為中共高級領導人提供資訊的一份秘密刊物。作為最高領導人的耳目，這些奉旨行事的記者們雖然不能如實報導各地情況，但是從他們所寫的這些「內參」中，也可以看到土改運動的一些真實情況。

1950年6月2日，《內部參考》刊登新華社特派記者穆青的報導：河南在一個多月的時間裡：

> 僅打死、逼死人命的案件即達三十餘起，且其中大部為中農以下身分。如蘭封縣瓜營區在二十天內即接連逼死七人，其中最嚴重的一次是區幹部以手槍打死農會主任的母親。

為了追、挖地主的財產，當地還採取「四追」（追親戚、朋友、佃戶、狗腿）和「五挖」（挖夾牆、地洞、糞坑、竹園、稻垛）等形形色色的鬥爭方法。（同上，第27頁）當時穆青是著名記者，後來擔任過新華社社長，他的這一報導是比較可信的。

1951年1月13日，《內部參考》刊登〈江西省目前土地改革中「和平土改」和「大膽放手發動群眾」問題尚未解決〉的通訊，其中提到：

> 如有的縣佈置土改時，提出要地主的一切財產（可以動浮財挖底產），又如有一縣委委員對農民幹部講：「土改就是白刀子進，紅刀子出。」

因此在許多地方出現了「把惡霸、大中小地主一律扣押了，甚至有的扣押了富農，鬥爭中農。」的情況。

2月2日，《內部參考》在〈湘、贛土地運動中「大轟大擂」的現象正在發展〉的通訊中指出：

> 目前運動中最大的危險是「大轟大擂」。這種偏向在各地已由萌芽而開始發展。不少幹部單純地強調經濟鬥爭，挖底財、亂打亂扣的現象相當普遍，不少幹部認為：「吊、打、捆是鬥爭地主唯一的好方法」、「三說不如一打，不吊就拿不出東西來」。江西許多地方全部的地主都被抓起來，一個個審問，一個個追挖。……據湖南七百多鄉的統計，有六百多個鄉發生吊、打地主情事。

2月10日，《內部參考》在〈中南區一月份基本情況〉中，承認土改運動中吊打和追逼浮財的現象非常嚴重。其中：

江西在土改運動以後地主自殺者已達百人以上,湖南七百個重點鄉中有七分之六打過人,地主自殺者近千人。少數富農、中農、貧農亦有因劃錯身分、追逼地主分散財產而自殺者。湖南湘陰新民鄉用簡單表決的辦法劃階級,一中農被劃為地主便自縊了。寧遠八區農民代表鄭連成(貧農)替地主藏了兩石穀,被扣押、鬥爭、罰跪、脫衣便自殺了。廣西興安縣土改區大小鬥爭會上沒有不打的,該縣道冠區九甲村一次捆鬥十二個地主,打了九人,最後三個因為沒有人訴苦才沒有打。

2月14日,該刊在〈華東區及上海市的最近情況〉中披露:

江浙地區鬥爭時,打地主現象相當普遍。在生浙、魯、蘇北、蘇南、皖南、皖北共打死一百十餘人,浙江畏罪自殺地主百餘。……個別鄉,發生侵犯中農和富農自耕土地的現象。

3月3日的《內部參考》在〈中南區二月份情況概要〉中說:

這次土地改革運動的規模是宏大的。這是土地改革鎮壓反革命和抗美援朝的時速宣傳三面鑼鼓一起打、三個高曉一起扭的結果。在運動中全區共逮捕了十萬至二十萬的地主,現在三十萬在押人犯中可能有一半是地主。

此外,在運動中還有「吊打肉刑」等現象。

3月27日,《內部參考》在〈華東區土地改革情況〉中提到:

去年冬季以來,各地逮捕惡霸、不法地主及罪大惡極的反革命分子,總計八萬人,已處決二萬二千人,給土地改革支持極大。

在土改運動中，幹部的情況以及對幹部的評價也非常混亂。《內部參考》在1950年8月12日轉載《蘇南日報》的通訊說：

> 蘇南某些地區發生鄉、村幹部假借土地改革名義威脅群眾、強佔土地、亂分家具的現象。

1951年7月20日又轉載《長江日報》通訊說：

> 漢陽縣有些村的基層組織在這次複查中，發現嚴重不純。如二區十四村土匪當了農會主席，副主席是個女流氓。八村是縣委與區委親自掌握的重點村，但兩個農會副主席，一個是一貫道，一個是「八魔」之一，副鄉長是惡霸的兒子，生產委員是四虎閻王之一。目前這些村的群眾情緒很低，地主氣焰高漲，地主普遍向農民反攻，打人、逼租、威脅、暗中倒算等破壞活動很厲害。其他各地亦有類此現象。

為什麼會在奪取政權以後還會在土改中出現這種情況呢？旅美學者辛灝年認為，當時開展的土改運動有兩個目的：一是意在奪地和劫財，二是要在農村建立極權統治。

> 中共中央及各級各地黨委，雖然在土改運動中曾發出過種種文件，諸如「勸說農民以不採非刑拷打為有利」等，制止「在全國各地都普遍存在的將中農、小土地出租者錯劃為地主」的現象，然而，根據中共中央「將土改中的打擊面規定在新解放區農民總戶數的百分之八、農民總人口的百分之十」的指示精神，至少有三千萬農民遭到批判、鬥爭的非刑折磨，至少有二百萬以上的地主遭到鎮壓並被剝奪所有財產。特別是當鎮壓反革命的運動接踵而至

時，中共在農村對地主大開殺戒而建立專制新秩序的願望遂迅速得以實現。（《共產中國五十年》，第20-21頁）

二十四、
董時進批判土地改革

1、被遺忘的農業經濟學家

對於中共的土改運動，當年知識界由於不明白真相，或是被內戰裹挾，大多數人處於失語狀態。1949年大陸政權易手後，參加土改運動成了當局改造知識分子的一種手段，再加上正在開展的鎮壓反革命運動，使知識分子噤若寒蟬，喪失了對土改運動的深入分析和獨立判斷。相比之下，只有著名學者董時進有過驚人的表現。

董時進（1900-1984），四川墊江人，是我國著名的農業經濟學家、農業教育家，是中國農業經濟學學科的開拓者之一。他於1920年畢業於國立北京農業專門學校，兩年後赴美國康乃爾大學深造，1925年獲得農業經濟學博士學位。1926年回國後，擔任國立北京農業大學教授兼農藝系主任，後來又擔任國立北平大學農學院代理院長、院長，並兼任農業經濟系主任。1935年，他到江西籌建江西農業院。1937年，他改任四川農業改進所所長。1938年他創辦農業學術團體「中國農業協進會」，1940年被「國際農業協會」接納。此後他又創辦了「現代農民社」，並自籌經費主編了《現代農民》雜誌，在全國公開發行。1941年，他參加「中國民主同盟」，被選為第一屆中央委員會委員。1947年5月，中國農民黨在上海成立時當選為主席。此外，他還擔任過國立北京大學教授、國立北平大學法學院教授，並在中國華洋義賑救災總會任職。1949年6月，第四次太平洋學術會議在爪哇召

開，中國各學術團體共推舉12位代表赴會，他是出席這次會議的中國代表之一。

1950年，董時進根據自己對中國農村問題的研究，曾經上書毛澤東反對土改運動。1950年4月，第六卷第十二期《觀察》雜誌刊登一篇座談會記要，說董時進「為反對土地改革，曾上毛主席一信，並又印了到處散發過。」為此，北京農業大學的兩位教授曾出面召開座談會對他進行批判。第二年，董時進取道香港移居美國，從此在國人的視野中消失。文革結束以後，他雖然多次回國，但並沒有引起人們的關注。可以設想，假如他在上書之後不能及時離開大陸，後果不堪設想。

2、他為什麼要批判中共的土地改革

董時進的那封信我們無緣看到，但是他當年離開大陸時，曾經寫過一本《論共產黨的土地改革》的小冊子。該書不到五萬字，1951年由香港自由出版社出版，其中不僅提到那封信的內容，還更加系統地表達了他對中共土改的深刻批判。

在這本書的序言裏，作者交代了寫這本書的目的。他說，中共的所謂土地改革，是目前國內的第一重大事件。無論是毀滅財產、殘殺人民還是製造恐怖，都是無比空前的。但是，對於這樣一件大事，許多人卻不是漠不關心，就是寄予幾分同情。之所以如此，主要是土地問題帶有很大的專門性，一般人、特別是生活在城市的人們對這個問題相當陌生。他們既不明真相，也好像無關痛癢。在這種情況下，當他們看到中共在報刊上宣傳封建的土地制度是如何不合理、地主富農是如何殘酷剝削貧農時，就被弄糊塗了，還以為共產黨搞的那一套果真有正當的理由。

正因為如此，董時進認為對於這一個關係極其重大的問題，人人都有正確瞭解的必要。他寫這本書的目的，是為了指明共產

黨基本理論的謬誤，根據事實的虛假和他們的真實意向所在。與此同時，他還要糾正一般人對於土地問題的誤解，讓大家明瞭這是共產黨最大的錯誤和最大的罪惡所在。

3、「封建」、「地主」：被刻意歪曲的兩個概念

為了討論中共土改理論的謬誤之所在，董時進首先提出了三個關鍵性的問題：

第一，中國的土地制度是一種什麼制度？第二，什麼叫封建？第三，中國有沒有「半封建」的土地制度？

對於第一個問題，董時進認為中國的土地是私有的，自由買賣、自由租佃的，無論什麼人，只要有錢並願意買地，同時又有人願意賣地，就可以進行交易。買主有了土地以後，自己願意耕種就耕種，自己不願意耕種就租給別人經營，收取一定的租金或實物。這種租佃關係完全建立在雙方自願的基礎之上，任何人不能向對方提出強制性要求，因此他認為這種關係是一種正常的自由契約關係，而不是剝削、被剝削的關係。

在此基礎上，他又進一步指出：這種制度與其他物品的買賣、佔有、租佃，基本上沒有什麼區別，與所謂「封建」也完全沒有關係。在這個意義上說，應該把那些擁有土地的人叫做業主，而不是「地主」。何況，在漢語中，「地主」本來是東道主的意思。也就是說，後來流行起來的「地主」一詞，完全是別有用心的、意識形態的產物。

對於第二個問題，董時進說所謂「封建」，本來是指國王把爵位和土地（包括這塊土地上的農民）賞賜給他的臣屬。其特徵可以概括為兩個方面：一方面接受賞賜的既是貴族又是地主，而這些賞賜的土地只能繼承不能買賣；另一方面，被賞賜的農民其實是地地道道的奴隸，貴族地主對他們有隨意處置的權力，因此

經常發生殘暴虐待農奴的事件。這是封建制度被歐洲人民痛恨和廢除的根本原因。與歐洲相比，中國在兩千多年前曾經有過一段封建制度，當時的封建主也是通過戰爭來爭奪地盤，但他們對百姓卻沒有歐洲封建主那麼殘暴。這可能與天子諸侯的並存有關。因此，人們詛咒唾棄的是歐洲封建制度，而不是中國兩千多年前的那個社會。如今有人硬把中國與歐洲相提並論，把收租行為說成是封建性的，甚至隨意使用「封建」這個特定的概念，把他們認為舊的、壞的事物，都冠以「封建」二字，這就不僅顛倒了是非，而且也荒謬得可笑。

至於第三個問題，即中國有沒有所謂「半封建」的土地制度？董時進根據已有的調查指出，除了極少數人是依靠開荒佔有土地外，私人佔有土地一般有三種情況：一是軍閥官僚利用搜刮或貪污的錢購買土地，二是工商業者做生意賺了錢購買土地，三是普通民眾依靠多年的積蓄購買土地。第一種情況極不合理，但那是涉及官風法紀的問題，而不是土地制度的問題。換言之這些人有罪是因為他們貪贓枉法，而不是因為擁有土地。第二種屬於正當的投資，而不是什麼剝削。第三種不僅正當、合法，而且是辛苦所得。他還說，購買田地就好像做生意、買股票一樣，是一種安置錢的辦法。這種辦法對於軍閥官僚和大商人來說，並不是他們的首選，這也是中國為什麼沒有大地主的一個原因。

在此基礎上，董時進問道：假如有五個人都掙了錢，甲買了土地收租，乙買了房產出租，丙買了車輛經營，丙買了股票分紅，戊存入銀行吃息。依照共產黨的說法，他們都是不勞而獲，但為什麼唯獨甲成了罪大惡極的封建分子，而其他四個人都平安無事呢？

隨後，他引述了自己在寫給毛澤東的那封信。這封信批駁了土地是天然物的論調，從而否定了中共所謂在農村投資具有封建性質的說法。

4、質疑毛澤東的兩個百分比

在這本書中，董時進對毛澤東提出的兩個百分比提出質疑。這兩個百分比是：佔農村人口不到百分之十的地主、富農，佔有約百分之七十至八十的土地；而佔農村人口百分之九十的貧農、雇農，卻總共只佔有約百分之二十至三十的土地。

董時進說，他最初看到這些數字就感到很詫異，根據自己研究農業問題三十多年的經驗，他從來沒有聽說有人做過這方面的調查統計。因為這種調查是極其煩雜的工作，就連歐美發達國家也不容易做到。事實上，中國的土地從未丈清，土地所有權從未登記，就連人口的調查也未曾著手。既然如此，那些百分比的又是從何而來呢？

董時進指出：

> 什麼叫地主，什麼叫富農，不僅共產黨的幹部們自己沒有搞清楚，連他們的主要人物的見解也不一致，而且根本就沒有確定的標準。例如中共土改權威任弼時在1948年1月的「土地改革中的幾個問題」一篇講詞中所說，在晉綏某處原評定地主富農佔總戶數百分之二十二點四六，經重新考慮之後，減為百分之十二點二六，一減幾乎減卻了一半，而且他認為還可以再減。原來他們所謂地主、富農，並沒有地畝的標準，而只是按鄉村戶數的百分比評定，他們認為在一般地區，應定為百分之八的左右。（見該書第26頁）

董時進還說，即使那些百分比是事實，也不能以此作為沒收土地的理由。如果真要把地主、富農的土地拿出進行分配，後果只是地主、富農的生活無法維持，而貧民的問題依然存在。所以與其耗費那麼大的經費和人力搞土改，不如去舉辦各項事業，為人民創造就業機會，為國家增加更多財富。

5、中共土地改革的目的何在

此外，董時進還在討論地租、佃農和耕者有其田等問題的基礎上，指出了中共土地改革的目的何在。

他說，地主和佃農不是剝削、被剝削的關係，而是一種合夥經營的關係。在這種經營活動就好像租一個鋪面給人家開店、借一筆錢給朋友做買賣一樣，是通過出租土地的方式幫助對方從事生產，創造賺錢的機會。在這方面，沒有土地的佃農和擁有土地的自耕農，在生活水平上是難比出個高低來的。

正因為如此，董時進不贊成「耕者有其田」的口號。因為這個口號已經成為中共土地改革的藉口，表面上是平分地主的土地，實際上是把佃農耕種多年的田地搶奪過去，發給一些既無能力、又無經驗興趣的貧民耕種。這種「土地改革」，對於農村的生產秩序和生產力是極大的破壞。

在談到土改的後果時，董時進指出：過去比較富裕的人家可以送子弟入學甚至進大學讀書，因此農村中尚能產生知識分子和各種人材，但由於土改之後大家都成了只有十畝、八畝土地的小貧農，糊口尚且不易，哪裡還能送子弟上學？即使有免費學校，農民的孩子也因為要拾柴撿糞，沒有受教育的時間。這就會使農村充滿極其貧窮而且毫無智識的農奴。他預言這種農奴：

永遠有強大的統治者騎在他們的背上，逼使他們在「人民自己的田地」耕種，耕種出來的東西，盡量先送繳給統治者享用。這種情形，倒真是封建制度的復活。我們可以料想到，這些吃不飽、餓不死的貧民，拿到這一塊恩賜的地皮，日子稍久，必會感覺它既不夠養活一家人，卻倒把大家的手足佔住了。到最後還是不能不放棄，跑到城裏面去做小工小販、拉車子、下野力（假使他們可以自由行動而又有工作的話）。（該書第60頁）

中國農民在土地改革以後的悲慘命運，早已被董時進言中。

指出上述基本事實之後，董時進強調，共產黨搞土地改革的真正目的，並不是要耕者有其田，而是要把土地收歸國有，從而使它的政府變成獨佔全國土地的大地主。這不是私下的秘密，而是公開的計畫。因此他在書中寫道：

> 共產黨慷他人之慨，
> 聰明無比；
> 它把別人的田地和耕牛分配給農人，
> 搏得他們一場歡喜；
> 它又把農人和田地分配給耕牛，
> 把耕牛和農人分配給田地，
> 分來分去，最後把一切都歸了自己；
> 田地和耕牛收為國有，
> 農場變為集體，
> 農人都作了共產黨的奴隸；
> 共產黨聰明無比。

　　需要指出的是，儘管董時進並不知道史達林對中國土改有所指示，但是他在分析〈土地改革法〉自相矛盾的基礎上，也發現所謂「保存富農經濟」完全是騙人的話，並得出了中共借土改之名行搶奪之實的結論。

　　最後，他強調中國的問題不是土地制度不合理，而是土地太少，不夠分配。解決辦法，應該從多方面入手，其中最要緊的是大力發展工商業，增加就業機會。要想實現這一目的，就需要有一個世道太平，社會安定，政治清明。

● 後 記

　　自與臺灣秀威資訊公司簽約後，他們很快就排好版並設計了封面。當筆者看到責任編輯寄來的電子檔案後，仍然滿懷疑慮：這本書能夠順利出版嗎？

　　該書的寫作開始於2003年冬。起初只想寫成一篇文章，由於材料較多才改變主意。第二年冬天完成初稿，得十萬字左右。儘管筆者主要依據中共黨史資料，遵從「有一分證據，說一分話」的原則，但由於眾所周知的原因，書稿不可能在大陸出版。若在境外出版，又沒有什麼經濟收益。對此，筆者早有心理準備。2005年，筆者與境外註冊的一家出版公司簽約，對書稿進行第一次修改，沒想到因對方出了問題未能如願。

　　2006年10月，筆者應香港中文大學當代中國研究中心邀請，前去進行學術訪問。訪學期間，香港一家出版社主編對拙稿很有興趣，表示願意出版並提出詳細意見。訪學歸來後，筆者根據此行收集的資料和相關意見，對書稿作了重大補充修改，得十五萬字左右。但當筆者將書稿寄給這家出版社之後，卻石沈大海杳無音訊。這恐怕與預期的發行量有關。儘管如此，我對那位主編還是心存感激，對香港中文大學以及為我提供資料的人們，也深表感謝。

　　蒙秀威公司不棄，筆者不久前又對書稿作第三次修改。如能玉成此事，也算是歷時五載，三易其稿吧。在此，要衷心地感謝公司主編蔡登山先生及其同仁。沒有他們的支援和努力，拙稿不可能與讀者見面。

智效民

2008.4.23

劉少奇 與 晉綏土改

國家圖書館出版品預行編目

劉少奇與晉綏土改 / 智效民作. -- 一版. --
臺北市：秀威資訊科技，2008.05
面； 公分. -- （史地傳記類；PC0047）

ISBN 978-986-221-018-5（平裝）

1. 劉少奇　2. 傳記　3. 土地改革　4. 農民運
動　5. 中國

782.887　　　　　　　　　　　　97008319

史地傳記類　PC0047

劉少奇與晉綏土改

作　　　者 / 智效民
主　　　編 / 蔡登山
發　行　人 / 宋政坤
執 行 編 輯 / 詹靚秋
圖 文 排 版 / 鄭維心
封 面 設 計 / 蔣緒慧
數 位 轉 譯 / 徐真玉　沈裕閔
圖 書 銷 售 / 林怡君
法 律 顧 問 / 毛國樑　律師
出 版 發 行 / 秀威資訊科技股份有限公司
　　　　　　 台北市內湖區瑞光路583巷25號1樓
　　　　　　 電話：02-2657-9211　傳真：02-2657-9106
　　　　　　 E-mail：service@showwe.com.tw

2008 年 5 月　BOD 一版
定價：350 元

讀者回函卡

感謝您購買本書，為提升服務品質，請填妥以下資料，將讀者回函卡直接寄
回或傳真本公司，收到您的寶貴意見後，我們會收藏記錄及檢討，謝謝！
如您需要了解本公司最新出版書目、購書優惠或企劃活動，歡迎您上網查詢
或下載相關資料：http:// www.showwe.com.tw

您購買的書名：_____

出生日期：_____年_____月_____日

學歷：□高中 (含) 以下　　□大專　　□研究所 (含) 以上

職業：□製造業　□金融業　□資訊業　□軍警　□傳播業　□自由業
　　　□服務業　□公務員　□教職　　□學生　□家管　　□其它____

購書地點：□網路書店　□實體書店　□書展　□郵購　□贈閱　□其他

您從何得知本書的消息？

　　□網路書店　□實體書店　□網路搜尋　□電子報　□書訊　□雜誌

　　□傳播媒體　□親友推薦　□網站推薦　□部落格　□其他_____

您對本書的評價：(請填代號　1.非常滿意　2.滿意　3.尚可　4.再改進)

　　封面設計____　版面編排____　內容____　文／譯筆____　價格____

讀完書後您覺得：

　　□很有收穫　□有收穫　□收穫不多　□沒收穫

對我們的建議：_____

_____

_____

_____

11466
台北市內湖區瑞光路 76 巷 65 號 1 樓
秀威資訊科技股份有限公司　　　收
BOD 數位出版事業部

....

（請沿線對折寄回，謝謝！）

姓　　名：＿＿＿＿＿＿＿＿＿　年齡：＿＿＿＿　性別：□女　□男

郵遞區號：□□□□□

地　　址：＿＿＿＿＿＿＿＿＿＿＿＿＿＿＿＿＿＿＿

聯絡電話：(日) ＿＿＿＿＿＿＿＿＿＿　(夜) ＿＿＿＿＿＿＿＿＿

E - m a i l：＿＿＿＿＿＿＿＿＿＿＿＿＿＿＿＿＿＿